中國學術思想

研究輯刊

十五編

林 慶 彰 主編

第 6 冊

《程頤易傳》大義探微（上）

毛 炳 生 著

花木蘭文化出版社

國家圖書館出版品預行編目資料

《程頤易傳》大義探微（上）／毛炳生 著 — 初版 — 新北市：
花木蘭文化出版社，2013〔民 102〕
目 2+218 面；19×26 公分
（中國學術思想研究輯刊 十五編；第 6 冊）
ISBN：978-986-322-112-8（精裝）
1. 易經 2. 研究考訂
030.8   102001944

ISBN-978-986-322-112-8

9 789863 221128

中國學術思想研究輯刊
十五編　第六冊   ISBN：978-986-322-112-8

《程頤易傳》大義探微（上）

作　　者　毛炳生
主　　編　林慶彰
總 編 輯　杜潔祥
出　　版　花木蘭文化出版社
發 行 所　花木蘭文化出版社
發 行 人　高小娟
聯絡地址　235 新北市中和區中安街七二號十三樓
　　　　　電話：02-2923-1455 ／傳眞：02-2923-1452
網　　址　http://www.huamulan.tw 信箱 sut81518@gmail.com
印　　刷　普羅文化出版廣告事業
封面設計　劉開工作室
初　　版　2013 年 3 月
定　　價　十五編 18 冊（精裝）新台幣 30,000 元

《程頤易傳》大義探微（上）

毛炳生　著

作者簡介

毛炳生，男，1954 年生。廣東惠陽人。國立臺灣師範大學國文學系畢業（1980），香港新亞研究所文學組碩士（1984），華梵大學東方人文思想研究所文學博士（2012），現職新北市丹鳳高級中學（國中部）國文科專任教師。著作：《曹子建詩的《詩經》淵源研究》（碩士論文。台北：文史哲出版社，1985 年）、《教師會何去何從──台灣教改的沈思》（台北縣教師會叢書，2003年）、《易程傳集校》（台北：花木蘭文化出版社，2008 年）

提　　要

　　程頤，是北宋道學之奠基者。道學是直承先秦儒學與易學而發展於宋代之主流學術。程頤稱其學為道學，乃在於發揚孔孟之道，而旁及於與道、佛二家抗衡。程頤自認為儒者，並提出經典解錯無妨，道理可用即可之觀念，重新詮釋《易經》，闡揚儒者治國之理念。該書於程頤六十七歲之晚年完成，書名《易傳》。後人稱《伊川易傳》，或逕稱《程傳》。程頤既能於書中提出治國之理論與建議，復能予以實踐，身體力行，可謂知行合一者也。

　　《程傳》乃程頤唯一自撰成書之作品，亦為繼《十翼》後儒理易學之鉅著，在儒學史與易學史上，均具承先啟後之意義。然研究宋明理學之近代學者，於程子思想部分，多從〔南宋〕朱熹所編之文獻入手，鮮有涉及《程傳》者，即使涉及亦非視為重要文獻；甚至有人認為《程傳》由於缺乏訓詁與考據之工夫，並無多大價值。本論文作者即深深以為不然，故欲發掘《程傳》之價值。程頤高弟尹焞即曰：「求先生之學者，觀此足矣。」並謂其一生「踐履盡易」。作者亦以為，程學之價值盡在《程傳》。職是之故，本論文即以《程傳》作為探測程頤學問之主要根據，相關文獻僅作輔助。而程頤本人踐履盡道，尤增其作品之魅力，非一般空談哲理之書可比也。

　　本論文分六章進行。首章即開宗明義闡揚《程傳》之價值。次章分梳其儒學與易學之淵源。三章針對《程傳》書名、卷數、傳授、體例，及近代學者質疑〈易序〉與〈上下篇義〉之作者諸問題而發。四章討論《程傳》吸收《十翼》之解讀技巧與作用。五章探討《程傳》之義理。程頤之道學乃從易學開出，銜接儒家義理，重視修齊治平，並強調君臣之義。本章應為論文之核心所在也。六章為四章之延伸。主要在析論程頤解《易》對傳統易學之應用與發展。程子自言「隨時變易以從道」，「隨時變易」，既為程頤推天道以明人事，亦為其解《易》之原則也。

　　孔孟之道實為「君子之學」。程頤既能於書中發揚其理，復能踐履盡道，故其書之價值自是非凡。程頤嘗謂其書只說得七分 餘三分應自行體會 無異於孔子勉人「舉一反三」也。作者認為，《程傳》所提出之治國理念，於今日民主政制之社會亦為適宜。儒學本乎人性，強調秩序與和平；政制雖古今不同，愛好秩序與和平之人性則並無二致也。執政者如能善讀《程傳》，舉一反三，即可知治國之道矣。

目次

導　論

　　傳者，依漢人之意，爲賢者解經之作；則程頤所作之《易傳》，爲解《易》之書也。程頤，字正叔，北宋洛陽伊川人，與其兄程顥並稱二程；所作《易傳》，又稱《伊川易傳》。伊川者，程頤隸籍之所也。時人以其籍所爲號，遂稱伊川先生。程子卒後，其書稱《伊川易傳》。書名雖異，所指則一，本論文於行文時則簡稱《程傳》。《程傳》有六卷本與四卷本傳世。六卷本爲正本，程頤長子端中爲《伊川先生文集》作序，附言「先生有《易傳》六卷」之語，則《程傳》原爲六卷無疑也。本論文第三章有詳考，不贅。比較六卷本與四卷本之異同，蓋分卷之別，非內容之殊也。其中文字或有出入，尚不足以別爲二本，致人目眩。故筆者嘗點校之，以《古逸叢書》「覆元至正本《易程傳》」之六卷本爲底本，參閱相關傳本及近人著作，成《易程傳集校》乙書，以便學者閱覽。本論文之作，即以是書爲基石也。

　　易學發展至宋，爲之鉅變。《易》本西周筮書，北宋以前，其學已逢三變：一變於孔子之韋編三絕，二變於漢儒之象數推步，三變於王弼之《周易注》。北宋改祚，趙氏皇朝任用儒者治國，重視經義，故孔子之義理易學遂得復興，既遠接先秦，更另開新局。北宋易學主流有二支，先是道士陳摶所傳之圖書易學，至劉牧、邵雍而大定。劉牧嘗注《易》十一卷（一作十卷）、《卦德通論》一卷、《周易先儒遺論九事》一卷、《易數鉤隱圖》一卷（一作三卷），現今唯《易數鉤隱圖》尚存於《道藏》，餘皆盡佚。邵雍則有《皇極經世書》傳世。次是胡瑗、王安石、張載、二程等人之易學，以儒理說《易》，推天道以明人事。胡瑗有《周易口義》，由弟子倪天隱所錄，現存於《四庫全書》。王安石《易解》已佚，近人王鐵有其《易義》輯本，見於所著《宋

代易學》附錄。張載有《橫渠易說》、《正蒙》諸篇，見《張子全書》。程顥無專著，其言論唯散見於南宋朱熹所輯之《河南程氏遺書》與《外書》。程頤則傾畢生之力，於晚年編管涪州之際（1097～1100），完成《易傳》。考程頤學《易》，當自少年。二程於十四、五時，嘗師事周敦頤，其易學淵源，詳第二章之論述。《外書》載二程頁嘗與張載於京師論《易》，張謂二程「深明易道」，自知弗及，乃歸陝西。〔註1〕其事，近人盧連章〈二程學行繫年〉繫之於宋仁宗嘉祐元年（1056），程頤時年二十四矣。〔註2〕如其繫年為確，則二程於青年時代已「深明易道」，開始共同講學矣。《程傳》完成於宋哲宗元符二年（1099），程子時年六十七。則於是時也，彼已講學四十三年矣。以其講學年資之深，又專注於《易》，加之中年歷經黨爭，遭遇坎坷，晚年又累受迫害；以其學力、經歷與人生體會三者熔於一爐，所著《易傳》，可謂淬煉而成者也。其書豈無可觀者耶？必有發人深省者也。其高弟尹焞嘗言：「先生平生用意，惟在《易傳》，求先生之學者，觀此足矣。」〔註3〕然後世研究程學者，多不從《程傳》入手，而求之於《遺書》、《外書》、《文集》等資料，豈不異哉！《文集》出於本人之作，猶有可說；《遺書》、《外書》均為門人所記之語錄，二程言論固盡於是，求二程之學，不可不讀；然仍有未足之處，亦不可不辨也。

文化進程，由簡而繁，自粗入精，理自然也。人之學問進程何獨不然？少而疏，長而密，老而趨於成熟，亦理自然也。二程言行載於二《書》，門人弟子各憑記憶，或淺或深，或有工拙；而言語先後，又無年月日編次；時日既久，部分已不知言者為誰，而通稱「二先生語」。考之《遺書》，前十卷即為「二先生語」。其間或標「明」（明道），或標「正」（正叔），為數極少。嘗有學者依二人思想之特質，強為異同，遂分「明道」與「伊川」為二系。〔註4〕本論文非以研究宋明理學為鵠的者，故其分類無從置議。而就儒學旨趣言，二程實無差異也。牟宗三亦云：「自進德之大方向言，程氏兄弟固可說是屬于同一系統者。」〔註5〕「二先生語」難辨誰出，據牟氏研究之心得，

〔註1〕事見《外書》卷第十二。詳參王孝魚點校之《二程集》頁436至437。北京：中華書局，2006年。
〔註2〕參盧著《程顥、程頤評傳》附錄，頁393至394。南京：南京大學出版社，2001年。
〔註3〕語見朱熹《伊川先生年譜》。《二程集》附錄，頁345。
〔註4〕牟宗三即有此分法，見《心體與性體》第二冊。台北：正中書局，1968年。
〔註5〕同前揭書，頁2。

謂：「凡屬二先生語者吾人可視爲二程初期講學之所發。此期以明道爲主。」
〔註6〕而亦由是可推知，《遺書》、《外書》不足以盡窺程頤之學也。《程傳》
爲程頤晚年所著，用心極細，研究其思想，固宜從《程傳》入。《遺書》、《外
書》雖亦可參，爲輔而已。本論文即採此觀點探討《程傳》之思想。《程傳》
之義理明，程學之大旨亦不晦矣。

　　程頤卒後，黨論又興，其著作復遭大禁。門人四散，《程傳》亦散佚不全。
宋室南渡，尹焞慘遭毀家之難，僅以身免。入蜀，得《程傳》全本於其婿邢
純，閉門研讀。程頤另一高弟楊時亦由謝顯道處，得全本於京師；唯錯亂重
複，幾不可讀，遂予以校正。及後，呂祖謙得尹焞本，與朱熹所持之本（朱
爲楊時四傳弟子，疑其所持即楊時本）合併，與二、三同志參校，異同兩存，
並刊之學宮。從此《程傳》定本，程學亦倡。南宋度宗咸淳年間（1265～1274），
董楷合《程傳》與朱熹之《周易本義》成《周易傳義附錄十四卷》，由是程朱
並行，儒門易學，一枝獨秀，下歷元、明、清三朝。程朱《易》著，六百年
間，爲士子必讀，其影響之深遠，不可謂不至大且鉅也。惟《程傳》乃關心
治道者，《本義》則無此興趣，以爲義理皆備於《程傳》，故但揉合劉牧、邵
雍先天、後天圖以爲《本義》。《本義》採呂祖謙所訂《古周易》爲底本，以
爲復古《易》筮書之舊。豈知其訓詁之業，圖書之學，皆爲程頤所不取者，
朱熹雖謂宗程，實已偏離程學矣。現代學者研究程朱，多懷理學之哲思，考
究其思想建構，用心固多，然非關治道，買櫝還珠，又去程學遠矣。更有甚
者，有學者謂《程傳》「雖極其用心，但由於欠缺訓詁與考據的工夫，望文生
義，牽強附會的地方很多，在今天看來，並沒有多大價值。」〔註7〕《程傳》
之作意，固不在於訓詁與考據，以訓詁與考據之標準繩之，責其「沒有多大
價值」，無異斥和尙無梳，而笑其貧也。緣木求魚，絕非持平之論。本論文首
章即以《程傳》價值論發題，以闡明《程傳》之價值。一書之價值如何，端
賴讀者用心，知所取捨。苟能取有用者而用之，則凡書皆有價值；不知取捨，

〔註6〕同前揭書，頁5。
〔註7〕語見李日章《程顥、程頤》頁54。台北：東大圖書公司，2001年。
　　　案：該書列入傅偉勳、韋政通所編《世界哲學家叢書》之中，雖非學術嚴謹
　　　　　之著作，然該叢書既負有「比較中國哲學與外國哲學的優劣長短，從中
　　　　　設法開闢一條合乎未來中國所需求的哲學理路」（〈總序〉）之使命，則李
　　　　　氏以訓詁、考據等非哲學之領域妄稱《程傳》爲「沒有多大價值」，實在
　　　　　難以理解。

囫圇吞棗，即《十三經》亦爲糟粕也。程頤有「七分之教」，〔註8〕孟子有「盡信《書》則不如無《書》」（〈盡心下〉）之論，固陋在人，又豈是書之罪耶？

愚讀《程傳》，悟其所謂儒學，乃有用之學也。其學既遠接先秦，復可活用於今。本論文即欲發皇此義，故繼《程傳》之價值論後，再考鏡源流，歷陳孔、孟、荀之學，而結穴爲《程傳》之淵源。儒學既自孔子出，則應以孔子之言論爲圭臬。夷考《論語》之載，孔子教子張、樊遲等弟子仁、知、勇之論，實爲官箴，非修身之義。孔子關心治道，期勉弟子一旦從政，宜以愛民爲先，用賢爲務，見義勇爲。春秋之世，君子爲貴族之美稱，執權柄之主宰。君子之位，固爲大寶，然非夫子所重。不以其道，得失如浮雲也。政者，正也。治亂由己，故從政與否，必以正己爲先。即無其位，亦乃成德之君子，安身立命，得其誼矣。君子之修身義固爲孔子所創，然孔子之學，以治國爲念，故爲其學之本，而修身爲末。修身之事非必由學而致者，可發自四端，孔子曰：「我欲仁，斯仁至矣。」（《論語・述而》）子夏亦曰：「賢賢易色，事父母能竭其力，事君能致其身，與朋友交言而有信；雖曰未學，吾必謂之學矣。」（《論語・學而》）學者，讀經修習之事。而修身乃即知即行者，非必由讀經修習而後得也；故不讀經亦可以修身。然本末一體，未有本正而末亂者，亦未有末亂而本正者也。孔子創君子之修身義，既論在位者美其德行，復寓無德不能成君子之大義；又勉弟子一旦從政，即爲本末一體之人物也。孔子既以君子貫通朝野人士，則其學宜正名爲「君子之學」。孟子承其餘緒，謂君子之樂，王天下不與焉。其時諸侯爭霸，紛紛稱王。遊說之士，貪緣求進，已難得君子。孟子因勢利導，諭諸侯以王道行王政。擴充四端之仁心，保民養民，貴德而尊士。其性、命對揚之論，確立性命之眞諦。修身以俟時，順受其正，尤爲修德君子之本色。道之不行也，蓋已知之矣。時至戰國末世，亡國亂君相屬，讀荀子書，見其性惡之論，知其憤激尤甚。荀子嘗謂：「孫卿懷將聖之心，蒙佯狂之色，視天下爲愚。」（〈堯問篇〉）一副滔滔亂世，眾人皆醉，唯我獨醒之態，與楚之屈原無異，其憤世疾俗之情，可想而見。荀子之論儒學也，主禮治，以爲誦經行禮可以致聖人。讀經致聖人之論，已偏離孔孟之本意矣。然主禮治，仍不失孔門本色。孟子主法先王之道，荀子主法後王，文獻詳略不同故也。荀子法二後王之論，愚意以爲即法周公與孔子，

〔註8〕《外書》卷第十一載：「伊川以《易傳》示門人曰：『只說得七分，後人更須自體究。』」《二程集》頁417。

禮治之論備於二人，故可爲法。其隆君師之義，注家皆不得其確解。荀子於齊襄王時三爲祭酒，最爲老師，後因讒而廢，乃去齊適楚，老死蘭陵。荀子自比孔子，以爲「將聖」，遂有論邦君重師道之說。後代學者不察，以爲荀子以君爲師，遂推向君權之極致。先秦儒學，孔子創其基，孟子繼其踪，荀子雖主性惡論而爲歧出，不失爲孔門之旁支也。一祖一宗一支，《程傳》思想，遙接三家，以治道爲念，大旨則與三家同也。本章詳考異同，明《程傳》思想之淵源，確是孔門正宗。

　　《程傳》淵源，尙有易學一支。自孔子晚而好《易》，韋編三絕，發揮其中德義，《十翼》之作者又尋踪繼意，攝取道家之天道觀，推天道以明人事，於是儒理易學徹上徹下，天人合德，規模底定。秦漢之際，天下紛亂，學術匿跡。漢初又重黃老而貴無爲，諸官待問，未有進者。逮及漢武，採董仲舒之議，罷黜百家，獨尊儒術，置五經博士，儒術遂定於一尊。然漢武陽重儒術，實則陰謀以利祿誘當代儒生，進行思想統一，企圖鞏固政權。故《五經》雖倡，而孔孟之學實亡也。東漢許愼著《說文解字》，以爲「儒者柔也」，〔註9〕已實質反映當日儒者之心態，不復夫子當年氣象矣。儒生但知有「經」，鮮知有「義」。讀經解經，只求章句訓詁，恪守成說，所謂師法、家法，不越雷池，學界無異亦假尊師之名而箝制後學也。學術思想統一，儒學即僵化而流於固陋矣。仲舒倡陰陽災異之說，漢人遂好緯書，易學亦淪爲機祥之術。象數發明雖多，皆爲推步之用，德義之教，唯待來者。世代陵夷，及於曹魏，王肅之學當道，王弼取其《易》著自爲新說，成《周易注》與《周易略例》。得意忘筌，盡棄象數，以老子之無有論詮釋易道，雖歸結於儒家名教，然政治敗壞，世風日下，卒流於士大夫清談玄說，歷魏晉南北朝迄隋唐，六百年而不衰。佛教自漢朝東傳，至六朝漸盛，其說蔓衍，深入民間。梁武帝奉佛，嘗三度捨身同泰寺。上有好之，下更甚焉，佛教至唐而益盛。唐代禪學大昌，孔穎達奉敕修《五經正義》，《易》取王弼注，圖以無有論抗衡佛氏之體用論。終唐之世，學術思想以道、佛兩家爲主流，士大夫多雜染道、佛，雖云修《五經正義》，然其作用在於科舉，實無益於儒學。盛唐以後，雖有韓愈、李翱之輩欲挽狂瀾，然獨力而難支大廈也。晚唐武宗、後周世宗嘗有滅佛之舉，亦無濟於事。殆及趙宋，在位者雖好道、佛，然治國但用儒臣，儒學遂得復

〔註9〕〔清〕段玉裁《說文解字注》第八卷上，頁370上。台灣：黎明文化事業有限公司，1975年。

興之機運。程頤傳《易》，雖本於弼注，然謂弼但以老莊解《易》，元未見道，故上溯《十翼》，擷其儒理之精華，參以王弼之學與時人《易》說，〔註 10〕共冶一爐，於晚年蹭蹬之際，又悟「體用一源，顯微無間」之理，完成鉅著《易傳》，成爲一代儒理易學之大宗師也。

　　《程傳》之價值，在於上契先秦儒學，闡揚君子之道，而己身又能踐履盡之，知行合一。所謂「隨時從道」，非折志逢迎，而是知義之所在，亦命之所在。本論文於學術之源流，即梳理脈絡，旁涉道、佛，以見《程傳》之學統傳承；在義理之闡揚，則以明《程傳》之發揮，切於人事，既可用於昔日之帝制，亦可用於今日之民主社會。天道固以變爲恆常，然亦有不變之理，變與不變，非有古今之異，而實乃天道、人道之理同也。知程頤七分之教，則讀《程傳》者，觸類旁通，必有取捨。今人之性，又豈異於古人耶？

〔註10〕時人指程頤師周敦頤、胡瑗，及王安石等。
　　　　案：易之爲義，時指《易》之書，時指易之道。指「道」時，即略去書名號。
　　　　而「易學」一詞，乃指學術，不加書名號也。

第一章 《程傳》價值論

　　《程傳》即程頤之《易傳》，簡稱《程傳》。《程傳》之價值，今人人言人殊。推重之者，或以爲「體大思精，系統完備」（余敦康語，見《漢宋易學解讀》），「爲宋以後儒門義理易的經典之作」（杜保瑞語，見《北宋儒學》）；詆毀之者，或以爲「望文生義，牽強附會」（李日章語，見《程顥、程頤》）。程頤爲北宋五子之一，係道學奠基之靈魂人物；《程傳》乃其唯一著作，晚年孜孜於斯，不敢輕易示人。其謹慎如此，豈會是「由於欠缺訓詁與考據的工夫」，而「並沒有多大價值」（亦爲李日章語）？於情於理難通也！故本文開宗明義，即以《程傳》價值起論，並擇要論述前人之重要研究成果。本章既是本論文撰作動機之交代，亦是前人研究《程傳》之歷史回顧也。至於學術源流，程頤之重要事蹟，亦隨文脈而依次論及焉。

第一節 「異端紛擾者千四百年」之回顧

《宋元學案・伊川學案下》黃百家案語云：

> 黃文潔公曰：「自孔、孟歿後，異端紛擾者千四百年，中間唯董仲舒『正誼』、『明道』二語，與韓文公〈原道〉一篇，爲得議論之正。逮二程得周子之傳，然後有以窮極性命之根柢，發揮義理之精微。議者謂，比漢、唐諸儒説得向上一層。愚謂：豈特視漢、唐爲然？風氣日開，議論日精，濂、洛之言，雖孔、孟亦所未發；特推其旨要，不越於孔、孟云耳。」此評論之得當者。而唐一庵（樞）謂：「明道之學，一天人，合内外，已打成一片。而伊川居敬又要窮理，工

夫似未合併，尚欠一格。」此但知先生「涵養須用敬，進學在致知」，
而忘卻先生「未有致知而不在敬者」之語，恐未是深知先生者也。
蓋語學至二程，諸儒之中更醇乎其醇矣。第大程質性高明，而先生
從踐履入，非聖人之書不觀，其功在于密察邊耳。至于大程之表〈大
學〉、〈中庸〉，先生之《易傳》，更足爲萬世經術斗杓也。〔註1〕
百家爲宗羲子，繼父業續修《宋元學案》，其案語所引黃文潔公即黃震。〔註2〕
黃震學宗程朱，認爲濂洛之言雖孔孟亦有所未發，而其要旨不越孔孟，可謂
知言。而百家直謂程頤從踐履入，褒其《易傳》足爲萬世經術斗杓，更是推
崇備至也。道統之說，始於唐之韓愈。其〈原道篇〉云：〔註3〕

孔子沒，火于秦，黃、老于漢，佛于魏、晉、梁、隋之間，其言道
德仁義，不入于楊，則入于墨；不入于老，則入于佛。

又云：

斯道也，何道也？斯吾所謂道也，非向所謂老與佛之道也。堯以是
傳之舜，舜以是傳之禹，禹以是傳之湯，湯以是傳之文、武、周公，
文、武、周公以是傳之孔子，孔子以是傳之孟軻。軻之死，不得其
傳焉。

考楊朱、墨翟之言甚囂塵上，乃於孟子之世。孟子謂「天下之言，不歸
楊，則歸墨」；並斥「楊氏爲我，是無君也；墨氏兼愛，是無父也。無父無君，
是禽獸也。」（〈滕文公下〉）〔註4〕其言或有過激，然天下之言非楊即墨，想
必爲當時實況。孟子好辯，豈其志願者哉？呂不韋集諸儒之論，成《呂氏春
秋》；其學固以儒道爲本，然揉雜百家，調和眾說，已非孔孟本來面目。錢穆
謂：「一時期的學術思想，到了包羅和會的時期，似乎便在宣告這一時期學術
思想之衰歇。」〔註5〕故不韋之舉，就學術思想發展言之，孔孟之衰，豈待秦
火哉？漢初尚黃老，劉氏已成家法。漢武帝始採董仲舒之議，罷黜百家，獨

〔註1〕 語見《宋元學案》卷十六，頁 652 至 653。陳金生、梁運華點校，北京：中華
　　　　書局，2007 年。
〔註2〕 黃震，南宋理宗寶祐四年（1256）進士。學宗程朱，南宋滅亡後即隱居不出，
　　　　卒後門人私諡爲「文潔先生」。百家案語所引，見《黃氏日抄》卷三十三。（黃
　　　　文潔公即黃震，初無認知。蒙黃兆強教授提示，特申謝意）
〔註3〕 《韓昌黎集》第一卷，頁 8 至 10。台北：河洛圖書出版社，1975 年。
〔註4〕 《四書》引文，悉據朱熹《四書章句集注》，其出處但附引文之後，不另作注。
　　　　北京：中華書局，2007 年。
〔註5〕 《宋明理學概述・宋學之興起》，頁 1。北京：九洲出版社，2010 年。

尊儒術。然其統一學術之私意，乃在於誘使儒者爲奴，非眞奉儒學者也。熊十力云：「漢武與董仲舒定孔子爲一尊，實則其所尊者非眞孔學，乃以祿利誘一世之儒生，盡力發揚封建思想與擁護君主統治之邪說，而托於孔子，以便號召。故漢儒所弘宣之六藝經傳，實非孔門眞本。易言之，孔門眞本，漢廷必廢棄之，方可售其僞也。朝臣與博士之徒既如此，則草野之士揣摩風會，欲其鑽研眞孔學，必不可得也。」〔註6〕熊氏論漢初經籍，自司馬談後，皆被改竄，已非《六經》原貌。證之《易經》，帛書《周易》與王弼本《周易》之六十四卦，卦序不同，卦名亦異，可知熊氏之論不誣也。〔註7〕由此亦可想見其餘經籍矣。武帝雖云表彰經學，且立《五經》博士，致使儒者紛趨；然孔、孟之學亦由此而墮，不復聖門氣象矣。東漢班固《漢書·儒林傳贊》曰：「自武帝立《五經》博士，開弟子員，設科射策，勸以官祿，訖於元始，百有餘年，傳業者寖盛，支葉蕃滋。一經說至百餘萬言，大師眾至千餘人，蓋祿利之路然也。」〔註8〕（卷八十八）孔子嘗勉子夏爲「君子儒」（《論語·雍也》），所謂「祿利之路」者，乃小人儒之所尚爾。逮及東漢，光武雖以儒生舉業，號稱中興漢室，而其治道，嘗謂：「吾理天下，亦欲以柔道行之。」〔註9〕蓋柔道者，黃老之術也。〔註10〕儒生既淪爲奴才，遂致日後許愼倡「儒者柔也」之說。〔註11〕韓愈謂「黃老于漢」，亦非誣陷之言。愚意以爲，儒皮老骨，乃漢代經生普遍之現象。史遷之後，儒學已衰；眞儒個數，已如鳳毛麟角。然考其實錄，非儒學先衰，實乃在位君子之道已亡也。人君以天下爲一己之私，以欲取求，無復孔子仁、知、勇之教，孟子王政之論；故漢武名爲崇儒，實乃逞霸。漢武好大喜功，程頤嘗比之秦皇，於《程傳》斥之曰：「秦皇、漢武，窮兵誅伐，爲寇也。」〔註12〕天子既爲寇類，經生又能如何？老子「柔弱勝

〔註6〕《原儒》上卷，〈緒言〉第一，頁8。台北：史地教育出版社，1974年。
〔註7〕王弼本《周易》始於〈乾〉、〈坤〉而終於〈已濟〉、〈未濟〉。今以張立文《帛書周易注譯》校之，則始於〈鍵〉、〈婦〉而終於〈家人〉、〈益〉。而王弼本《周易》〈乾〉、〈否〉、〈履〉等卦，帛書《周易》則作〈鍵〉、〈婦〉、〈禮〉卦，異名者計達三十三卦之多。張著，見鄭州中州古籍出版社，2008年。
〔註8〕〔清〕王先謙《漢書補注》，頁1555上。台灣：藝文印書館。
〔註9〕語見〔南朝·宋〕范曄《後漢書》第一卷，〈光武皇帝〉下，頁57下。王先謙集解本。台灣：藝文印書館。
〔註10〕《老子》：「柔弱勝剛強」（第三十六章）、「守柔曰強」（第五十二章）、「柔弱者生之徒」（第七十六章）、「弱之勝強，柔之勝剛」（第七十八章）。此皆以柔克剛之論述。引文據樓宇烈《王弼集校釋》。台北：華正書局，2006年。
〔註11〕《說文解字注》第八卷上，頁370上。
〔註12〕毛炳生《易程傳集校》卷第一，頁25。台北：花木蘭出版社，2008年。

剛強」之說，遂應運而生。儒老會通，因而成爲日後經生處世之哲學矣。許慎儒柔之說，著之於字書，實非儒字本義，乃政治氛圍影響人心使然。此舉實啓日後士君子清談玄說之學風，而爲王弼注《易》探老入儒之先聲也。

佛教來華，始於兩漢之際，〔註13〕而盛於六朝。梁武帝篤信佛法，大興寺廟，故其說尤盛於江南。杜牧詩云：「南朝四百八十寺，多少樓臺煙雨中。」（〈江南春絕句〉）晚唐猶見梁武所建梵宇僧樓，到處林立，由此可推知當時盛況；故韓愈謂「佛于魏、晉、梁、隋之間」，其言亦確信不誣也。佛教發展至唐，其勢之盛，又變本加厲，比之南朝與隋，有過之而無不及焉。韓愈嘗諫迎佛骨，矢志闢佛，自比孟子之闢楊、墨。〔註14〕然佛教之於李唐之世，上自天子，下至庶人，皆所向慕，更盛南朝。風氣已靡，雖間有滅佛之舉，〔註15〕亦積勢難反矣。及至北宋，其風不減。《程氏遺書》卷第二上嘗載之曰：

> 昨日之會，大率談禪，使人情思不樂，歸而悵恨者久之。此說天下已成風，其何能救？古亦有釋氏，盛時尚只是崇設像教，其害至小。今日之風，便先言性命道德，先驅了知者。才愈高明，則陷溺愈深。在某，則才卑德薄，無可奈何它。然據今日次第，便有數孟子，亦無如之何！只看孟子時，楊、墨之害能有甚？況之今日，殊不足言。此事蓋亦繫時之污隆。清談盛而晉室衰；然清談爲害，卻只是閒言

〔註13〕 湯用彤：《漢魏兩晉南北朝佛教史》第二章謂：「漢明帝永平年中，遣使往西域求法，是爲我國向所公認佛教入中國之始。」頁16。台北：台灣商務印書館，2008年。

案：佛教何時傳入中國，主要有二說。一說即湯用彤所謂於「漢明帝永平年中」，約西元五十八年至七十五年之間；一說爲大月氏王於漢哀帝元壽元年（西元前二年）使臣伊存口授浮屠經於博士弟子景盧。主後一說者爲高雄佛光出版社所印行之《佛教史年表》（1987）。伊存口傳浮屠經於景盧，湯書亦載其事，以爲其事「可無疑者」。則佛教傳入中國，則可上推至漢哀帝元壽元年也。（此注蒙黃兆強教授提示，特申謝意）

〔註14〕 韓愈〈與孟尚書書〉云：「釋、老之害過於楊、墨，韓愈之賢不及孟子；孟子不能救之於未亡之前，而韓愈乃欲全之於已壞之後。嗚呼！其亦不量其力，且見其身之危，莫之救以死也。雖然，使其道由愈而粗傳，雖滅死萬萬無憾。」《韓昌黎集》第三卷，頁126。

〔註15〕 如唐武宗於會昌五年（845）嘗有滅佛之舉，佛史稱「會昌法難」。後周世宗亦曾廢佛。

案：武宗好道教之術，其滅佛行動乃釋、道鬥爭之結果，非如韓愈之悍衛儒道也。其事詳見於湯用彤：《隋唐及五代佛教史》。台北：炬慧出版社，1997年。

談，又豈若今日之害道？今雖故人有一爲此學，而陷溺其中者，則既不可回，今只有望於諸君爾。直須置而不論，更休日且待嘗試；若嘗試，則已化而自爲之矣。〔註16〕

蓋唐代佛教之發展，即已達至巔峰，非後世所能企及。學者多謂中國佛教之建立，至此完成。考其史略，先是智者於陳、隋弘法天臺，破斥南北，禪、義均弘，立天臺宗，別樹一幟。繼之法藏（賢首）弘揚華嚴之旨，創「四法界」說，允爲一代宗師。勞思光謂：「賢首在華嚴宗之地位，猶如智者在天臺宗之地位。」〔註17〕所謂「四法界」，即「事法界、理法界、事理無礙法界、事事無礙法界」。此論影響日後宋明理學之學理至鉅。儒門體用之學，實由此啓迪而大顯也。與法藏同時，唐代佛教另一「教外別傳」——禪宗，亦漸次流行。禪宗自五祖弘忍後，裂分南北。南以慧能爲首，北以神秀爲先。神秀爲弘忍上座，弘忍圓寂後，神秀應武后之詔入長安。〔註18〕武后親加跪拜，聞風來拜者日以數萬，可見其盛。〔註19〕然神秀未嘗聚徒傳法，亦未指定傳人。圓寂後，中宗命其弟子普寂統其法眾，並傳法凡二十餘年。〔註20〕慧能本不識字，受弘忍點化，南下曹溪（廣東省韶關市）弘法。然慧能之傳也，不依經論，獨樹「明心見性」之旨，揭示頓悟見性，一念悟時，眾生是佛；不悟，佛是眾生之禪理。〔註21〕其弟子錄其言行成《壇經》一書。此書影響

〔註16〕 《二程集》頁23至24。
案：《程氏遺書》第一卷至第十卷皆名爲「二先生語」，雜記二程之言，或有注明言者何人，或無注明。此節即無注明。考程顥泛濫諸家，出入釋、老；程頤則非孔、孟之書不觀，拘執所見。觀其籲學者「直須置而不論，更休日且待嘗試」一語，辭意嚴厲，毫不假借，故推知應爲程頤之言也。

〔註17〕 《新編中國哲學史》二，第二章〈中國佛教哲學〉，頁308。台北：三民書局，2010。

〔註18〕 〔後晉〕劉昫《舊唐書》卷一九一：「久視（700）中，則天召神秀至東都。」頁5111。台北：鼎文書局，1985年。

〔註19〕 〔宋〕釋道原《景德傳燈錄》「三十二祖神秀禪師」條載曰：「忍既示滅，秀遂住江陵當陽山。唐武后聞之，召至都下，於內道場供養，特加欽禮。命於舊山置度門寺，以旌其德。時王公、庶士皆望塵拜伏。」頁70至71。台北：新文豐出版社，1992年。

〔註20〕 前揭書：「神秀，禪門之傑。雖有禪行，得帝王重之；而未嘗聚徒開堂傳法，至弟子普寂，始於都城傳教。二十餘年，人皆仰之。」案：神秀卒於神龍二年（706），普寂卒於開元二十七年（739）。

〔註21〕 〔清〕丁福保《六祖壇經箋注》：「不悟，即佛是眾生；一念悟時，眾生是佛。」（〈般若品〉第二）頁32。台北：天華出版社，1979年。

宋明理學之大，不亞於《華嚴》。慧能弟子神會得其法理，於天寶年間（約742）北上洛陽。湯用彤《隋唐及五代佛教史》云：「先是兩京之間皆宗神秀，及神會至，漸修之教蕩然，普寂之門衰竭，而南北宗之名由是始起。」〔註22〕神秀創「漸教」，慧能創「頓教」。神會北上闡發頓教之旨，遂有南北禪宗之爭。普寂圓寂後，北宗已衰，〔註23〕南禪日盛。神會之徒創立荷澤宗。慧能另有弟子懷讓，創立洪州宗。洪州一派至唐末又歧分爲臨濟宗與潙仰宗二支。慧能又有弟子青原行思，行思弟子至唐末衍爲曹洞、雲門、法眼三宗。此即佛史所稱唐末南禪五宗也。後稱「五家」，各有家法。禪門義理，此刻亦已臻完備，後之佛學，皆無能出其右矣。

後周世宗嘗有廢佛之舉，佛教發展曾一度衰微；而禪宗多隱於山林，無累於世俗事務，故影響甚少。宋太祖登極之初，即大赦天下，並停止廢佛，道、佛兼崇。嘗遣使於京城祠老子，並修建隆觀；〔註24〕長春節日，大宴群臣於相國寺。〔註25〕太宗尤好佛理，嘗著《御製秘藏詮》三十卷、《御製蓮華心輪迴文偈頌》二十五卷、《御製緣識》五卷。又於太平興國七年（982）六月置譯經院，〔註26〕並令朝臣誦讀佛典。〔註27〕太祖開興隆佛教之端，太宗

〔註22〕《隋唐及五代佛教史》，頁235。

〔註23〕有關北宗衰亡之原因，可參閱蔡日新《中國禪宗的形成》一書，頁244至248。台北：雲龍出版社，2000年。蔡氏之意略以：禪宗本起於叢林，一旦成爲官禪，眾僧共爭名利，必致滅亡。愚意以爲，佛教本屬宗教，勸人斷滅六根，名爲解脫。故其修行之途必須遠離塵世，於山林中自悟自了，涉於世俗，已非釋氏本意矣。神秀應詔北上，於禪義無所創發，僅供膜拜，其教當時雖盛，禪義實則已亡。神秀藉其大名，只是號召信眾參拜爾。普寂仰其師澤，位列官禪，亦能稱盛一時；然普寂滅後，後繼者但知有教，不知有義，北宗遂亡。北宗雖亡，佛教仍然流行，然「明心見性」者又有幾人？佛教之盛歟？衰歟？「不悟，即佛是眾生。」慧能之言不知幾人能解？能解，又不知幾人能踐履及之也？

〔註24〕〔南宋〕李攸《宋朝事實》卷七云：「建隆初，太祖遣使詣眞源祠老子，于京城修建隆觀。」（《文淵閣四庫全書》）台北：台灣商務印書館，1983～1986年。

〔註25〕〔清〕畢沅《續資治通鑑》（以下簡稱《續通鑑》）卷一，建隆元年（960）春正月載：「宰相表請以二月十六日爲長春節，帝生日也。」頁6。又於二月丙戌條載：「長春節，賜群臣衣各一襲，宰相率百官上壽，賜宴相國寺。」頁10。北京：中華書局，2008年。

〔註26〕〔元〕脫脫《宋史》卷四，〈太宗本紀〉頁68。

〔註27〕《續通鑑》卷第十二，太平興國八年（983）載：「冬十月，帝以新譯經五卷示宰相。因曰：『凡爲君臣者，治人利物，即是修行。梁武舍身爲寺家奴，此眞大惑。方外之說，亦有可觀，卿等試讀之。蓋存其教，非溺於釋氏也。』」頁285。

復啓翻譯佛典之業，所謂上有好者，下必甚焉，於是佛教又復燃於中國矣。而南禪五家，以臨濟、雲門於宋朝最稱盛焉。二程之時，士人與沙門交往已成風尚，談禪論法，可謂猗歟盛哉，故程頤憂之，謂其「害道」更有甚於昔日，「便有數孟子」出，「亦無如之何」矣！勉其弟子務必「置而不論，休且且待嘗試」。其感慨之深，憂患之切，於此數語即可概見。「異端紛擾者千四百年」，黃震所謂「異端」，概括楊、墨、老、佛。孟子至程頤之世，異端思想先後流衍於中國，若自孟子卒年（前305）算起，至宋哲宗元符二年（1099），程頤〈易傳序〉完成止，凡一千四百有四年矣，黃震之言亦不誣也。概略回顧此千四百有四年中國學術思想之演變與發展，可知程頤之傳《易》也，蓋有不得不已者焉。

第二節　程頤所處之政治背景

「異端」為害，至北宋時已無楊、墨，唯老、佛而已；而佛氏影響為最，故程頤慨乎言之。蓋學術思想乃時代問題之反映，程頤之傳《易》也，豈無時代之激盪耶？欲明程頤之學，其時代背景亦不得不略一陳之。程頤所謂「時之污隆」，不外導源於政治之污隆。政者，所以治民，如天下之秤，政正則秤正；而學風乃秤之權，秤有所偏，權亦有所變，政變則權變也。然權變亦能導致政變，互為因果，如唇齒之相依，唇亡齒寒，其理至顯。程頤謂「事蓋亦繫時之污隆，清談盛而晉室衰」，意謂權變而致政變也。然考歷史實錄，宜應政變在先，而權變在後；非先有權變而致政變也。紂王無道，周文遂生；周文衰弊，斯有孔、孟；周文瓦解，百家紛競；秦、漢專制，讖緯厥興；魏、晉失德，清談乃盛。隋、唐好佛，經學始有義疏之舉；趙宋重文，儒學乃得復甦之幸。蒙人以異族入主中原，不學無術，貶士子於娼優之下，學術亦乏善可陳。有明一代，以八股取士，株守成風，著書亦無非竊盜。清亦為異族入主，既行高壓之政，復施懷柔之策，學者無奈遁入考據，或事編書；雖謂成績可觀，明為漢學復盛，儒典總匯，實乃思想受制，士子為奴，暗蹈兩漢故事爾。清季以降，西風東漸，列強侵凌，致有中學為體，西學為用之說。民初倡全盤西化，救國之論，反孔唯恐不及。於今兩岸分治，各有立場，亦各有所尚也。以上概陳大略，可觀我國學術史三千年發展之流變升降，無不繫諸政治。故今述程頤之傳《易》，禪風之後，乃論其當日之政治背景。

一、王安石與新舊黨爭

　　程頤生於北宋仁宗明道二年（1033），卒於徽宗大觀元年（1107），享壽七十有五。歷經仁宗、英宗、神宗、哲宗與徽宗五朝。五十三（1085）歲以前，程頤大抵以講學爲務；五十三歲以後，得司馬光等人之薦，嘗爲哲宗侍講，充崇政殿說書。程頤屢辭不獲，從此步入官場，一去難返矣。〔註28〕考程頤之世，政治紛擾，莫如黨爭；黨爭之起，蓋由變法。程頤謂：「易，變易也；隨時變易以從道也。」（〈易傳序〉）〈下繫〉曰：「窮則變，變則通。」（第二章）時爲變易之機，時而至窮，不得不變。變易，本大《易》之旨；然「變」之是否果能「從道」，則又當別論矣。大抵從道則通，違道則否，斯理至簡至明。北宋變法，始於仁宗之世。慶曆三年（1043）九月，范仲淹時任樞密副使，奏陳時務之弊，上〈十事疏〉，建議應改十事。〔註29〕仁宗悉用其說，擢爲參知政事（副相），與富弼屬行新法。新法規模闊大宏遠，論者以爲難行。一時謗議浸盛，朋黨之論紛起。慶曆五年正月，仲淹罷知邠州，弼知鄆州，變法遂戛然而止。神宗繼位之初，亦銳意改革，嘗謂樞密使文彥博等曰：「天下敝事至多，不可不革。」又曰：「當今理財最爲急務，養兵備邊，府庫不可不豐。」籲大臣留意節用。〔註30〕然左右之臣，皆未明神宗「理財」之義，以爲僅止於節用而已。新判汝州富弼入見，知帝有意興革，謂帝曰：「人君好惡，不可令人窺測，可窺測則姦人得以傅會其意。」帝問爲治所先，答曰：「阜安宇內爲先。」帝稱善。問及邊事，弼答曰：「陛下臨御未久，當先布德澤，願二十年口不言兵，亦不宜重賞邊功。」帝默然無對。〔註31〕王安石時爲翰林學士，帝素稱其學，亦問以爲治先後。安石對曰：「擇術爲先。」並請當法

〔註28〕案：考朱熹《伊川先生年譜》：哲宗於元豐八年（1085）嗣位，時年十歲。程頤年五十有三，得司馬光、呂公著、韓絳之薦，授汝州團練推官，西京國子監教授。程頤請辭。翌年改元元祐，程頤至京師，除宣德郎，秘書省校書郎。程頤再辭。於是召對，太皇太后面喻，以爲崇政殿說書。再辭不獲，程頤從此遂步入官場。然程頤充少帝師，非以仕途爲念，乃作少帝之師傅，無做官心態。時人不察，以官僚待之，遂衍生日後之種種問題。

〔註29〕范仲淹所條陳之十事爲：一曰黜陟、二曰抑僥倖、三曰精貢舉、四曰擇官長、五曰均公田、六曰厚農桑、七曰修武備、八曰減徭役、九曰覃恩信、十曰重命令。見《范文正奏議》上卷。（《四庫全書》）。

〔註30〕《續通鑑》卷第六十六，熙寧元年（1068）二月乙卯與三月癸酉條，頁1617至1618。

〔註31〕同前揭書，事繫於同年夏四月壬寅朔條事，頁1619。

堯、舜。〔註32〕又嘗與司馬光、王安石論國用不足事。安石曰：「所以不足者，由未得善理財之人耳。」〔註33〕「理財」正爲神宗私意，一言中肯，遂以爲響。翌年二月，神宗力排眾議，〔註34〕擢安石爲右諫議大夫、參知政事，並從其議創「制置三司條例司」，掌管經畫邦計，與宰相陳升之共領其事，並以呂惠卿爲條例司檢詳文字，議變舊法，推行新政，以通天下之利。〔註35〕變法又起矣。

王安石，字介甫，撫州臨川（江西省撫州市）人也。〈本傳〉謂其善屬文，動筆如飛，初若不經意，既成，見者皆服其精妙。仁宗之世，翰林學士歐陽修嘗爲之延譽，擢進士第，簽書淮南判官。又薦爲諫官，謂其「德行文學，爲眾所推；守道安貧，剛而不屈。」〔註36〕文彥博與富弼同朝爲相，彥博乞仁宗不次進用，弼薦之爲三司度支判官。〔註37〕然安石既掌大政，即順承帝意，力行新法，以理財爲務，均輸、青苗、市易等法相繼施行，凡沮格或非議者，一概罷黜，昔日舊誼，亦罔顧不論。熙寧三年（1070）七月，歐陽修因論青苗法不便，又移書責安石，即罷知蔡（青）州。十二月，安石除同中書門下平章事，位至宰相，大權獨攬，變法更不遺餘力。四年，修又上疏請止散青苗錢。安石詆之曰：「修善附流俗，以韓琦爲社稷臣。如此人，在一郡則壞一郡，在朝廷則壞朝廷，留之何用！」〔註38〕世道已變，修本有去意，至是去意益切，因而乞請致仕。安石專權自恣，弼自度不能與之爭，常稱病閒居。嘗語神宗曰：「今中外之務，漸有更張，大抵小人惟喜生事，願深燭其

〔註32〕同前揭書。
〔註33〕同前揭書，事繫於八月癸丑條，頁1628。
〔註34〕神宗欲用安石，參知政事唐介言安石好學泥古，論議迂闊，不可大任。（《宋史‧唐介本傳》）侍讀孫固謂「安石文行甚高，處侍從獻納之職可矣。宰相自有度，安石狷狹少容：必欲求賢相，呂公著、司馬光、韓維其人也。」《宋史‧孫固本傳》、《續通鑑》卷六十六亦載二事，繫於熙寧二年二月庚子條，頁1634。
〔註35〕《續通鑑》卷六十六，事繫於熙寧二年（1069）二月己亥條，頁1634。
〔註36〕歐陽修〈薦王安石、呂公著箚子〉見《歐陽修全集》卷四《奏議集》，頁241。台北：河洛圖書出版社，1975年。
〔註37〕《宋史》卷十二，〈仁宗本紀〉載：「嘉祐五年，五月己酉，王安石召入爲三司度支判官。」頁245。
　　案：王安石著〈上富相公書〉前後二篇，前書力辭三司度支判官一職，後書則云：「某以閣下在相位時，獨蒙拔擢。」可知富弼亦對安石有知遇之恩。
〔註38〕《續通鑑》卷第六十八，事繫於熙寧四年（1071）六月甲子條。頁1707。

然，無使有悔。」〔註39〕後亦坐沮格青苗法而去相位，再判汝州。安石詆弼才無過人，從流俗以沽譽而已。〔註40〕弼既罷，安石又謂帝曰：「弼雖責，猶不失富貴。昔鯀以方命殛，共工以象恭流；弼兼二罪，止奪使相，何由沮姦！」〔註41〕富弼遂亦於熙寧五年三月請老致仕。彥博嘗論市易法有損國體，又斂民怨，致華嶽山崩。安石駁之曰：「華山之變，殆天意爲小人發。市易之起，自爲細民久困，以抑兼併爾。」意謂小人阻撓變法而致山崩也。彥博其後亦被擯斥，罷相位，出判河陽。〔註42〕安石盡斥舊臣，御史中承楊繪嘗上疏諫神宗曰：

> 今舊臣告歸或屏於外者悉未老：范鎮年六十三，呂誨五十八，歐陽修六十五而致仕，富弼六十八被劾引疾，司馬光、王陶皆五十而求閒散，陛下可不思其故耶？

安石駁之，以爲舊臣猶如糞壤爛石，去之不惜。〔註43〕秋七月，繪亦罷職，遷翰林侍讀學士。安石前後主政七年，〔註44〕〈本傳〉謂其「罷黜中外老成人幾盡」。新舊之爭，判若水火；黨同伐異，不問是非，豈大《易》窮變之旨耶？

程頤之兄程顥於熙寧二年間亦嘗爲安石屬官，後得御史中丞呂公著之薦，授太子中允、權監察御史裏行。熙寧三年，程顥於數月之間章疏十上，諫論新法之失，不報。知言之不用，遂求外補。後罷歸洛陽，與程頤以講學爲務。元豐二年（1079），程顥再涉政事，知縣扶溝（河南省扶溝縣），程頤

〔註39〕 《宋史》卷三百一十三，〈富弼本傳〉，頁 10255。《續通鑑》卷六十六，事繫於熙寧二年三月。

〔註40〕 〔南宋〕徐自明《宋宰輔編年錄》卷七，熙寧二年十月丙申富弼罷相條載：「王安石見上言事，因力詆弼曰：『陛下以爲富弼何如人？臣但見其能一切合流俗，以爲聲名而已。富弼若用，其智略無以過人，所以有名譽爲世所宗者，能養流俗之交而已。天下無事，人主一切仰成，故富弼得以此時收人譽。若天下有事，用如此智略，欲扶危救（傾），必誤天下事。』」（《四庫全書》）。案：「欲扶危救（傾）」，「傾」字原缺，據羅家祥《北宋黨爭研究》所引資料補入。該書頁39。台北：文津出版社，1993 年。

〔註41〕 〈富弼本傳〉，頁 10256。

〔註42〕 《宋史》卷三百一十三，〈文彥博本傳〉，頁 10262。《續通鑑》卷六十九，事繫於熙寧六年夏四月己亥條，頁 1737。

〔註43〕 〔南宋〕李燾《續資治通鑑長編》（以下簡稱《續通鑑長編》）卷二百二十四，事繫於熙寧四年六月甲子條。（《四庫全書》）

〔註44〕 據《宋宰輔編年錄》，安石於熙寧二年十二月入相，七年四月罷；復於八年二月再度入相，九年十月罷，前後在相位共七年。

亦同往扶溝侍親。對安石剪除異己之事，呂大臨記程顥之言曰：

> 自古治亂相承，亦常事。君子多而小人少則治，小人多而君子少則
> 亂。然在古，亦須朝廷之中君子、小人雜進，不似今日剪截得直是
> 整齊。不惟不得進用，更直憔悴善類。略去近道，則須憔悴舊日交
> 遊；只改節者，便於世事差遂。此道理不知為甚？正叔近病，人有
> 言之，曰：「在他人，則有追駁斥放；正叔無此等事，故只有病耳。」
> 〔註45〕

「剪截得直是整齊」，蓋謂安石「罷黜中外老成人幾盡」也。「更直憔悴善
類」，即謂安石詆斥議論新法者，以為小人，罷黜之不遺餘力也。直道論事，
則失卻舊日之情誼；改節順承，才能得其進用。全無是非理據，「順我者昌，
逆我者亡」而已。以紫奪朱，故程顥慨乎言之：「此道理不知為甚？」此一
政治現象，與禪風兩相較之，程顥嘗謂「浮圖之術，其害尚小；介甫之學，
為害最甚」也。其言曰：

> 浮圖之術，最善化誘，故人多向之。然其術所以化眾人也，故人亦
> 有向有不向者。如介甫之學，它便只是去人主心術處加功，故今日
> 靡然而同。所謂「一正君而國定」也。此學極有害。以介甫才辯，
> 遽施之學者，誰能出其右？此則且以利而從其說，久而遂安其學。
> 今天下之新法害事處，但只消一日除了便沒事；其學化革了人心，
> 為害最甚。其如之何！故天下只是一箇風；風如是，則靡然無不向
> 也。〔註46〕

程顥以為「介甫之學，為害最甚」，論點有三：一、安石於「人主心術處加
功」。依「一正君而國定」之大原則推之，君有所偏而國亦將有所亂也，故
治國之道須先正君。安石之學，先投人主所好，不以正君之心為務，故「此
學極有害」。二、以「利」為說。以利為說，則重利而輕義。孔子嘗曰：「君
子喻於義，小人喻於利。」（《論語・里仁》）義、利乃君子、小人之判也。
程顥雖謂朝廷君子多則治，小人多則亂，亦未嘗排斥小人。安石則剪除異己，
盡用所向者，昔日所謂賢臣，不向者頓成小人，昨是而今非，毫無理據，其
害可知。三、介甫才辯，學者惑於其說，久必遂安。唯利是圖之心一旦化革
人心，成為風尚，遍及全國，為害之大，實難以言喻。浮圖誘化眾生，尚無

〔註45〕《程氏遺書》卷第二下，《二程集》頁51。
〔註46〕同前揭書，頁50。

排斥不向者；安石之學，黨同伐異，「不向者」已無立足之地矣。故程顥謂其為害實勝於浮圖也。程頤此時，雖無追駁斥放之言，又豈能無激盪憂患之心哉？程頤之病，乃在於憂患國是之紛擾與不安爾。其嘗謂《易》為聖人憂患後世之作，程頤之傳《易》也，豈無憂患後世之心耶？治國之道與君臣之道，君子、小人之義與義、利之辯，於《程傳》中斑斑可考，實非無的而放矢。程頤嘗言：「治經，實學也。」〔註47〕又云「以經術輔導人主。」〔註48〕則其傳《易》之旨，已可思過半矣。治《程傳》者，不於此究其學術思想之大用，而徒以體用之學辯其哲思，又豈是深知程頤者哉？

二、程頤與洛、蜀黨爭

神宗在位十七年（1068～1085），於元豐八年三月升遐，得年三十有八。遺詔皇太子趙煦繼位，是為哲宗，並尊皇太后高氏為太皇太后。哲宗年僅九歲，遺詔太皇太后輔政。其時也，安石已去，而新法尚行。後宮因嘗備受新法之苦，故太皇太后臨朝，即授命已閒散多年之司馬光回朝執政，除門下侍郎，〔註49〕並納其議盡罷新法，一切如舊。光繼而復黜新法之官，薦用舊日之臣，朝廷氣象又一變矣。程顥此時亦在被薦之列，然不幸於是年六月辭世。光與尚書右丞呂公著另薦程頤於朝，授汝州團練推官，充西京國子監教授。程頤上表請辭。監察御史朱光庭又奏請程頤為講官。翌年，改元元祐（1086）。御史王巖叟再薦程頤，除承奉郎，授宣德秘書省校書郎。程頤又上表請辭。程頤屢辭不獲，遂乞召見。召對，太皇太后面喻，除程頤為通直郎，充崇政殿說書。考《宋史・職官志》云：「崇政殿說書，掌進讀書史，講釋經義，備顧問應對。學士、侍從有學術者為侍講、侍讀，其秩卑資淺而可備講說者則為說書。……元祐間，程頤以布衣為之。」〔註50〕簡言之，說書之職，乃充少帝之師，釋經義而備顧問也，軍國政事概不預焉。一般以學士、侍從而有學術者充任，程頤以布衣為之，可謂不次進用矣。

〔註47〕《程氏遺書》卷第一，《二程集》頁2。
〔註48〕《河南程氏文集》（以下簡稱《程氏文集》）卷第六，元祐元年〈論冬至稱賀劄子〉，《二程集》頁547。
〔註49〕神宗新官制，於元豐年間將尚書省分置左、右僕射為宰相。左僕射兼門下侍郎，以行侍中之職；右僕射兼中書侍郎，以行中書令之職。又廢參知政事，以尚書左、右丞代之。因鑑於安石權力過大，有削權之意也。《宋史》卷一百六十一，〈職官志一〉，頁3773至3775。
〔註50〕《宋史》卷一百六十二，〈職官志二〉，頁3815。

世論元祐黨爭，必謂洛、蜀、朔三黨。洛以程頤爲首，蜀以蘇軾（1036～1101）爲首，朔以劉摯爲首。然揆諸史實，以程頤爲洛黨之魁，未爲允當之論也。蓋程頤自元祐元年三月充崇政殿說書，次年八月即被罷免，改差管勾西京國子監。程頤五度乞歸，不報。五年（1090）正月，以丁憂去官。七年（1092）服除，三月復管西監。程頤再辭，乞歸田里，並極論儒者進退之道。後雖改權判西監，差管勾崇福宮，然程頤稱疾不拜，訖未就職。九年，哲宗親政，改元紹聖（1094），復其西監之命，程頤仍不就。四年（1097）十一月，受黨論之累，編管涪州（四川省重慶市）。元符三年（1100）正月，哲宗升遐，徽宗繼立，大赦，移峽州（湖北省宜昌縣）。四月，還居洛陽。崇寧元年（1102），蔡京執政，焚元祐法，不附者，新舊兩黨人皆盡罷斥，立元祐黨人碑九十八人於端禮門，程頤之名亦在列焉。翌年，詔云：「程頤學術頗僻，素行譎怪；勸講經筵，有輕視人主之意；議法太學，則專以變亂成憲爲是。」於是令追毀出身以來文字，並禁聚徒講學，違者罰無赦。程頤避居洛陽龍門山之南，止南方學者，云：「苟能尊所聞，力行所知，則可矣，不必及門也。」〔註51〕五年（1106）正月，以星變毀黨人碑，詔令黨人復籍，大赦。程頤以宣義郎致仕。〔註52〕大觀元年（1107）九月病卒於家。

三黨之爭，其說始於邵伯溫《邵氏聞見錄》，其卷十三云：「洛黨者，以程正叔侍讀爲領袖，朱光庭、賈易等爲羽翼；川黨者，以蘇子瞻爲領袖，呂陶等爲羽翼；朔黨者，以劉摯、梁燾、王巖叟、劉安世爲領袖，羽翼尤眾。諸黨相攻擊不已。」〔註53〕伯溫爲邵雍子，邵雍與二程居洛三十餘年，相知相惜，伯溫亦以程頤爲師，所言當可信也，故史家不疑之。〔註54〕考之實錄，元祐之初，司馬光、呂公著還朝執政，廢止新法，薦用舊臣，新法之官盡去，時無爭執之事。然日後所涉黨爭人物，皆爲光所推薦者。〔註55〕同室操戈，互相排斥，遂有三黨之目。然伯溫所記，乃概括言之，非翔實之載也。考三

〔註51〕《程氏外書》卷第七，《二程集》頁397。

〔註52〕〔清〕池生春、諸星杓《程子年譜》謂程頤以承務郎、尋以通直郎致仕。今據朱譜。

〔註53〕見李劍雄、劉德權點校本，頁146。北京：中華書局，1983年。

〔註54〕《續通鑑》卷八十亦載此論，頁2027。

〔註55〕司馬光於元豐八年六月所薦用之人，計有劉摯、傅堯俞、范純仁、唐淑問、范祖禹、呂大防、王存、李常、孫覺、胡宗愈、韓宗道、梁燾、趙君錫、王巖叟、晏知止、范純禮、蘇軾、蘇轍、朱光庭等十九人，程頤並不在列。程頤被薦，乃元祐元年三月事。見《續通鑑》卷七十八，頁1968及卷七十九，頁1993。

黨人物，被列為朔黨之王巖叟素服程學，嘗薦程頤於朝，如為黨類，亦為洛黨。劉安世少從司馬光學，亦嘗師事程頤，為人剛正不阿，直言敢諫，只論是非，時人目為「殿上虎」。如為黨類，亦應屬洛，何以視之為朔？故伯溫列之黨類，非的論也。時人之議，或為實錄，但非實情；淺俗之見，伯溫僅於「聞見」而錄之，不為乃師詳辨，蓋失之於察。

洛、蜀黨爭之起，既與程頤有關，則細考程頤仕途經歷，重返現場，必能得其蛛絲馬跡，程頤黨魁之論，自可辨明。茲謹將程頤於元祐元年三月至元祐二年八月間事蹟，根據諸年譜與史書之載，綜合整理，臚陳如下。知人論世，豈能或缺。

元祐元年三月，程頤充崇政殿說書。

程頤充說書前夕，嘗乞召對，上奏論經筵三事，乞求採納；不納，則請予准辭。其文略以：其一、少帝幼沖，輔養之道不可不至，宜慎選賢德之士，以侍勸講，講罷留二人值日，一人值宿，以備訪問。所以涵養氣質，薰陶德性也。其二、左右內侍宮人，皆選年四十五以上厚重之人，不使奢靡之物，不語淺俗之言；並擇內臣十人，充經筵祇應，伺候少帝起居。宮中動息，必語講官，其或有小失，得以隨時規諫。其三、請令講官坐講，以養人主尊儒重道之心。〔註 56〕太皇太后僅納其一、二，講官則仍維持站講。〔註 57〕

程頤既為說書，即以師道自居，容色莊嚴。聞少帝盥洗避蟻，即曉以帝王仁愛之心推及四海；見少帝凭檻折柳，即斥其春時摧折破壞萬物生發之機。上畏之。〔註 58〕

〔註 56〕《程氏文集》卷第六，〈論經筵第一劄子〉、〈第二劄子〉及〈第三劄子〉，《二程集》頁 537 至 540。

〔註 57〕程頤乞坐講，據《續通鑑長編》卷三百七十三所載：「頤乞坐講竟不行。」

〔註 58〕《邵氏聞見錄》卷第十四云：「元祐初，哲宗幼沖，起文潞公（案：即文彥博）以平章軍國重事，召程頤正叔為崇政殿說書。正叔以師道自居，每侍上講，色甚莊，繼以諷諫，上畏之。潞公對上甚恭，進士唱名，侍立終日。上屢曰：『太師少休。』公頓首謝，立不去。時公年九十矣。或謂正叔曰：『君之倨，視潞公之恭，議者以為未盡。』正叔曰：『潞公三朝大臣，事幼主，不得不恭。吾以布衣為上師傅，其敢不自重？吾與潞公所以不同也。』識者服其言。」頁 154。《程氏外書》卷第十二亦載此事，略異。見《二程集》頁 423。

案：程頤以師道自居，容色莊嚴，其諷諫之舉，《邵氏聞見錄》但云「上畏之」，《續通鑑》則改為「少帝不悅」。徽宗下詔罪頤，謂其「勸講經筵，有輕視人主之意」，即指此事。

四月末，例以暑熱罷講，直至中秋。

五月詔下，令程頤與給事中孫覺、秘書少監顧臨同國子監長貳修立太學條例。

六月乙卯，程頤上書太皇太后，陳論罷講時日過長，乞每六三日上殿問候起居，並辭修立太學條例。其文略以：侍講之義，非止釋經，亦在薰陶性質，故乞請每六三日講官上殿問候起居，以輔上德；並論侍講不宜兼職之義，乞免修國子監條例。〔註59〕不報。程頤無奈，遂依個人之教育憧憬，撰〈三學看詳文〉等共三十四條文字以上，盡改舊制。〔註60〕禮部尚書吳宗愈謂：「先帝聚士以學，教人以經，三舍科條固已精密，宜一切仍舊。」並深詆程頤不宜使在朝廷。

一日，講「顏子不改其樂」，既畢文義，乃復言曰：「陋巷之士，仁義在躬。人主崇高，奉養備極；苟不知學，安能不為富貴所移？且顏子，王佐才也，而簞食瓢飲；季氏，魯國蠹也，而富於周公。魯君用舍如此，非後世之鑑乎？」文彥博、呂公著等入侍，聞其講說，輒相與歎曰：「真侍講也！」〔註61〕

八月癸卯，差程頤兼權判登聞鼓院。程頤上書乞辭差務，重申侍講不宜兼職之義，又論侍人主談道德者兼領訴訟之事，非朝廷用人之體。從之。〔註62〕

九月丙辰，司馬光辭世，詔命程頤主持喪事。《續通鑑》於辛酉條載是日「大享明堂，以神宗配」，並云：

> 程頤在經筵，多用古禮，蘇軾謂其不近人情，深疾之，每加玩侮。方司馬光之卒也，明堂降赦，臣僚稱賀訖，兩省官欲往奠光，頤不可。曰：「子於是日哭則不歌。」坐客有難之者，曰：「孔子言哭則不歌，不言歌則不哭。」蘇軾曰：「此乃枉死市叔孫通所制禮也。」眾皆大笑，遂成嫌隙。〔註63〕

〔註59〕《程氏文集》卷第六，〈上太皇太后書〉，《二程集》頁541至546。
〔註60〕《程氏文集》卷第七即錄〈三學看詳文〉等四篇文字共三十四條，《二程集》頁562至576。
案：徽宗下詔罪頤，謂其「議法太學，則專以變亂成憲為是」，即指此事。
〔註61〕《續通鑑》卷七十九，頁2004。
〔註62〕《程氏文集》卷第六，〈辭免判登聞鼓院奏狀〉、〈再辭免狀〉，《二程集》頁546至547。
〔註63〕《續通鑑》卷八十，頁2010至2011。《續通鑑長編》卷三百九十三於九月壬

蘇軾因光喪禮戲謔程頤，尚有一節記於《程氏外書》：

> 伊川主溫公喪事，子瞻周視無缺禮，乃曰：「正叔喪禮何其熟也。」
> 又曰：「軾聞居喪未葬讀喪禮。太中（案：指程父）康寧，何爲讀喪
> 禮乎？」伊川不答。鄰至完聞之曰：「伊川之母先亡，獨不可以治喪
> 禮乎？」〔註64〕

十月癸丑，御史中丞劉摯上奏，謂修太學條例迄今尚無成果，故請「獨
可按據舊條，考其乖戾太甚者刪去之，而存其可行可久，便於今日，則所謂
學制可以一言而定矣。」摯以爲程頤「高闊以慕古，新奇以變常，非徒無補，
而又有害。」程頤雖自辯其理，朝廷始終不行。〔註65〕

十一月，冬至日，故事，百官皆上表稱賀。程頤上奏言：「神宗喪未除，
節序變遷，時思方切，恐失居喪之禮，無以風化天下。乞改賀爲慰。」不從。
〔註66〕

十二月壬寅，御史朱光庭奏劾蘇軾策題欠妥，辱及先帝（仁宗與神宗），
乞治其罪。朝廷欲治軾罪，軾聞而自辨。侍御史呂陶上疏稱，議者謂軾嘗戲
薄程頤，光庭乃頤門人，故爲報怨。如軾獲罪，恐朋黨之弊從此起矣。軾罪
獲免。〔註67〕

元祐二年正月壬戌，御史王覿奏言：「朱光庭訐蘇軾策問，呂陶力辨。臣

寅條記御史中丞呂陶之言，即及此事，文字較長，甲子又不同，故據《續通
　鑑》。

案：此節與《程氏外書》卷第十一所記略異，云：「溫公薨，朝廷命伊川先生
　　主其喪事。是日也，祀明堂禮成，而二蘇往弔溫公，道遇朱公掞（光庭），
　　問之。公掞曰：『往哭溫公，而程先生以爲慶弔不同日。』二蘇悵然而反，
　　曰：『鏖糟陂裡叔孫通也。』（言其山野）自是時時謔伊川。」《二程集》
　　頁415至416。

又案：查台北商務印書館於民60年出版之《辭源》，「鏖糟」是吳地方言。該
　　書引《吳下方言考》云：「蘇東坡與程伊川議事不合，譏之曰：『頤可
　　謂鏖糟鄙俚叔孫通矣。』鏖糟者，執拗而使人心不適也。吳中謂執拗
　　生氣曰鏖糟。」

〔註64〕　《程氏外書》卷第十一，《二程集》頁416。
〔註65〕　《續通鑑長編》卷三百九十。
〔註66〕　《程氏文集》卷第六，〈論冬至稱賀箚子〉，《二程集》頁547。
〔註67〕　《程氏外書》卷第十一記朱公掞與蘇軾之事云：「朱公掞爲御史，端笏正立，
　　　　嚴毅不可犯，班列肅然。蘇子瞻語人曰：『何時打破這敬字？』」《二程集》頁
　　　　414。

謂軾之辭不過失輕重之體耳，若悉考同異，深究嫌疑，則兩岐（歧）遂分，黨論滋熾。」夫學士命詞失指，其事尚小，使士大夫有朋黨之名，此大患也。」太皇太后深然之。時議者以光庭因軾與其師程頤有隙而發，而陶與軾皆蜀人，遂起洛、蜀二黨之說，故覿有是疏。〔註68〕

辛未，朝廷欲逐光庭，御史中丞傅堯俞、侍御史王巖叟入對，復論蘇軾策題不當，爲光庭力辨。太皇太后以爲二臣黨光，堯俞、巖叟引咎待罪。太皇太后從呂公著議，光庭，堯俞、巖叟依舊供職。（然光庭旋於二月丁亥奉旨前往河北路視災，形同被逐矣。）

同月，程頤上太皇太后疏，乞垂簾聽政日罷朝時，若聖體不倦，可召當日講官問少帝進業次第；並重申坐講乃崇儒重道之體。〔註69〕

三月，神宗大祥（逝世周年）。國忌行香，程頤令供素饌。蘇軾詰之曰：「正叔不好佛，胡爲食素？」程頤曰：「禮，居喪不飲酒、不食肉。忌日，喪之餘也。」軾不聽，令具肉食。

同月，程頤上奏言邇英殿漸熱，恐傷聖體，乞就崇政、延和殿侍講。〔註70〕

四月，神宗服除。故事，服除開樂，當置宴。程頤上〈論開樂御宴奏狀〉，〔註71〕認爲此舉「失禮意，害人情」，雖曰「故事，祖宗亦不盡行」，要求罷開樂宴。著作郎兼侍講范祖禹亦上疏論開樂宴之非，遂得罷開樂宴。

同月，程頤又上書太皇太后，力辨顧臨謂講官不宜坐講以爲尊君之非，直斥顧臨爲淺俗之人，「以順從爲愛君，以卑折爲尊主，以隨俗爲知變，以習非爲守常，此今日之大患也。」〔註72〕

七月乙丑，呂陶出爲京西轉運使。《續通鑑》於乙丑條載其事曰：
先是御史杜純、右司諫賈易緣張舜民罷職事，劾陶、均（侍御史上官均）面欺同列，不肯論救。陶自請補外，上疏言：「杜純乃韓維之客，以此媚維；賈易乃程頤之死黨，爲頤報怨，必欲臣廢逐而後已。

〔註68〕　《續通鑑》卷八十，頁 2016 至 2017。。
〔註69〕　〈又上太皇太后疏〉，下署「元祐二年春」。見《二程集》頁 548 至 549。
〔註70〕　《程氏文集》卷第六，〈乞就寬涼處講讀奏狀〉，下署「元祐二年三月二十六日」。見《二程集》頁 549。
〔註71〕　〈論開樂御宴奏狀〉下署「元祐二年夏」，《二程集》頁 552。
〔註72〕　〈又上太皇太后書〉下署「元祐二年四月」，《二程集》頁 549 至 552。

惟陛下幸察！」易凡五狀劾陶，謂詭譎姦人，託朋附以自安，故陶、均皆罷言職，而陶獨外補。〔註73〕

八月辛巳，賈易罷知懷州。《續通鑑》於辛巳條載曰：

自蘇軾以策題事爲臺諫官所言，而言者多與程頤善，軾、頤交惡，其黨迭相攻。易獨建言請并逐二人。又言呂陶黨軾兄弟，而文彥博實主之，語侵彥博及范純仁。太皇太后怒，欲峻責易。呂公著言易所言頗切直，惟詆大臣太甚爾。乃止罷諫職，出外。〔註74〕

同月，程頤罷崇政殿說書，差管勾西京國子監。《續通鑑》載其事曰：

先是頤赴講會，帝瘡疹，不御邇英殿已累日。頤退，詣宰相問曰：「上不御殿，知否？」曰：「不知。」曰：「二聖臨朝，上不御殿，太皇太后不當獨坐。且人主有疾而宰相不知，可乎？」翌日，呂公著等始以頤言問疾。由是，大臣多不悅，故黜之。頤因三上章，乞納官歸田里，不報。又乞致仕，亦不報。〔註75〕

《續通鑑長編》於八月辛巳條載諫議大夫孔文仲奏劾程頤之言曰：

頤人品纖汙，天資憸巧，貪黷請求，元無鄉曲之行；奔走交結，常在公卿之門。不獨交口褒美，又至連章論奏。一見而除朝籍，再見而升經筵。臣頃任起居舍人，屢侍講席，觀頤陳說，凡經義所在，全無發明。必因藉一事，泛濫援引，借無根之語，以搖撼聖聽；推難考之迹，以眩惑淵慮。上德未有嗜好，而常啓以無近酒色；上意未有信嚮，而常開以勿用小人。豈惟勸導以所不爲，實亦矯欺以所無有。每至講罷，必曲爲卑佞附合之語，借如曰：「雖使孔子復生，爲陛下陳說，不過如此。」又如曰：「伏望陛下燕閒之餘，深思臣之說，無忘臣之論。」又如曰：「臣不敢子細敷奏，慮煩聖聽，恐有所疑，伏乞非時特賜宣問，容臣一一開陳。」當陛下三年不言之際，頤無日無此語以感切上聽，而陛下亦必黽勉爲之應答。又如陛下因咳嗽罷講，及御邇英，學士以下侍講讀者六、七人，頤官最小，乃越次獨候問聖體，橫僭過甚，並無職分。如唐之王伾、王叔文、李訓、鄭注是也。伾以《詩》、《書》侍講，叔文以棋待詔，二惡交踵，終兆永貞之亂。注以藥術用，訓以

〔註73〕《續通鑑》卷八十，頁 2026。
〔註74〕同前揭書。
〔註75〕同前揭書，頁 2027。

《易》義進，兩邪合縱，卒致甘露之禍。

臣訪聞，頤有家不及治，有祿不及養，日跨匹馬，奔馳權利，徧謁貴臣，歷造臺諫。其謁貴臣也，必暗竊重輕之意，出以語人，收爲私恩。及有差除，若合符節，是以人皆憚懼之，而又深德之。其造臺諫也，脅肩蹙額，屏人促席。或以氣使，或以術動。今日當論列某事，異時當排擊此人。而臺諫之中，常有儔類竭盡死力，如朱光庭、杜純、賈易之流是也。

臣居京師近二年，頤未嘗過臣門。臣比除臺諫官，頤即來訪臣，先談賈易之賢，又賀與易同官。遂語及呂陶事。曰：「呂陶曾補司諫，命已久閣，今聞復下何也如此，則賈明叔必不安職矣。」明叔者，指賈易字也。臣答曰：「何以言之？」頤曰：「明叔近有文字攻陶之罪，已數日矣。今陶設爲司諫，明叔畏義知恥者也，言既不行，其辭去決矣。公能坐觀明叔之去乎？」臣曰：「將如之何？」頤曰：「此事在公也。公之責重也。」推頤之言，必是與陶有隙，又欲諷臣攻陶助易也。臣素與頤不相識，只在經筵相遇，又未嘗過臣，一旦乃非意相干，說諭如此，陛下以清明安靜爲治于上，而頤乃鼓騰利口，間諜羣臣，使之相爭鬪于下，紛紛擾擾，無有定日。如是者彌年矣！

伏惟太皇太后陛下、皇帝陛下，鑒察真僞，雖在萬里之外，無所遁逃，況于咫尺之近，而肯容如頤者穢淬班列，變亂白黑乎？蓋緣執政推舉之過，遂誤知人明哲之德。伏望論正頤罪，儻未誅戮，且當放還田里，以示典刑。〔註76〕

　　程頤既罷說書之職，即於同年十一月上書乞歸田里，極論儒者進退之道，謂：「若臣元是朝官，朝廷用爲說書，雖罷說書，卻以朝官去，乃其分也。臣本無官，只因說書授以朝官。既罷說書，獨取朝官而去，極無義理。」〔註77〕不報。數月間，三狀乞歸田里，二狀乞請致仕，皆不報。

　　綜觀以上史料，可知洛、蜀二黨之說起於元祐元年十二月至翌年正月間，由朱光庭奏劾蘇軾策題不當而引發。議者謂軾嘗戲薄程頤，光庭乃程頤門人，故爲報怨。議者之論光庭報怨，或爲事實；然光庭誣詆蘇軾，卻非程頤之意，更非程頤所使。蘇軾數謔程頤，史書雖云二人交惡，然程頤從未於

〔註76〕《續通鑑長編》卷四百四。
〔註77〕《程氏文集》卷第六，〈乞歸田里第一狀〉，《二程集》頁553。

言語間攻擊蘇軾，二程語錄中亦未見片言隻字詆軾。溫公之喪，軾譏程頤讀喪禮，程頤亦不答而已。故以程頤爲黨魁，豈能覈實？光庭奏劾蘇軾之時，黨論尚未形成。及呂陶爲軾辯護，而陶與軾皆蜀人，議事者始起朋黨之說，而歸類洛、蜀。程頤爲光庭師，遂以程頤爲黨魁，以類相推而已。黨爭或因程頤而起，卻非程頤所主導也；而以程頤爲魁，「君子惡居下流」，此之謂歟？〔註78〕

　　黨論既起，程頤始終未置一辭，亦未參與其事。孔文仲之奏，先以「人品纖汙」攻擊程頤，已非就事論事矣。繼以經筵之事爲說，亦不著朋比邊際。後謂程頤嘗過訪論賈易事，程頤但云「公能坐觀明叔之去乎？」而文仲卻「推頤之言，必是與陶有隙，又欲諷臣攻陶助易也」。程頤與陶無隙，有隙者賈易也。揣程頤之意，盼易留京，挽易則有之，攻陶則未必也。程頤爲人，端正不阿，謹於禮分，行所當行，止所當止，結黨攻訐之事，豈肯爲之？攻陶乃文仲想當然之論爾。朱熹《年譜》注引〈文仲傳〉載呂申公（即呂公著）之言曰：「文仲爲蘇軾所誘脅，其論事皆用軾意。」又引《呂申公家傳》云：「文仲本以伉直稱，然憃不曉事，爲浮薄輩所使，以害忠良。晚乃自知爲小人所紿，憤鬱嘔血而死。」〔註79〕浮薄輩，蓋謂軾也。御史王覿嘗謂軾「輕浮躁競」，〔註80〕乃爲公論。然軾數譖程頤，輕薄之行尚不足以爲黨魁；誘脅他人，主導攻擊，致使黨爭越演越烈，軾爲蜀黨之魁則無疑也。

　　然考程頤之去職，表面上似緣於黨爭，實則與黨爭無關。文仲奏劾之舉，亦非主因。究其細節，乃程頤以師道自居，容色莊嚴，不近世俗人情，不符官僚事禮，更不合乎唯我獨尊之帝王心態，故招擯斥，乃早晚之事，如程頤自謂「道大難容」也。〔註81〕昔日程頤召對之時，即以經筵三事乞求允納，不納即去。由此可知程頤並無心戀棧朝官。其經筵三事，倘仔細推敲，即可發現其儒學之古訓古義存焉。其一謂宜慎選賢德之士，以侍勸講，講罷留二人值日，一人值宿，以備訪問。所以涵養氣質，薰陶德性。程頤極重視潛移

〔註78〕《論語·子張》：子貢曰：「紂之不善，不如是之甚也。是以君子惡居下流，天下之惡皆歸焉。」

〔註79〕《二程集》頁343至344。

〔註80〕《續通鑑》卷八十，元祐三年春正月丁卯條：王覿奏：「蘇軾長於辭賦而暗於義理，若使久在朝廷，則必立異妄作。宜且與一郡，稍爲輕浮躁競之戒。」頁2031至2032。

〔註81〕程頤〈再辭免表〉云：「不思道大則難容，蹟孤者易躓。入朝見嫉，世俗之常態；名高毀甚，史冊之明言。」見《二程集》頁557。

默化之教育特質，「一傅眾咻」，〔註82〕乃孟子之義也。其二謂少帝宮中動息，必語講官，其或有小失，得以隨時規諫。「勿以小惡而爲之」，乃蜀主劉備之遺詔也。〔註83〕遺詔乃諸葛亮所擬，程頤少時嘗自比諸葛，其輔養少帝之心，既殷且切，亦由此可見。其三謂請令講官坐講，以養人主尊儒重道之心，乃荀子「隆君師」之旨也。〔註84〕程頤輔養少帝之心既切，自居君師地位，則文仲謂程頤「橫僭過甚，並無職分」，乃以官僚之心態視之，又豈是知道者哉？顧臨謂講官不宜坐講，程頤斥之爲淺俗之人。以官僚心態侍奉人主，而不知儒者之大節，君師之大義，皆淺俗之人也。不近世俗人情，不符官僚事禮，尚不致令程頤去職，而敢干犯人主唯我獨尊之心，不去職亦難矣。元祐二年八月，少帝瘡疹，不御邇英殿累日，程頤逕詣宰相府，既斥宰相失職，復謂少帝不御殿，太皇太后不宜獨坐聽政。此語非同小可。宰相乃程頤故交，尚可包容；謂太皇太后不宜獨坐聽政，冒瀆天威，無異嬰其逆鱗矣。程頤罷職之導火線實本於此，而黨爭云云，只是耳目。程頤既罷說書，即欲歸田里，上疏極論儒者進退之道。奈何朝廷囿於祖宗家法，以官僚待程頤，依制度升降安置，致令日後復遭黨論之累，而有編管涪州之難！程頤之傳《易》也，正作於編管涪州之時。憂患之人作憂患之書，又豈能無深意存焉？

　　黃宗羲嘗論程頤曰：「小程夫子當識其初年之嚴毅，晚年又濟以寬平處。」〔註85〕「嚴毅」一語，頗盡程頤本色。程頤既有此本色，直道而行而已。孔子所謂「造次必於是，顛沛必於是」，而聞達亦必於是也。張橫浦曰：「伊川之學，自踐履中入，故能深識聖賢氣象。」〔註86〕可謂深知程頤者。而程頤

〔註82〕《孟子‧滕文公下》：「孟子謂戴不勝曰：『子欲子之王之善與？我明告子：有楚大夫於此，欲其子之齊語也，則使齊人傅諸？使楚人傅諸？』曰：『使齊人傅之。』曰：『一齊人傅之，眾楚人咻之，雖日撻而求其齊也，不可得矣。引而置之莊嶽之間數年，雖日撻而求其楚，亦不可得矣。子謂薛居州，善士也，使之居於王所。在於王所者，長幼卑尊皆薛居州也，王誰與爲不善？在王所者，長幼卑尊皆非薛居州也，王誰與爲善？一薛居州，獨如宋王何？』」慎選賢德之士在帝左右，程頤之意本此。

〔註83〕〔西晉〕陳壽《三國志‧蜀書‧先主傳》第二載劉備之逝，臨終託孤於諸葛亮。裴松之注引《諸葛亮集》先主遺詔，其中有「勿以小惡而爲之，勿以小善而不爲」句，故知遺詔乃諸葛亮所擬。程頤十八歲即上仁宗皇帝書，即自比諸葛。前事見《三國志》卷三十二，頁 237 上。台北：鼎文書局，1983 年。後事見《程氏文集》卷第五，《二程集》頁 510 至 515。

〔註84〕「隆君師」之義，見本論文第二章第三節〈禮治與隆君師新解〉。

〔註85〕《宋元學案‧伊川學案下》，頁 652。

〔註86〕同前揭書，頁 650。

仕途，由是而進，亦由是而退。

第三節　二程論王安石學術之弊

　　北宋兩度變法，君子與小人勢同水火。朋離爲二，判若參商。程顥論治道，謂君子多則治，小人多則亂，君子與小人共處，未嘗互相排斥。司馬光回朝執政，昧於事理，以爲除惡務盡，悉去小人，而新法亦掃蕩無存；誰料鬩牆之禍，起於不測，以致漁翁獲利，社稷陵夷。哲宗紹聖四年（1097）以後，蔡京用事，昔日所謂君子小人，先後被擯，皆列黨禁，無一倖免。程顥嘗檢討曰：「君子既去，所用小人爭爲刻薄，故害天下益深。使眾君子未與之敵，俟其勢久自緩，委曲平章，尚有聽從之理，則小人無隙可乘，其害不至如此之甚也。」〔註87〕程頤晚年亦曰：「新政之改（案：改，疑爲「初」字之誤），亦是吾黨爭之有太過，成就今日之事，塗炭天下，亦須兩分其罪可也。」〔註88〕兩分其罪，固是持平之論；然政治良窳，乃繫於執政者一念之間。一念仁，天下興仁焉；一念惡，則天下興惡也。安石身居相位，一念而天下動，其功過尤重，亦「君子惡居下流」之義。前謂政治影響學術，安石變法之動天下也，當時學術豈能置身事外而無變乎？

　　《宋史・王安石本傳》謂：

> 初，安石訓釋《詩》、《書》、《周禮》。既成，頒之學官，天下號曰「新義」。晚居金陵，又作《字說》，多穿鑿傅會，其流入於佛、老。一時學者，無敢不傳習。主司純用以取士，士莫得自名一說。先儒傳註，一切廢不用。黜《春秋》之書，不使列於學官，至戲目爲「斷爛朝報」。〔註89〕

安石爲相，位高權重，以其所著《三經義》頒行學官，用以取士，時稱新義，又稱新學，先儒舊說，廢而不用，其箝制思想，壟斷學術之意，昭然若揭。安石尚有《易解》二十卷，南宋晁公武《郡齋讀書志》於「王介甫《易義》二十卷、龔原注《易》二十卷、耿南仲注《易》二十卷」條云：〔註90〕

　　　　案：張九成，楊時弟子，字子韶，號無垢，又號橫浦居士。

〔註87〕《程氏外書》卷第十二，《二程集》頁423。

〔註88〕《程氏遺書》卷第二上，《二程集》頁28。

〔註89〕《宋史》卷三百二十七。〈王安石本傳〉頁10550。

〔註90〕龔原、耿南仲《易》注，晁氏均作「二十卷」，應爲「十卷」之誤。陳振孫《直

右皇朝王安石介甫《三經義》皆頒學宮，獨《易解》自謂少作未善，

不專以取士，故紹聖後復有龔原、耿南仲注《易》，三書皆行于場屋。

公武之意，謂安石《易解》於其執政時尚未頒行取士，紹聖後始與龔原、南仲之《易》注行於場屋。龔原爲安石弟子，於元豐中充國子直講。哲宗即位，升國子丞、太常博士。紹聖初拜國子司業。安石推行新政，嘗引原助。〔註91〕原之《易》注，大抵引伸安石之意，墨守師法，故其書爲王學之餘。鄒浩謂：「自熙寧以來，凡學《易》者靡不以先生（龔原）爲宗師。」〔註92〕其著影響當時之鉅，可以想見。南仲嘗爲太子右庶子，在東宮十年，欽宗時爲太子，相善。欽宗即位，升尚書左丞、拜門下侍郎。〔註93〕其《易》注舊題《進周易解義》，故《四庫》館臣疑乃欽宗爲太子時所進之本。〔註94〕則其書後出，程頤未能及見也。

安石學術，程顥嘗論其「爲害最甚」，此乃就其「術」言。順人主之心，以財利爲治國之本，一旦化革人心，移風易俗，天下但知財利，不知道義，爲害之大，莫此爲甚也。「壞了後生學者」，故「先要整頓」。而就其「學」言，二程皆以爲安石「元不識道」〔註95〕。茲以「論道」、「論《易》」二事分別言之。

齋書錄解題》存龔原《易講義》十卷之目，何師廣棪《陳振孫之經學及其直齋書錄解題經錄考證》謂，此書今存日本國林信敬《佚存叢書》本，名作《周易新講義》，十卷。（頁255）而耿南仲之書收入《四庫》，亦名爲《周易新講義》，十卷。則二書均爲十卷無疑也。

〔註91〕《宋史》卷三百五十三，〈龔原本傳〉。

〔註92〕龔原《周易新講義》書首有鄒浩〈序〉，云：「先生（龔原）蓋王文公（王安石）門人之高第也。三聖之所秘，文公既已發之於前，文公之所略，先生又復申之於後。始而詳說之，終以反說約。故自熙寧以來，凡學《易》者靡不以先生爲宗師。因以取上科，躋顯位，爲從官，爲執政，被明天子所眷遇而功名動一時者踵相躡而起，至於今不絕也。」考龔原卒於徽宗大觀四年（1110），鄒浩，元豐五年（1082）進士，卒於徽宗政和元年（晚龔原一年），其〈序〉應作於徽、欽之間。

〔註93〕《宋史》卷三百五十二，〈耿南仲本傳〉。

〔註94〕《四庫全書總目提要》「經部」《易》類二「《周易新講義》十卷」條。頁17。台灣：台灣商務印書館，1971年。

〔註95〕《程氏遺書》卷第二上載：「今異教之害，道家之說則更沒可闢，唯釋氏之說衍蔓迷溺至深。今日是釋氏盛而道家蕭索。方其盛時，天下之士徃徃自從其學，自難與之力爭。惟當自明吾理：吾理自立，則彼不必與爭。然在今日，釋氏卻未消理會，大患者卻是介甫之學。……如今日卻要先整頓介甫之學，壞了後生學者。」見《二程集》頁38。

一、論道

程顥嘗語安石曰：

> 公之談道，正如說十三級塔上相輪，對望而談，曰「相輪者，如此
> 如此」，極是分明。如某則戇直，不能如此，直入塔中，上尋相輪，
> 辛勤登攀，邐迤而上。直至十三級時，雖猶未見相輪，能如公之言，
> 然某卻實在塔中，去相輪漸近，要之須可以至也。至相輪中坐時，
> 依舊見公對塔談說此相輪如此如此。〔註96〕

此節語錄，謂安石坐而論道，程顥則起而力行也。故程顥曰與道近，安石則
仍與道遠，徒以饒舌之辯，不足以言道。程顥後續又云：

> 他（安石）說道時，已與道離；他不知道，只說道時，便不是道也。

程頤亦嘗直斥安石不識「道」字，《程氏遺書》記曰：

> 又問：「介甫言堯行天道以治人，舜行人道以事天，如何？」曰：「介
> 甫自不識道字。道未始有天、人之別，但在天則為天道，在地則為
> 地道，在人則為人道。如言〈堯典〉，於舜、丹朱、共工、驩兜之事，
> 皆論之，未及乎升黜之政。至〈舜典〉，然後禪舜以位，四罪而天下
> 服之類，皆堯所以在天下，舜所以治，是何義理？四凶在堯時亦皆
> 高才，職事皆脩，堯如何誅之？然堯已知其惡，非堯亦不能知也。
> 及堯一旦舉舜於側微，使四凶北面而臣之，四凶不能堪，遂逆命。
> 鯀功又不成，故舜然後遠放之。」〔註97〕

「堯行天道以治人，舜行人道以事天」，語見於安石《尚書新義》〔註98〕。安
石以「天道」、「人道」分言堯、舜之治，程頤深深以為不然。治道乃隨時事
而變，非「天道」、「人道」之異也。舜起於側微，三凶不服命，又悖禮犯上，
遂遭殺機。鯀則治水無功，故放之。此非「天道」、「人道」問題也。而道乃
唯一，「未始有天、人之別，但在天則為天道，在地則為地道，在人則為人道」
耳。安石離道為二，亦可離道為三，道豈能支離？故程頤直斥其不識「道」
字。「介父之學，大抵支離」〔註99〕也。

安石離道為二，《程氏遺書》又記程頤之言曰：

〔註96〕《程氏遺書》卷第一，《二程集》頁5。
〔註97〕《程氏遺書》卷第二十二上，《二程集》頁282。
〔註98〕引文見程元敏《三經新義輯考彙評（一）──尚書》，頁27至28。台北：國
　　　　立編譯館，1986年。
〔註99〕《程氏遺書》卷第二上，《二程集》頁28。

「人心」，私欲也；「道心」，正心也。「危」，言不安；「微」，言精
微。惟其如此，所以要「精一」。「惟精惟一」者，專要精一之也。
精之、一之，始能「允執厥中」。「中」，是極至處。或云：「介甫説
以一守，以中行。」只爲要事事分作兩處。〔註100〕

此節釋《僞古文尙書・大禹謨》中「人心惟危，道心惟微；惟精惟一，允執
厥中」十六字眞言。安石說以「一」守道，以「中」行道，程頤謂安石「事
事分作兩處」，即未識道也。《程氏粹言》亦載二則程頤之論安石不識道云：

或問：「介甫有言：盡人道謂之仁；盡天道謂之聖。」子曰：「言乎
一事，必分爲二，介甫之學也。道，一也，未有盡人而不盡天者也。
以天、人爲二，非道也。」〔註101〕

子曰：「介甫之言道，以文焉耳矣。言道如此，己則不能然，是己
與道二也。夫有道者，不矜於文學之門，啓口容聲，皆至德也。」
〔註102〕

程頤之學，可謂與其兄同，皆以爲道一非二，天道、人道，亦一道也。程頤
嘗有「體用一源，顯微無間」（〈易傳序〉）之語，以天、人言之：天爲體，人
爲用，能盡人道，即能盡天道；反之，人道未盡，即非天道。知、行合一，
方是知道；言行乖離，豈與道合？安石「己則不能然」，謂其不能行道，所言
之道，乃文飾而已。神宗嘗與程顥論安石之學，云：

昔見上稱介甫之學。對曰：「王安石之學不是。」上愕然問曰：「何
故？」對曰：「臣不敢遠引，止以近事明之。臣嘗讀《詩》，言周公
之德云：『公孫碩膚，赤舄几几。』周公盛德，形容如是之盛。如王
安石，其身猶不能自治，何足以及此？」〔註103〕

程顥所引《詩》，乃《豳風・狼跋》。〈小序〉云：「美周公也。周公攝政，遠
則四國流言，近則王不知，周大夫美其不失其聖也。」周公攝政，流言四起，
尚能遜（孫）讓，雍容大度，迄至於成；安石則盡去君子而後快，兩相較之，
優劣立判。其行如此，其學亦不足道也。安石道、行乖離，〈本傳〉記之曰：

安石未貴時，名震京師。性不好華腴，自奉至儉，或衣垢不澣，面
垢不洗，世多稱其賢。蜀人蘇洵獨曰：「是不近人情者，鮮不爲大姦

〔註100〕《程氏遺書》卷第十九，《二程集》頁256。
〔註101〕《程氏粹言》卷第一，《二程集》頁1170。
〔註102〕同前揭書，頁1176。
〔註103〕《程氏遺書》卷第二上，《二程集》頁17。

懸。」作〈辯姦論〉以刺之。〔註104〕

「自奉至儉」，乃爲美德；然至「衣垢不澣，面垢不洗」，則亦太過，不近人情，故蘇洵疑其姦，矯情造作，沽取時譽。程顥謂其「己身則不能治」，即指安石「衣垢不澣，面垢不洗」之事。「鮮不爲大姦慝」，蘇洵知人之論，不幸而言中也。《程氏遺書》記程頤之論安石曰：

> 王介甫爲舍人時，有《雜說》行於時，其粹處有曰：「莫大之惡，成
> 於斯須不忍。」又曰：「道義重，不輕王公；志意足，不驕富貴。」
> 有何不可？伊川嘗曰：「若使介甫只做到給事中，誰看得破？」〔註105〕

知人之難，由此可見矣。〈安石本傳〉謂：「昔神宗欲命相，問韓琦曰：『安石何如？』對曰：『安石爲翰林學士則有餘，處輔弼之地則不可。』神宗不聽，遂用安石。嗚呼！此雖宋氏之不幸，亦安石之不幸也。」〔註106〕國家幸與不幸，繫於一人，不勝悲夫！

二、論《易》

安石嘗著《易義》一書，雖自謂少作不善，故未頒行，然程頤對其書頗爲推崇，嘗謂：

> 《易》有百餘家，難爲徧觀。如素未讀，不曉文義，且須看王弼、胡
> 先生、荊公三家。理會得文義，且要熟讀，然後卻有用心處。〔註107〕

荊公者，安石也。安石卒後，朝廷追封爲荊國公。又程頤〈與金堂謝君書〉云：

> 若欲治《易》，先尋繹令熟，只看王弼、胡先生、王介甫三家文字，
> 令貫通。餘人《易》說無取，枉費功。〔註108〕

其時說《易》者百餘家，而《程傳》未出，故程頤勸人讀《易》，首推王弼、胡先生（瑗）、安石三家。《易》推安石之書，未因其不見道而廢其言，誠君子也。案王弼書存於孔穎達《周易正義》，胡瑗《周易口義》，爲門人倪天隱所記，存於《四庫》。而安石書已佚，近人王鐵輯佚，成《王安石易義輯存》，附錄於其著《宋代易學》書末。計其所輯，安石《易解》約二百條、《繫辭解》

〔註104〕〈王安石本傳〉，頁 10550。
〔註105〕《程氏遺書》卷十二，《二程集》頁 434。
〔註106〕〈王安石本傳〉，頁 10553。
〔註107〕《程氏遺書》卷第十九，《二程集》頁 248。
〔註108〕《程氏文集》卷第九，《二程集》頁 613。

約三十三條、《說卦解》六條、《雜卦解》一條。安石文集中，尚有〈易泛論〉、〈卦名論〉、〈易象數論〉、〈致一論〉、〈九卦論〉等數篇文字，約可一窺安石《易》學之梗概也。

　　程頤雖推安石之書爲《易》學入門之作，然非無微詞。安石之學既不見道，離道爲二，故其《易義》亦必有可駁議者。見於《程氏遺書》者列舉如下：

> 　　介甫以武王觀兵爲九四，大無義理，兼觀兵之說亦自無此事。如今
> 日天命絶，則今日便是獨夫，豈容更留之三年？今日天命未絶，便
> 是君也。爲人臣子，豈可以兵脅其君？安有此義？〔註109〕

此例論〈乾〉九四爻義。考「武王觀兵爲九四」，其說不始自安石，乃東晉干寶之言也。干寶有《周易注》十卷、《周易爻義》一卷、《周易宗塗》四卷、《周易問難》二卷、《周易玄品》二卷等書，今皆散佚，其言散見於唐李鼎祚《周易集解》、陸德明《經典釋文》。〈乾〉九四爻干寶注云：「武王舉兵孟津，觀釁而退，足當此爻之義。」〔註110〕安石襲用其說，而程頤非之，認爲「大無義理」。案〈乾〉九五爲天子之位，九四臨近九五，進逼天位。爻辭謂：「或躍在淵，无咎。」干寶云：「守柔順，則逆天人之應，故欲退不能；通權變，則違經常之教，故欲進不可。進退兩難，不得已而爲奉天伐暴之舉，故疑而不果。其所望於紂之改過自新者，志固可量也。」〔註111〕干寶以九五爲紂，九四爲武王之事，故有觀兵之說。程頤以爲，「今日天命未絶，便是君也。爲人臣子，豈可以兵脅其君？安有此義？」「以兵脅其君」，是爲叛逆，大《易》豈有叛逆之道哉？故程頤另以舜事釋之，云：

> 　　淵，龍之所安也。或，疑辭，謂非必也。躍不躍，唯及時以就安耳。
> 　　聖人之動，无不時也。舜之歷試時也。〔註112〕

堯妻二女於舜，試其德行，卒履帝位。其事載於《尚書・堯典》，程頤取之以爲說，而安石襲取干寶之注，未經深思，不譜大《易》之旨，不知君臣之義，故程頤非之。

　　安石不識君臣之義，《程氏遺書》又一事例言之曰：

> 　　魯得用天子禮樂，使周公在，必不肯受。故孔子曰：「周公之衰乎！」

〔註109〕《程氏遺書》卷第十九，《二程集》頁250。
〔註110〕〔清〕李道平《周易集解纂疏》卷一，頁32。北京：中華書局，2006年。
〔註111〕同前揭書，頁32至33。
〔註112〕《易程傳集校》卷一，頁2。

> 孔子以此爲周公之衰，是成王之失也。介甫謂周公有人臣不能爲之
> 功，故得用人臣所不得用之禮，非也。臣子身上沒分外過當底事，
> 凡言舜、言曾子爲孝，不可謂曾子、舜過於孝也。〔註113〕

成王年幼，周公攝政；成王及冠，周公還政。《史記・周本紀》云：「周公行政七年，成王長，周公反政成王，北面就群臣之位。」〔註114〕魯得用天子禮樂，〈魯・周公世家〉云：「魯有天子禮樂者，以褒周公之德也。」〔註115〕《禮記・明堂位》云：「成王以爲周公有勳勞於天下，是以封周公於曲阜。地方七百里，革車千乘。命魯公世世祀周公以天子之禮樂。」〔註116〕安石以爲「周公有人臣不能爲之功，故得用人臣所不得用之禮」，程頤非之，以爲「臣子身上沒分外過當底事」，而「使周公在，必不肯受」。周公攝政、反政，乃臣子本分事，非「人臣不能爲之功」也。禮，所以定等差，明本分，臣子功勳再高，亦不應受天子禮樂。成王賜魯公天子禮樂以祀周公，程頤直斥其失，毫不假借。嗚呼！魯國之有季孫氏八佾舞於庭，成王其始作俑者乎？孔子嘆周公之衰，亦嘆魯國時政之衰也。天道循環，反覆不已，豈非大《易》之旨耶？君臣之義不盡，國祚之命不長；《程傳》亟論君臣之道，豈偶然哉？

《程氏遺書》又載：

> 荊公言，「用九」只在上九一爻，非也。六爻皆用九，故曰：「見羣
> 龍，无首，吉。」用九便是行健處。「天德不可爲首」，言〈乾〉以
> 至剛健，又安可更爲物先？爲物先則有禍，所謂「不敢爲天下先」。
> 〈乾〉順時而動，不過處，便是不爲首。六爻皆同。〔註117〕

「用九」爲〈乾〉卦之例，安石以爲僅指「上九」一爻。其說不見於王鐵《輯存》，無所考究。安石之解，程頤非之，以爲「六爻皆用九」，「羣龍」乃六爻之象故也。安石亦云：「龍，行天之物，故以象〈乾〉。」〔註118〕如僅止上九一爻，又何來「羣龍」之象哉？「羣龍」齊發，「行健」而無所先後，故稱「无

〔註113〕《程氏遺書》卷第十九，《二程集》頁257。
〔註114〕〔日〕瀧川資言《史記會注考證》，頁73下，台北：洪氏出版社，1983年。
〔註115〕同前揭書，頁569下。
〔註116〕《禮記正義》卷第三十一，頁576下至577上。
〔註117〕《程氏遺書》卷第十九，《二程集》頁248至249。此事亦見於《粹言》卷二〈君臣篇〉，《二程集》頁1244。
〔註118〕見王鐵《宋代易學》附錄，「王安石《易義》輯存」，頁261。上海：上海古籍出版社，2005年。

首」。《程傳》曰：「見群龍，謂觀諸陽之義。」〔註119〕其義較洽。

《程氏遺書》又載：

> 先儒以六爲老陰，八爲少陰，固不是。介甫以爲進君子而退小人，
> 則是聖人旋安排義理也。此且定陰陽之數，豈便說得義理？九、六
> 只是取純陰、純陽，惟六爲純陰，只取《河圖》數見之，過六則一
> 陽生，至八便不是純陰。〔註120〕

六爲老陰，七爲少陽，八爲少陰，九爲老陽，乃揲蓍之法。先儒以老陰稱六，
少陰稱八，程頤以爲不是，只是純與不純之異而已。六爲純陰，觀「《河圖》
數」可知。此「《河圖》數」非劉牧之所謂「河圖」，乃〈上繫〉所載：「天
一、地二、天三、地四、天五、地六、天七、地八、天九、地十。」（第九
章）〔註121〕天數五，地數五。六於居二、四、八、十之中，故爲純陰。九
居一、三、五、七之末，故爲純陽。《程傳》釋九、六，但謂「九，陽數之
盛」、「六，陰數之盛」，不以老陽、老陰稱之。揲蓍之法，只是定陰陽之數，
其中並無義理，而安石視之爲「進君子而退小人」，強加義理於其上，非聖
人之旨也。大《易》義理存於「辭」中，故程頤自謂所傳者，辭也。（〈易傳
序〉）

《程氏遺書》又載：

> 介甫解「直方大」云：「因物之性而生之，直也；成物之形而不可易，
> 方也。」人見似好，只是不識理。如此是物先有箇性，〈坤〉因而生
> 之，是甚義理，全不識也。〔註122〕

「直方大」，見〈坤〉六二爻辭。安石解「直」云：「因物之性而生之」。解
「方」云：「成物之形而不可易」。程頤斥安石前一解全不識義理。「物先有
箇性，〈坤〉因而生之」，乃違反天道生成之順序。〈中庸〉云：「天命之爲性。」
「性」乃由「天」所賦予，豈能先有「性」，而後因其「性」而生之之理？
生成之序本末倒置，倒果爲因，可知安石既「不識」道，又不識義理也。

安石學術之弊，已如上述。綜而言之，安石論道，全不識道。道乃唯一，
而安石支離爲二，遂致知、行不一，言、行乖離。安石既不知道，論《易》

〔註119〕《易程傳集校》卷一，頁3。
〔註120〕《程氏遺書》卷第十九，《二程集》頁250。
〔註121〕〈繫辭〉章節編次，皆依朱熹《周易本義》。朱云：「此簡本在第十章之首，
　　　　程頤曰：『宜在此。』今從之。」頁275。北京：九州出版社，2004年。
〔註122〕《程氏遺書》卷第十九，《二程集》頁251。

亦大有問題。蓋道者，易之道也，程頤謂「所以示開物成務」也（〈易傳序〉）。開物成務，首重君臣之義。生物者天，治物者人。君者，能群者也，能群則能治物。「生生之謂易」，「成性存存」（〈繫辭〉），皆有其理序。人君順其理序而治物，則物物各安其所，如井之有序，故云「一正君而國定」。人臣乃輔君治物者，故君子得用則治，小人得用則亂。君臣相依，天下之利害與共。安石不識事君之道，源於不識道字。其《易》學或襲取前人舊說，或穿鑿己意，豈是知道者哉？安石晚年《字說》亦復如是，而「其流入於佛、老」，可見終其一生，皆未嘗知道也。以安石之才猶如是，不及者更遑論之矣！程頤既闢佛、老，復抗安石壞人心術與支離之學，任重道遠，死而後已。錢穆云：「北宋學術，不外經術、政事兩端。大抵荊公新法以前，所重在政事；而新法以後，則所重尤在經術。」〔註123〕程頤正處於新法之後，新法既無足觀，止之即可；然心術已壞，一時難止。整頓之計，乃在學術。程頤重視教育，嘗言：「以經術輔導人主。」由是言之，經術乃政事之延伸，而教育即其手段，終其目的，不外政事。論《程傳》之價值，應由是尋之。近世學者，皆以哲學之視野論宋明理學，喋喋孜孜，徒置喙於形而上之本體探討，而不及形而下之致用，立論再精，亦只是說話作文而已。安石坐而論道，其學又豈是先秦儒學之本旨哉？

第四節　《程傳》價值商兌

　　程頤嘗受黨論之累，於紹聖四年（1097）十一月編管涪州。元符三年（1100）正月獲赦，四月還居洛陽。〈易傳序〉作於元符二年（1099）正月，則《程傳》撰成於涪州編管之時，殆無疑義。程頤著書，一如其人，一絲不苟，嚴毅自持，嘗自謂六十歲後始著書，〔註124〕《易傳》之成，時已六十七矣。《程氏遺書》記其言曰：

> 某於《易傳》，今卻已自成書，但逐旋修改，期以七十，其書可出。
> 韓退之稱：「聰明不及於前時，道德日負於初心。」然某於《易傳》，後來所改者無幾，不知如何？故且更期之以十年之功，看如何。（陳長方見尹子於姑蘇，問《中庸解》。尹子云：「先生自以為不滿意，

〔註123〕《中國近三百年學術史》第一章〈引論〉，頁5。北京：商務印書館，1997年。
〔註124〕《程氏遺書》卷第二十四，《二程集》頁314。

焚之矣。」）〔註 125〕

此節文字，前後語意欠暢，記錄凌亂，宜分兩節解讀，以「然」字爲斷。第一節記程頤《易傳》書已成，旋修旋改，尚未定稿，期於七十歲時出書。第二節記《易傳》至今所改無幾，故再期以十年之功；意即七十歲時不出書矣。此兩節文字，似非同時日語。考程頤七十歲時（崇寧元年），即被逮黨籍。次年，朝廷以爲程頤著書非毀朝政，追毀其出身以來文字。程頤變更出書原意，可知除個人因素外，尚有政治因素也。此節文末另記其徒尹焞之語，謂程頤曾有《中庸解》一書，因不滿意而焚燬之矣。程頤著書態度之嚴謹，亦由此可見。

黃百家嘗論《程傳》之價值，謂「足爲萬世經術斗杓」，比之星辰，推崇之高，可與《論》、《孟》同列。然近人有謂《程傳》於今「並沒有多大價值」，與前賢之論向背殊異，頗爲突兀。此言出自李日章《程顥、程頤》一書，李氏謂《程傳》之撰寫，雖極用心，「但由於欠缺訓詁與考據的工夫，望文生義，牽強附會，在今天看來，並沒有多大價值。」〔註 126〕以下分兩點而論其非是。

一、《程傳》「欠缺訓詁與考據的工夫」，固是事實；朱熹亦云：「只恐於文義名物，也有未盡。」〔註 127〕然此正乃宋學本色，而清儒之所以詆宋學者也。清儒詆宋學，錢穆以戴震爲魁傑；〔註 128〕然戴氏晚年排擊程、朱，乃在理、欲之辨，未嘗及於《程傳》。戴氏嘗勸人讀《周易》，亦推《程傳》。〔註 129〕程頤嘗言：「今之學者有三弊：一溺於文章，二牽於訓詁，三惑於異端。」〔註 130〕「訓詁」之業正是程頤所鄙棄者也，以其所鄙棄之學而攻爲「沒有多大價值」，豈是持平之論？清儒章學誠謂：「讀古人之書，不能會通其旨，而徒執其疑似之說，以爭勝於一隅，則一隅之言，不可勝用也。」〔註 131〕疑似之說雖多亦奚以爲，況風馬牛之論耶？蓋《程傳》之旨，乃在於經

〔註 125〕《程氏遺書》卷第十七，《二程集》頁 174 至 175。
〔註 126〕《程顥、程頤》，頁 54。台北：東大圖書公司，2001 年。
〔註 127〕〔南宋〕朱鑑《文公易說》卷十九。（《四庫全書》）
〔註 128〕錢穆云：「詆宋學……而戴東原氏爲其魁傑。」《中國近三百年學術史·自序》，頁 2。
〔註 129〕段玉裁《戴東原先生年譜》云：「先生言《周易》當讀程頤《易傳》。」頁 45 上。附於《戴東原先生全集》中。台北：大化書局，1978 年。
〔註 130〕《程氏遺書》卷第十八，《二程集》頁 187。
〔註 131〕《文史通義》卷五，〈答客問中〉，頁 476。葉瑛校注本。北京：中華書局，1985 年。

世致用，輔導人主，非爲考古。以彼所棄者而斥之，無異罵和尙無髮，而笑其不帶梳爾。程頤嘗以《易傳》示門人曰：「只說得七分，後人更須自體究。」〔註132〕其七分之說，明示後人須自體究其餘三分。《程氏遺書》載程頤與門人之對話曰：

> 問：「胡先生解九四作太子，恐不是卦義。」

> 先生云：「亦不妨，只看如何用。當儲貳，則做儲貳。使九四近君，便作儲貳亦不害。但不要拘一；若執一事，則三百八十四爻只作得三百八十四件事，便休也。」〔註133〕

「胡先生」即胡瑗，程頤師也。「九四」即〈乾〉卦九四爻。《周易口義》載胡瑗之解曰：

> 九三已極人臣之位，九四出人臣之上，切近至尊之位，既非人君，又非王官，是儲貳之象也。〔註134〕

案：以爻象言之，九五爲君位，九三、九四均爲臣位，而九四近君，宰輔大臣之位也。以「儲貳」象之，其理亦通；「儲貳」亦爲人臣，較宰輔又進一層矣。故程頤以爲「不妨」。程頤教人讀《易》，不要拘執，否則「三百八十四爻只作得三百八十四件事，便休也。」觸類旁通，舉一反三之意也。孔子曰：「舉一隅不以三隅反，則不復也。」（《論語·述而》）亦是「須自體究」之意。程頤〈易傳序〉開宗明義即云：「易，變易也，隨時變易以從道也。其爲書也，廣大悉備，將以順性命之理，通幽明之故，盡事物之情，而示開物成務之道也。」時移世異，於今帝制已廢，而民主政治乃爲普世價值，可謂時變矣。〈隨〉卦辭謂：「隨時之義大矣哉！」隨時變易乃爲大《易》之旨，其書既能示「開物成務」之道，則程頤之所傳也，如有用於昔日，又豈能無用於今時耶？有賴學者「體究」而已。程頤自謂學聖人之道四十年，傳千載不傳之辭，如謂《程傳》於今日爲無價值，即謂經學於今日亦無價值矣。而孔孟之道，又何以足觀？

二、李氏謂《程傳》「望文生義，牽強附會」，固亦事實，無庸爲前賢諱也。然此正是中國學問之特色，韓非子已嘗譏之矣，其文錄之如下：

> 郢人有遺燕相國書者，夜書，火不明，因謂持燭者曰「舉燭」云，

〔註132〕《程氏外書》卷第十一，《二程集》頁417。

〔註133〕《程氏遺書》卷第十九，《二程集》頁249。

〔註134〕《周易口義》卷一。（《四庫全書》）

而過書「舉燭」。舉燭，非書意也，燕相受書而說之，曰：「舉燭者，
尚明也；尚明也者，舉賢而任之。」燕相白王，王大說，國以治。
治則治矣，非書意也。今世舉學者多似此類。〔註135〕

郢書燕說，於中國學術中自古已然，韓非子謂當時「學者多似此類」，可謂
比比皆是也。《三百五篇》尚可作「諫書」之用，〔註136〕又況《周易》耶？
自漢武帝罷黜百家，獨尊儒術，表彰經學，奠定儒家典籍與孔子為聖人之崇
高地位，二千年來，國人觀念根深蒂固，不可假借。故學者論學，皆須透過
詮釋經典而為之，所謂「述而不作」，其來有自。朱熹嘗謂：《易》「本來只
是卜筮，聖人為之辭以曉人，便說許多道理在上。」〔註137〕要「說許多道
理在上」，無附會則難以為之。附會，乃說理之傳統一法爾；孔子尚且如此，
又況程頤耶？朱熹又云：「伊川見得箇大道理，卻將經來合他這道理，不是
解《易》。」〔註138〕良有以也。所謂「不是解《易》」，乃是不解卜筮之《周
易》而已。相傳伏羲畫卦，文王演《易》，〔註139〕然程頤但云：「上古聖人，
始畫八卦，三才之道備矣。因而重之，以盡天下之變，故六畫而成卦。」
〔註140〕僅以「上古聖人」一筆帶過，古人相傳二說皆不取，由此可見程頤
用意。程頤在說「大道理」，吾人讀《程傳》，宜於其所說之「大道理」上考
究其得失，是否適用於今日？如適用，如何用？如不適用，如何變？方是識
讀《程傳》者。斤斤於其訓詁考據，曉曉於其牽強附會，忘其七分之說，又
豈能捨筏而登岸哉？

　　《程傳》之價值，歷來論者甚多。黃百家褒其「足為萬世經術斗杓」，雖
云推崇備至，似亦過譽。清儒朱彝尊《經義考‧程氏頤易傳》輯錄十八家之
言，而論《程傳》之功過者十家，或揚其說理精當平易，或抑其略於象數偏
枯，皆為泛論，好惡兩極，門戶之見存焉。近人黃忠天嘗歸納其價值凡三：
一、平實明白，說理精到；二、因時立教，切於世用；三、承先啓後，影響

〔註135〕語見陳奇猷《韓非子集釋》卷第十一，〈外儲說左上〉，頁 651。台北：河洛
　　　　圖書出版社，1974 年。
〔註136〕〔漢〕王式以《三百五篇》當諫書一事，見於《漢書‧儒林傳》。
〔註137〕〔南宋〕黎靖德編《朱子語類》卷六十五，頁 1607。北京：中華書局，2004
　　　　年。
〔註138〕前揭書卷六十七，頁 1653。
〔註139〕〔唐〕孔穎達《周易正義》卷第一有「論重卦之人」與「論卦辭爻辭誰作」
　　　　二條。
〔註140〕《易程傳集校》卷第一，頁 1。

深遠。〔註141〕「平實明白，說理精到」本爲呂祖謙語。祖謙嘗與一、二同志校訂《程傳》，謂其「理到語精，平易的當，立言無毫髮遺憾。」語見《經義考》所引。「語精」、「無毫髮遺憾」，皆謂其說理細緻綿密；「平易的當」，謂其行文淺易，立論正確也。然此皆《程傳》特色，非其核心價值。「因時立教」爲朱熹語，「切於世用」爲魏了翁語，亦見於《經義考》。何謂「因時立教」？朱熹未明言；而了翁「切於世用」前尚有「切於治身」一語，二語息息相關，不宜偏廢。「因時立教」與「切於治身，切於世用」乃《程傳》用意之關鍵處，而黃氏未嘗發揮其旨趣。《程傳》承先啓後，影響深遠，學者共知。而黃氏但云「伊川上承漢魏以義理解《易》之系統」，「自元仁宗以降至清光緒三十一年（1905 年）廢科舉止，五百餘年，學《易》者又靡有不讀《程傳》者。即如乾嘉學者漸棄宋學，然於《程傳》每多宗之」，亦只是草草帶過，實未能饜好學者之問也。《程傳》爲儒門義理《易》學之宗，儒學既以孔學爲圭臬，論「承先」而未溯及孔子，又豈爲探源之論哉？南宋以後，《程傳》即被列爲學官教材。明儒胡廣修《五經四書大全》，《易》兼程、朱，頒行天下，由此固可知《程傳》之影響深遠。然《程傳》一旦被列爲科舉用書，影響兩極。《四庫》館臣曰：「見有明儒者之經學，其初之不敢放軼者由於此，其後之不免固陋者亦由於此。」〔註142〕「固陋」即爲偏失，然其罪非在《程傳》。程頤傳《易》，但云其學只說七分，三分須自體究。恪守七分之說，時移世易，不知達變，又豈能不流於固陋也？夫七分之說，豈僅《程傳》，《論語》中，孔子亦何嘗有十全之論？一時代有一時代之癥結，刻守成說，必入固陋，故孟子嘗言：「盡信《書》，則不如無《書》。」（〈盡心下〉）亦「須自體究」之意也。執守舊說，流於固陋，書之是否有價值，端賴後世學者，是否能「體究」也。蓋孔門儒學，重在踐履，一旦成爲教科用書，立論皆以之爲據，應付科場，學者但知背誦原文，學理淪爲標準答案，而與「切於治身」日遠，更遑論「切於用世」也？言、行乖離，陽奉陰違，一如安石之學，而其惡又有甚於固陋也。案黃氏之說，復見於其著《周易程傳註評》之序言中，〔註143〕知其乃針對初學《程傳》者而發，故論雖泛而不深，亦屬言之有據，論之不宜過刻也。

〔註141〕見黃忠天〈論《伊川易傳》的價值與得失〉一文。《文與哲》第三期，2003年 12 月。

〔註142〕《四庫全書總目提要》卷五，「經部」五，「《周易大全》二十四卷」條。

〔註143〕黃忠天《周易程傳註評》，高雄：復文圖書出版社出版，2006 年。

　　《程傳》之價值，歷來論者既多，學者各執一端，固有見地。本文不擬掠取前人之美，強作歸納功夫。茲僅就個人管窺之見概陳如下，乃略人所詳，而詳人所略之意也。

　　《程傳》為儒家易學之宗，已為定論。就儒學史言，儒家學說發展至漢代而衰。前已言之，自漢武帝採董仲舒之議，罷黜百家，獨尊儒術，表彰經學，實則其所尊者非真孔學，乃以祿利誘一世之儒生耳。儒臣為奴，已非孔孟本意，故兩漢儒學乏善可陳，雖云經學昌明而臻極盛，〔註144〕但儒學陵夷而幾殆盡也。尚待補充者，董仲舒雖被視為一代大儒，然其天人感應之說大乖先秦儒學本旨，已非歧出，乃入迷途。孔子但言「天命」，孟子則言「天時」、「天性」、「天道」、「天爵」，皆無災異天譴之論。荀子之〈天論〉，謂「天行有常，不為堯存，不為桀亡。」更人天兩判，互不相干。而仲舒則暢論災異天譴，摻入陰陽五行之說，以道德價值根源歸於天，以國家之失歸於其譴責，致令其後讖緯大興，人心復迷失於占驗術數之間，孔子「敬鬼神而遠之」，其抉發人類道德自覺心之努力，即被仲舒毀於一旦，命定論因此流行，而儒術亦不得不淪為祿利之工具矣。柔道於是乎生。《易》本卜筮之書，雖經夫子繫辭，然藏諸石室而不用，《易》遂亦不得不墮為機祥之學矣。經學之興，仲舒固有功焉；然儒學之衰，亦因仲舒始也。幸賴二程振興儒學於千載之後，一掃陰霾，先秦儒學之核心價值復萌於世，不能不稱之為一代宗師。程顥不幸早逝，其學散見於語錄文集；而《程傳》則為程頤晚年之作，用功尤深，故其門人尹焞嘗言，求其學觀此書足矣。蓋程頤之《易傳》也，以「乾元」釋仁，〔註145〕以「功用」釋鬼神，〔註146〕以「救民」為王者之責任，〔註147〕又謂安於「義命」而自樂，〔註148〕內聖外王之道備矣。而其一生踐履盡之，從不稍懈，以為即是「易道」。尹焞嘗問曰：「如何是道？」程頤曰：「行處是。」

〔註144〕〔清〕皮錫瑞《經學歷史》列西漢為經學昌明時代，東漢為經學極盛時代。台北：藝文印書館，1974年。

〔註145〕〈乾・彖〉「大哉乾元」，《程傳》：「四德之元，猶五常之仁。」見《易程傳集校》卷第一，頁3。

〔註146〕〈乾〉卦卦辭，《程傳》：「夫天，專言之，則道也。……分而言之……以功用謂之鬼神；以妙用謂之神……」見《易程傳集校》卷第一，頁1。

〔註147〕〈既濟〉九三爻辭，《程傳》：「以救民為心，乃王者之事。」見《易程傳集校》卷第六，頁280。

〔註148〕〈未濟〉上九爻辭，《程傳》：「至誠安於義命而自樂。」見《易程傳集校》卷第六，頁284。

〔註149〕行者，踐履之意。荀子曰：「好法而行，士也；篤志而體，君子也；齊明而不竭，聖人也。」（〈修身篇〉）又曰：「彼學者，行之，曰士也；敦慕焉，君子也；知之，聖人也。」（〈儒效篇〉）程頤既知道理爲一，而復踐履盡道，終身不竭，尤難能也。其中更值得一提者，程頤嘗以「師道」凌駕於人君之上，發揮荀子「隆君師」之義，以天理取代天譴；又承孟子之遺風，以格君心之非爲人臣之責，即知即行，所謂當仁不讓，勇者無懼，實已臻聖人之境矣。故《程傳》之價值，乃集《論》、《孟》、《荀》三書之精義，而切於政事，切於人事者也。儘管世異時變，民主政治大異於昔日帝制，而《程傳》尚有可採，七分之說尤爲良箴。其書雖未足以爲萬世斗杓，然先秦儒學之精神得以賡續不替，進而大明於千載之後，實幸賴是書之存。而《程傳》之後又千載矣，今日讀之，猶令人讚嘆其說。工商業社會人人以理財爲務，已異於昔日之純風，雖固亦無所厚非，然但求財利而致道德日下，人類之自覺價值頓失理據，其於安石學術之弊又更甚矣。使二程復生於今日，能無病之耶？就學術方法言，以今日之標準衡之，牽強附會之法固可不取，唯乃程頤當時風尚如此，不得已也，故不宜深責；而其修身用事所傳之辭，則宜參酌採用也。道理古今如一，人性之本質今人亦與古人同。能採程頤七分之說，可謂善讀《程傳》者矣。

第五節　今人研究成果略論

　　程頤生時，其書未出，臨終之際，將手稿傳與其徒張繹。張繹於次年又卒，藏稿不知所向（詳細考辨見第三章）。尹焞或有抄本，然累於黨禁，當時想必不肯示人。靖難之變（1126），金兵南下。翌年，金人陷洛，尹焞闔門被害，僅以身免，逃入蜀中，抄本恐亦散佚殆盡矣。後其婿邢純得《程傳》全本獻之。南宋高宗紹興四年（1134），尹焞至涪。涪，程頤撰《易傳》之地也。辟三畏齋以居，邦人不識其面。據呂祖謙謂，其家藏《程傳》乃出於尹和靖家，標注皆和靖親筆。和靖，欽宗所賜之號也。其辟三畏齋以居，謝絕邦人往來，想必勤讀《程傳》，並予以標注。又據楊時謂，張繹卒後，《程傳》散亡，學者所傳無善本。謝顯道得其書於京師，錯亂重複，幾不可讀。於是去其重複，予以校正，始有可觀。《程傳》尚有一本。祖謙又謂，得朱熹所訂本，

〔註149〕《程氏外書》卷第十二，《二程集》頁432。

讎校精甚。遂合尹氏、朱氏書,與一、二同志手自參定,其同異兩存之。朱熹乃楊時再傳弟子,所傳之本可能源自楊時所訂,又自行讎校一遍。焞與時皆程頤及門高弟也,祖謙之合,乃復歸原於一。今坊間所見〔元〕積德書堂《古逸叢書》覆刻元至正九年(1349)之《易程傳》,正是「同異兩存」,非祖謙之本而誰何?據程頤長子端中之說,謂《程傳》六卷,《古逸叢書》本正六卷本也。〔明〕復有四卷本問世,〔清〕《四庫》所收,即為四卷本。近人王孝魚點校《二程全書》,更名《二程集》(北京),其謂《程傳》用《古逸叢書》本,卻為四卷之數,不知何故?黃忠天《周易程傳註評》(高雄),亦用《古逸叢書》為底本,復六卷之舊,並輔以〔明〕福建巡按吉澄校刊本、嘉靖間建寧刊本、〔清〕康熙武英殿原刊本等參校,頗為完善。愚亦有《易程傳集校》(台北)問世,亦用《古逸叢書》為底本,輔以《二程集》本、《註評》本、《文淵閣四庫全書》本、梁書弦《程氏易傳導讀》(濟南)本及蘇俊源《白話易程傳》(台北)本等,參校而成。雖非完善無缺,或有裨於閱覽。

《周易》號稱群經之首,今人研究者眾,亦為群經之冠。程頤為宋代道學奠基人之一,研究者亦為數不少,惟獨《程傳》之研究卻十分寥落,能成書者又幾希矣。今坊間所見,以《程傳》為書名者,本岸有林益勝《伊川易傳的處世哲學》、黃忠大《周易程傳註評》、蘇俊源《白話易程傳》三部;彼岸則有梁書弦《程氏易傳導讀》、楊軍、王成玉共譯之《程頤講周易》二部。以程頤易學為研究方向者,本岸有胡自逢《伊川易學述評》;彼岸則是姜海軍之《程頤易學思想研究》。總計兩岸學人之著作僅七部,可謂寥若晨星也。另以探討易學史之發展,而涉及《程傳》者,有朱伯崑《易學哲學史》、余敦康《漢宋易學解讀》及王鐵《宋代易學》。本岸則尚付闕焉。而日人土田健次郎《道學之形成》一書,以程頤道學為中心,考察北宋道學之形成,內有涉及《程傳》之討論,其說亦有獨到之見。

至於學位論文方面,案其研究先後,計有江超平《伊川易學研究》(台師大 1985 碩士)、蔡府原《從《伊川易傳》探伊川思想》(台師大 1999 碩士)、陳淑娟《論《程氏易傳》對《十翼》天人思想的繼承與發展》(台大哲 2003 碩士)、陳京偉《程伊川易學思想研究》(山東大學 2005 博士)、劉樂恆《程氏《易傳》研究》(華東師大 2006 碩士)。又有比較二家異同者,如胡培基《《周易程傳》朱熹《本義》之比較研究》(香港珠海大學 1981 碩士)、周芳敏《王弼及程頤易學思想之比較研究》(台大中 1993 碩士)、楊東《王弼易學與程頤

易學的比較研究》（四川社科院 2002 碩士）。合計八部。另有單篇論文而發表
於兩岸學術期刊者，見諸「參考文獻」與附錄，不詳引。茲僅就成書部分之
佼佼者，略論其成就如下。

一、朱伯崑（1923～2007）《易學哲學史》中之〈程頤易傳〉

朱氏嘗爲北大哲學系教授，長期從事哲學史與易學哲學之研究工作。其
《易學哲學史》陸續出版於 1986 年，四大卷共一百五十萬言，允爲當今易學
哲學史之鉅著。其論述《程傳》部分在第二卷，文長五萬餘字，足可以一部
中篇論文視之，其研究《程傳》不可謂不深緻矣。其文分三大部分，〔註 150〕
首論程頤易學之淵源及其易學著作之爭議，以爲《宋元學案》作者否定程頤
與周敦頤之師承關係，乃係片面之辭。《程傳》闡明儒家義理，以《四書》解
《易》，而敦頤《通書》亦以義理解說卦爻辭，對《程傳》不無影響。今傳之
《程傳》書前附有〈易序〉及〈上下篇義〉，作者問題頗受爭議。據朱氏之說，
認爲〈易序〉乃程頤早年作品，而〈上下篇義〉則可以存疑。愚亦嘗考辨此
兩篇文獻疑義，詳見第三章之論述，結論與朱氏同，而個人之見解則與之稍
異。次論程頤對《周易》性質與體例之理解，認係繼承王弼之說，有吸收亦
有揚棄。吸收其解《易》體例，而揚棄其說以老莊也。《周易》之性質，朱氏
以爲程頤視之爲「講事物變易法則的書」，《程傳》特點「是以『理』或『天
理』解釋變易的法則，從而建立起理學的易學體系。」其性質又分三點論之：
（一）《易》隨時以取義；（二）隨時變易以從道；（三）《易》周盡萬物之理。
三論程頤易學中之理學問題，分別論述程頤所提出之「體用一源，顯微無間」、
「所以陰陽者是道」、「動靜無端，陰陽無始」、「往來屈伸只是理」、「性即理」
等五大議題。朱氏確認程頤理學乃以易學爲基礎，亦爲核心，可謂卓見。程
頤既爲宋明理學之重要奠基者，研究宋明理學而不及於《程傳》，豈能便稱知
言？然朱氏乃哲學史家，懷抱哲學史之興趣研究《程傳》，其哲學分析固有可
採，惟於《程傳》經世致用之核心思想則無涉及焉，可謂美中不足矣。買櫝
而還珠，正是哲學家之普遍現象也。尚有一點值得討論者，爲朱氏對程文之
理解，似尚未完全充分，有二處值得商榷：

〔註 150〕《易學哲學史》有簡體字版與繁體字版，簡體字版由北京大學出版社於 1988
年出版，繁體字版由台灣藍燈文化事業股份有限公司於 1991 年出版。本文則
據繁體字版，論述《程傳》部分見第二卷頁 197 至 290。

（一）該書頁 199 至 200 載：

> 《遺書》二上，有二先生語，評論邵雍數學說：「堯夫之學，先從理
> 上推意言象數。言天下之理須出於四者，推到理處曰，我得此大者，
> 則萬事由我，無有不定。然未必有術，要之亦難以治天下國家。其
> 爲人則直是無禮不恭，惟是侮玩，雖天地亦爲之侮玩。」意思是，
> 將天下之理歸之于象數，則會導致「萬事由我」而出，流于方術，
> 不僅無禮不恭，甚至侮玩天地，即否認了事物的規律性。

朱氏所引語錄，可分兩節解讀。前節大致論邵雍之學，雖「先從理上言
象數」，但「難以治天下國家」；而後節論邵雍之人，謂其「無禮不恭，甚至
侮玩天地」。兩節之分非常清楚，而朱氏卻以一節讀之，通歸之「二先生語」，
致生歧解。歧解緣於句讀之不明，故謹將原文重新句讀，並加標點，則其語
意脈絡即豁然開朗矣：

> 堯夫之學，先從理上推意言象數，言天下之理，須出於四者。推到
> 理處，曰：「我得此大者，則萬事由我，無有不定。」然未必有術，
> 要之，亦難以治天下國家。其爲人則直是無禮不恭，惟是侮玩，雖
> 天理（一作地）亦爲之侮玩。〔註 151〕

堯夫，邵雍字也。嘗欲將其學授與二程，示其學於程顥；然程顥心無偏繫，
他日即忘。〔註 152〕程頤亦嘗謂堯夫易數甚精，然「與堯夫同里巷居三十年餘，
世間事無所不論，惟未嘗一字及數耳。」〔註 153〕三人交情雖深，然二程對堯
夫之易數始終不感興趣。因程頤所關心者乃治道，堯夫之學，在於占驗，故
謂其「難以治天下國家」。「萬事由我而出」是堯夫自負語，非程頤之言。「萬
事由我，無有不定」，乃堯夫自謂其占驗萬事皆準也。此爲第一節之大意。第
二節乃程頤論堯夫之處世態度，「無禮不恭」，遊戲人間。至於朱氏謂程頤論
堯夫「否認了事物的規律性」，更無理據。堯夫既精於易數，數學之規律性甚
嚴，其象數亦是「先從理上推意」，何以謂其「否認了事物的規律性」也？占
驗之術，不涉事物之規律性，亦不等於否認事物之規律也。

（二）該書頁 207 載：

> 關于《周易》一書的性質，其在〈易傳序〉中說：「易變易也，隨時

〔註 151〕《程氏遺書》卷第二上，《二程集》頁 45。
〔註 152〕《程氏外書》卷第十二，《二程集》頁 428。
〔註 153〕前揭書，頁 444。

變易以從道也。其為書也，廣大悉備，將以順性命之理，通幽明之
故，盡事物之情（案朱書作「表」，誤）而示開物成務之道也。聖人
之憂患後世可謂至矣。」此段文字，代表程頤對《周易》的總的看
法，既包括對《周易》的性質，又包括對占筮體例的理解。……所
謂「隨時變易以從道」，是說，卦爻象的變化，因時不同，其義理也
因時而異，但都不違背「道」……。《周易》一書悉備「性命之理」，
即包括事物變易之理……。

　　朱氏所引程頤〈易傳序〉文，亦可分兩節解讀。以「易變易也，隨時變
易以從道也」為一節，以下為另一節。前節乃論易道，程頤以為易道即天道，
故前節所謂「易」，乃指天道而言。有關此節之理解，程頤高弟郭忠孝嘗提出
疑義，《程氏外書》記之如下：

　　郭忠孝議〈易傳序〉曰：「易即道也，又何從道？」或以問伊川。伊
　　川曰：「人隨時變易為何？為從道也。」〔註154〕

程頤謂從道者人，故前節之理解宜為：《易》書之「易」字，就是天道變易之
意，人亦應隨天道之變易而變易也。而朱氏之解則歧出，認為與卦爻有關，
直指「占筮體例」；言其「書」矣，未洽程頤本意。第二節始言《易》書，朱
氏言《周易》之性質，大致不誤；然其謂「《周易》一書悉備『性命之理』」，
則尚可討論。原文謂「其為書也，廣大悉備，將以順性命之理」，理解之關鍵
在「將以」一詞，似為朱氏所忽略。「將以」即「藉此」之意，意謂「藉此」
書而「順性命之理」；「性命」在人而不在書，其意甚明，而朱氏謂「《周易》
一書悉備『性命之理』」，實亦未符程頤之意也。

二、余敦康（1930）《漢宋易學解讀》中之〈程頤的《伊川易傳》〉

　　余氏為中國社會科學院教授，亦長期從事中國哲學史研究。其《漢宋易學
解讀》一書即以兩朝易學史之發展為研究領域，既有重要易學著作之解讀，又
涉及其中思想之特色與淵源，可謂史、哲並治，內容充實詳贍，允為大家之作。
〔註155〕此書解讀《程傳》部分在第十四章，頁394至460，文長六十六頁，約

〔註154〕《程氏外書》卷第十一，《二程集》頁410。
〔註155〕案：余氏《漢宋易學解讀》中之宋易學部分，乃取自於1997年上海學林出版
　　　　　社出版余氏《內聖外王的貫通，北宋易學的現代闡釋》一書。該書已絕版，
　　　　　故以新著取代舊書。

五萬字，與前述朱氏著不相上下。有關《程傳》之解讀，余氏分三點進行：一、體用一源，顯微無間；二、天地之序與天地之和；三、外王理想與政治運作。余文首先指出，北宋五子之易學主題一致，皆爲重建儒學之「明體達用」而發。胡瑗時所謂之「體」，是指「仁義禮樂，歷世不可變者」；「用」，是指「舉而措之天下，能潤澤斯民，歸於皇極者」。〔註 156〕二程即繼承此一思想，並將體與用之關聯歸結爲「理與事、微與顯的關聯，認爲『聖人凡一言便全體用』，聖人的用心所在就是明體達用。」此即程頤所謂「體用一源，顯微無間」也。次論天地之「序」與「和」。余氏以爲程頤所提出之「體用一源，顯微無間」，亦可以「理一而分殊」表述。〔註 157〕「『理一』說的是一個『和』字，『分殊』說的是一個『序』字，因而『理一而分殊』就是和諧與秩序的完美的統一。」「就價值的本體含意而言，理一著眼于合同，凸顯親親之仁，概括了樂的文化精神；分殊著眼于別異，凸顯尊尊之義，概括了禮的文化精神。因而『理一而分殊』這個命題，其實質性的內涵就是儒家依據三代禮樂制度所提煉而成的一種文化價值理想。這種文化價值理想也就是儒理的核心所在。」末論《程傳》之外王思想與政治運作，認爲程頤之外王思想本於「親親與尊尊之義」，「親親與尊尊之義不可畸輕畸重，而必須相輔相成，有機結合，但就落實于政治運作層面而言，則應以尊賢爲先。」余氏之論，鞭辟入裡。而尤其難能者，余氏能扣緊北宋黨爭之時代背景以論《程傳》，爲一般治哲學史者所忽略者也。其言曰：

> 在《易傳》中，程頤立足于易學的基本原理，聯繫北宋黨爭的時代背景和現實的困境，圍繞著這個問題進行了廣泛的探索，由此而建構了一個充實豐滿而具有批判精神的經世外王之學，表現了強烈的憂患意識和人文情懷。

北宋黨爭影響程頤既深且鉅，故本文前節論其政治背景，於黨爭部分著墨頗多，不煩其辭，蓋由此也。

最後尤值得一提者，爲余氏根據尹焞之語，認爲程頤理學，就是易學；研究程頤理學，應從其《易傳》入手，不能依據學生之《語錄》。其言曰：

〔註 156〕前揭書第十四章，頁 395。北京：華夏出版社，2006 年。

〔註 157〕「理一而分殊」亦爲程頤語。程頤比較張載〈西銘〉與墨子之言曰：「〈西銘〉理一而分殊，墨氏則愛合而無分。分殊之蔽，私勝而失仁；無分之罪，兼愛而無義。分立而推理一，以止私勝之流，仁之方也。」（《程氏粹言》卷第一），《二程集》頁 1202～1203。

他的弟子尹焞說：「先生踐履盡《易》，其作《傳》只是因而寫成，
熟讀玩味，即可見矣。」又云：「先生平生用意，惟在《易傳》，求
先生之學者，觀此足矣。《語錄》之類，出於學者所記，所見有淺深，
故所記有工拙，蓋未能無失也。」（見《遺書》附錄）這是認為，程
頤的理學思想和人格踐履集中體現在《易傳》之中，他的理學就是
他的易學，他的易學就是他的為人，研究程頤的學術，應該依據他
平生用意所在的《易傳》，而不能依據學生所記的《語錄》。這說的
是實情，在程頤親自撰寫的著作中，唯有這部《易傳》體大思精，
系統完備，可以稱得上是他的代表作，其他則只是一些零碎片斷的
奏疏、雜著和未及成書的經解。〔註158〕

思想貴在踐履，所謂言行一致也。余氏能體會尹焞之語，而以為《程傳》優
於《語錄》，實有見地，故其論述《程傳》，皆能緊扣當時歷史，以史知人，
以人知書，可謂深讀《程傳》，非泛泛之論也。然道學與理學之本質有異，程
頤之時，但稱道學，理學非程頤之意也。余氏以理學視之，混同於道學，即
尚未明辨後世所謂理學與程頤道學之異也。

三、姜海軍（1977）《程頤易學思想研究》

姜氏現為北京師範大學歷史學院講師，其對程頤易學頗有研究。該書為其
近年發表於期刊之論文結集，出版於 2010 年。書名尚有一副題曰「思想史視野
下的經學詮釋」，可知其重心亦在於思想史，而用力於《程傳》經學思想詮釋問
題之探討。姜氏謂，研究《程傳》之價值，有助於分析程頤理學與經學思想，
有助於深入理解宋明義理派易學之特點與內涵，有助於瞭解宋代中後期乃至中
國古代後期經學、儒學之發展特點。〔註159〕該書似係以朱伯崑《程傳》研究之
成果為基石，而進一步發展之作品。如其闡釋《程傳》與《四書》之互釋與會
通，《程傳》與理學之建構關係等，皆已為朱氏所先導者也。

四、林益勝（1943）《伊川易傳的處世哲學》

林氏現為空中大學人文學系教授，早年受學於經學大師屈萬里門下，深
研《周易》。所著《伊川易傳的處世哲學》一書，出版於 1978 年，為台灣學

〔註158〕《漢宋易學解讀》頁 400。
〔註159〕見姜著《程頤易學思想研究‧緒言》，北京：北京師範大學出版社，2010。

人研究《程傳》而成書最早者。林氏以「立己」、「處人」、「治事」三者分論《程傳》之處世哲學，條分縷析，周備詳贍。末論《程傳》之處世哲學，歸根結柢「在合乎中道」，可謂知言者也。然林氏又對程頤之所謂「中道」提出商榷，以朝代之治亂分合而質疑程頤所謂「中道」之真確性，並以「君子與小人之黨爭及政治結構」二者論真君子無黨，而推崇孫中山建立之民主政體。程頤係以當世之政治環境論當世之事，時移勢遷則又應當別論也。程頤強調易之義為「變易」，故如能深明變易之道，則取其「七分」之說而因時「體究」，始不失讀《程傳》之義。程頤之言固非百代皆洽，然以今日之政治質疑古人之言，實非準的之論。迄今民主政制，君民易位，固亦有其「中道」；而君子、小人則是萬古長存者，雖於今日，何嘗無黨爭，政府又何嘗無君子、小人也？該書為林氏少作，成書至今三十多年，林氏尚健在，苟能重讀《程傳》，能無更深切之體悟耶？

五、胡自逢（1910～2004）《程伊川易學述評》

　　胡氏嘗任高雄師範大學國文系、中央大學中文系教授，為經學名家，尤長於《易》學。其《程伊川易學述評》一書，出版於 1995 年。胡氏力褒《程傳》，謂其說理，「要以發明卦爻之精蘊，《十翼》之大義，而天地之物理、人倫之紀綱，無不該洽。言理而系之於人事，故切而不泛，曲而能達。窮理盡性，經世致用之道咸在。而又出之以平易，歸之於中正，誠《易》類之鉅著，義理之淵藪也。」又云：「伊川由性命而歸之躬行，非啻《易傳》為經學斗杓，而其踐履篤行，又百代以下之人師也，豈止為經作傳而已哉！」〔註160〕「踐履篤行」，乃為儒門之核心價值，所謂知行合一者也。程頤能踐履盡道，百代之師當非過譽。該書分七章論程頤易學，首章為導論，次章論程頤易學思想，其次論卦爻之動靜、易之象數、易之義理、辯易辭之異同，末論易學源流。其對《程傳》之剖析，可謂深入肯綮矣。而其中論象數，胡氏力闢前人「略於象數」觀點之非是，發前人所未發；其論程頤「辯易辭之異同」，又另闢研究蹊徑，有功於程學，自不待言。

六、黃忠天（1958）《周易程傳註評》

　　黃氏現任高雄師範大學經學研究所教授，為易學名家，尤攻《程傳》。為

〔註160〕語見胡著《程伊川易學述評・自序》，台北：文史哲出版社，1995 年。

《程傳》作註評，前無古人，故其著實爲開山之作。其書共分七卷，以《古逸叢書》六卷本爲底，以朱熹之解〈繫辭傳〉、〈說卦傳〉、〈序卦傳〉及〈雜卦傳〉，別作卷七，不另加註評。黃氏爲《程傳》作註，於卦爻辭中常附名家如朱熹等人之評析，或間下己意。作者於〈序〉中謂「《程傳》便於初學者」，則其爲教學之用，可以知矣。〔註161〕其書有助《程傳》之普及，庶亦有功焉。

七、〔日〕土田健次郎（1949）《道學之形成》中之〈程氏《易傳》的思想〉

土田健次郎爲日本早稻田文學學術院教授，對吾國宋代思想頗有研究，所作《道學之形成》一書，乃探討宋代道學形成之過程，譯者爲朱剛，出版於 2002 年。該書係以程頤思想爲中心，雖名爲「道學之形成」，實乃程頤思想之研究也。作者於〈序章〉中首先指出，歷來治思想與思想史者經常忽略政治與社會對思想之約束，針砭其弊，可謂卓見；並認爲以往學者皆以周敦頤爲道學之創立者，「但這很難說是史實」。〔註162〕作者否定周敦頤與胡瑗在道學上與程頤之淵源關係，認爲「眞正開啓了道學之源頭的，應該就是二程，特別是程頤本人。」〔註163〕換言之，道學乃二程所創也，而程頤更居其首。有關《程傳》部分，主要亦在其中道學之探討。二程之道學，就內容言之，即「理學」也。作者指出，程頤談「理一」，「關心點不在於對自然界法則的分析探求，而強烈地偏向內在於人類的理。」〔註164〕即古人略象數而重人事之意。尤值得一提者，作者討論〈易傳序〉「體用一源，顯微無間」時，特別指出其與佛教華嚴宗文獻無關，〔註165〕並詳加考查，謂《華嚴經疏》實無此

〔註161〕黃氏於〈論伊川易傳的價值與得失〉一文之前言中，已明白道出，講學上庠，「以《伊川易傳》」教授弟子，故成是書。

〔註162〕土田健次郎（朱剛譯）《道學之形成》第二章，頁 94，上海：上海古籍出版社，2010。

〔註163〕同前注。

〔註164〕同前揭書，頁 258。

〔註165〕〔明〕宗本《歸元直指集》卷下嘗引〔元〕歐陽玄（1238～1357）謂程頤「體用一源，顯微無間」二句乃襲用佛語。宗本注云：「此二句出〔唐〕清涼國師《華嚴經疏》。」清涼即澄觀法師，嘗爲德宗講《華嚴經》，賜號「清涼」。案：《華嚴經疏行願品》並無「體用一源，顯微無間」語，言及顯微、體用則有之，如「以隱顯無二，是眞空，故名不異空。」、「體用相融」（卷一）、「三昧即是法之體，故依體起，用不離體」（卷三）等。二程道學是否由此導出，尚可討論；而「體用一源，顯微無間」乃程頤〈易傳序〉語，

語，而近似則有之，如「往復無際，動靜一源」、「動靜一源者，法界體也」等，〔註166〕可以爲程頤洗刷襲用佛氏之罪名矣。

綜上諸論，學者研究《程傳》，多就思想史之角度探其內涵，少論其修齊治平之道者。余敦康稍論及其外王與政治運作思想，然條分縷析則缺如，終非專論《程傳》者也。林益勝論《程傳》之「處世哲學」，雖能條分縷析，並謂民主政體優於帝制，然如何於民主政體下發揮程頤之「中道」觀，則未見申論也。胡自逢繼承黃百家之後，既謂《程傳》爲「經學斗杓」，然其義理如何應用於今日，卻無闡明。本文之作也，乃企立於前人研究成果之上，既探《程傳》之易學，復析其理論之本源，再闡其治世與處世之道，爲儒學現代化問題進一管窺之見。孔孟之道賴程頤復興於千載之後，程頤距今又千載矣，其學誰能傳之？傳之又誰能明之也？於今日政治紛擾之際，社會核心價值紊亂之時，道德淪喪，經濟霸權復又肆虐橫行，其害之大，已非昔日之老、佛與安石之學可以比擬矣。愚之讀《程傳》也，實有感於古人之義理炳然，得失取捨之間皆有道理，與今日所謂民主、人權之旨實不相違悖，期期以爲程頤可以爲百代師，而《程傳》亦可以爲參考書也。爲文發自肺腑，豈徒汲汲於學位論文哉！愚五十而讀《程傳》，豈有天命存焉？

是否與佛教有關，後續將會討論。

〔註166〕《道學之形成》第五章，頁286。

第二章 《程傳》淵源論

　　程頤嘗言曰：「古之學者一，今之學者三，異端不與焉。一曰文章之學，二曰訓詁之學，三曰儒者之學。欲趨道，舍儒者之學不可。」〔註1〕文章、訓詁之學，自漢以後，發展蓬勃。辭賦詩詞之屬，歷代各有繁衍，即程頤所謂文章也。訓詁章句，乃漢儒所長，本於傳經，而末流趨於碎義巧說，致有一語三萬言之訓；「堯典」二字，亦能至十餘萬言。〔註2〕沒身考據，餖訂成編，學者已不復知孔子之道爲何物矣；故程頤嘗慨乎言之：「漢儒之談經也，以三萬餘言明『堯典』二字，可謂知要乎？」〔註3〕又曰：「今之學者有三弊：一溺於文章，二牽於訓詁，三惑於異端。苟無此三者，則將何歸？必趨於道矣。」〔註4〕程頤既以「溺於文章」、「牽於訓詁」爲學者之病，則求其文章之美、訓詁之事，於《程傳》無異緣木而求魚也。程頤闢佛，世所共知，所謂「異端」，即指佛氏。程頤以儒者自詡，所學爲儒者之學，所傳之《易》，亦爲儒理而發；闡揚儒學以闢佛，即爲程頤之職志也。故欲明程頤之學，必先求儒者之道。本章即欲明儒者之學，以證程頤儒家思想之淵源有自。能明儒學之本旨，則《程傳》之價值即能辨明矣。至於程學與異端之關係，則留待下章討論焉。

〔註1〕 《程氏遺書》卷第十八，《二程集》頁187。
〔註2〕 《漢書・藝文志》：「說五字之文至於二三萬言。」顏師古注引桓譚《新論》云：「秦近君能說〈堯典〉篇目兩字之誼，至十餘萬言；但說『曰若稽古』，三萬言。」王先謙《漢書補注》引王應麟曰：「〈儒林傳〉作秦延君，注『近』字誤。」頁887上。
〔註3〕 《程氏粹言》卷第一，《二程集》頁1202。
〔註4〕 同注1。

第一節　儒學應以孔學爲圭臬

儒者之學，世稱儒學。儒學爲孔子所奠；孔子以前，雖有儒名，但未成學派，不得稱爲儒學。〔註5〕孔子集中國上古民族文化之大成，既有繼承，亦有改造，更有開創。孔子之學，已非昔日之儒者所習尙矣；六經之文，所謂《詩》、《書》、《禮》、《樂》、《易》、《春秋》者，已非嚮之所謂六藝（禮、樂、射、御、書、數）之術矣。後人所稱頌者，孔子之學也。孔子嘗勉子夏曰：「女爲君子儒，無爲小人儒。」（〈雍也〉）偉哉斯言！「君子」與「小人」之對揚，「爲」與「無爲」之訓誡，優劣之意已見，高下之勢立判。由是知之，孔子之學已大異於往昔矣。儒學既以孔學爲宗，故亦應以孔學爲圭臬。違斯道者，非眞儒也。

一、君子儒：君子與新興士人

孔子既勉子夏爲「君子儒」，故欲明孔子之學，必先明君子儒之義。然則君子何謂？《論語》中所見「君子」一詞，其義大端有二：一就社會地位言，一就人格修養言。〔註6〕就社會地位言之，即貴族之美稱；就人格修養言之，即朱熹所謂「成德之士」也。〔註7〕東漢許愼《說文解字》曰：「君，尊也。

〔註5〕此「學」爲學術之學，具專門義，非一般所謂學習也。儒學爲孔子所創，已屬常識，無庸贅言。然孔子所創之儒學，經學史家、思想史家、哲學史家、儒學史家，各有解讀：立場既異，立論便歧。《程傳》本於孔孟之學，本章即梳理其源，不得不先確立儒學之核心價值及論述孔學之流衍也。

〔註6〕蕭公權《中國政治思想史》云：「孔子言君子，就《論語》所記觀之，則有純指地位者，有純指品性者，有兼指地位與品性者。」又謂：「第一義完全因襲《詩》《書》，其第二義殆出自創，其第三義則襲舊文而略變其旨。」台北：聯經出版社《蕭公權全集》之四，頁68，1982年。

　　案：蓋第三義乃由第二義引出，亦應視爲孔子所創。孔子寄予在位者應同時兼備品德之厚望也。第三義既由第二義引出，故本文僅就二義立說。

　　又案：徐復觀《中國人性論史‧先秦篇》謂：「孔子打破了社會上政治上的階級限制，把傳統的階級上的君子小人之分，轉化爲品德上的君子小人之分，因而使君子小人，可由每一個人自己的努力加以決定，使君子成爲每一個努力向上者的標誌，而不復是階級上的壓制者。使社會政治上的階級，不再成爲決定人生價值的因素，這便在精神上給階級制度以很大的打擊。」徐氏亦無疑肯定品德君子爲孔子首創。語見該書第四章〈孔子在中國文化史上的地位及其性與天道〉，頁65。台北：台灣商務印書館，1978年。

〔註7〕「成德之士」語出朱熹，見〈爲政〉「君子不器」注。班固《白虎通》云：「或稱君子者何？道德之稱也。」其解已專稱成德之士矣。

从尹口。口以發號。」段注：「尹，治也。」〔註8〕殷周之世，王者治國，於中央稱天子，於諸侯稱君。〔註9〕君之庶子或近親則爲卿、爲大夫，爲士，位皆世襲，是爲貴族，通言之曰君子。〔註10〕《孟子》書曾載北宮錡問「周室班爵祿」之事，孟子對曰：

> 天子一位、公一位、侯一位、伯一位、子、男同一位，凡五等也。
>
> 君一位、卿一位、大夫一位、上士一位、中士一位、下士一位，凡六等。（〈萬章下〉）

《禮記》此載略異，云：

> 王者之制祿爵，公、侯、伯、子、男，凡五等。諸侯之上大夫卿、下大夫、上士、中士、下士，凡五等。（〈王制〉）〔註11〕

孟子列「天子」、「君」爲一等，《禮記》則排除於等級之外。《禮記》爲漢儒

〔註8〕　《說文解字注》弟三卷弟二篇注上，頁57下。
　　　案：《說文》釋「君」爲「尊」，乃以後起義作本義；段氏之說亦爲後起義也。
　　　又：《荀子·君道篇》云：「君者，何也？曰：能群也。」〈禮論篇〉云：「君者，治辨之主也。」管理眾人之事（能群），以口發號施令（治辨）之人，其位必尊，故尊義爲後起，非其本義。君字從尹口，考甲骨文，尹爲手持丈，口爲發號施令。唐蘭認爲，君字之義與尹字同。徐中舒云：尹爲古代部落酋長之稱，甲骨文從尹從口同。則君字原作尹，古代酋長之稱爲其本義。請參閱李圃主編：《古文字詁林》，頁31～34。上海：上海教育出版社，2000年。
〔註9〕　《尚書注疏·洪範》卷第十二：「天子作民父母，以爲天下王。」頁173下。《儀禮·喪服》卷第二十九引《子夏傳》曰：「君，謂有地者也。」頁349下，《十三經注疏》引文皆據嘉慶二十年江西南昌府學開雕。台北：台灣藝文印書館，1973年。以下《十三經》引文，皆據此本，不再重注版本及年份。
〔註10〕　胡適《中國古代哲學史》云：「『君子』本義爲君之子，乃是階級社會中貴族一部分的通稱。」頁110。台北：台灣商務印書館《人人文庫》，1976年。
　　　案：胡氏所謂「一部分」，令人費解。胡氏又謂：「古代『君子』與『小人』對稱，君子指士以上的上等社會，小人指士以下的小百姓。試看《國風·小雅》所用『君子』，與後世小說書中所稱『公子』、『相公』有何分別？……孔子所說君子，乃是人格高尚的人，乃是有道德，至少能盡一部分人道的人。」胡氏以《詩經》之内容概論君子，即爲貴族之美稱；而以孔子之論君子，僅止於「有道德」者，可見胡氏於《論語》所知尚淺也。
　　　又：王桓餘：〈由古文字中的「尹」、「君」論其與「君子」及其相關諸問題〉云：「由於古代世襲制度，邦君之子皆有采邑，故初時『君子』均爲有官位之人。」詳見《中央研究院成立五十週年紀念論文集》，頁633～658，1978年。
〔註11〕　《禮記注疏》卷第十一，頁212上。

所撰，尊君之意由此可覘。孟子主張民貴君輕，視天子、國君之屬乃政府中之一階級爾。此乃公天下與家天下心態之異也，〔註12〕兩者所記實同。士之階級，於貴族中為最低，又分上、中、下三等，通言之曰士。顧頡剛嘗謂：「吾國古代之士，皆武士也。」〔註13〕難稱的論。《周禮》所載，設官分職，六官皆有上、中、下士之置，〔註14〕如孟子言。此類士人絕非武士，如何能稱「吾國古代之士，皆武士也」？蓋殷周之世，士人皆習六藝，所謂禮、樂、射、御、書、數者是也。禮、樂為儀，書、數為文，射、御為武。士如僅止於武士，則周官之設如何歸類？此由理解即可立判顧氏之非。顧氏未嘗釋疑，其偏可見。〔註15〕貴族以血緣為紐帶，自成一邦一國，不與庶民為伍。迨至春秋之季，禮壞樂崩，所謂「禮失而求諸野」，庶民亦因此機緣而能進身士林矣。至於其機栝所在，乃在於「庶人在官」一制。

孟子又云：

> 大國地方百里，君十卿祿，卿祿四大夫，大夫倍上士，上士倍中士，

〔註12〕 〔清〕顧炎武嘗言曰：「為民而立之君，故班爵祿之意，天子與公、侯、伯、子、男一也，而非絕世之貴。代耕而賦之祿，故班祿之意，君、卿、大夫、士與庶人在官一也，而非無事之食。是故知『天子一位』之義，則不敢肆於民上以自尊；知祿以代耕之義，則不敢厚取於民以自奉。不明乎此，而『侮奪人之君』常多於三代之下矣。」（《日知錄》卷之七）此即《尚書》「民為邦本」之意，而尚未達「天下為公」之境地。

〔註13〕 顧頡剛《史林雜識·初編》第十四篇〈武士與文士之蛻變〉頁85，北京：中華書局，1963年。

〔註14〕 《周禮》一書，世傳周公所作，學者頗疑之。《四庫全書總目》曰：「《周禮》作於周初，而周事之可考者不過春秋以後。其東遷以前三百餘年官制之沿革、政典之損益，除舊布新不知凡幾。其初去成、康未遠，不過因其舊章，稍為改易；而改易之人，不皆周公也。於是以後世之法竄入，其書遂雜。」由是知之，今存《周禮》已非復周公之舊。唯《周禮》為周公手定，清代諸儒汪中、陳澧、黃侃、陳伯弢等皆有論證，見范文瀾《羣經概論》第五章第二、三兩節。頁179至180。北京：北平樸社，1933年。《周禮》既為周初之作，其官制因襲前朝，或有損益，士之制度，必非空降。由各官皆有上中下士之設，知孟子之言非誣也。士為文士與武士之通稱，方為的論。時武士常單言士，但非謂士即武士也。

〔註15〕 士之本義，郭沫若、馬敘倫、屈萬里、李孝定、饒宗頤等，以為「男性」之稱。吳承仕、楊樹達等，又以為指「農夫」。案：甲骨文士作「⼟」，象男性生殖器之勃起，本義應為男性。金文作「士」，字形已改。故以前說較長。《說文》云：「士，事也。」事為執事、做事之意。乃為後起義。自古發號施令之人少，做事之人多，故有「庶士」、「多士」、「眾士」之謂；《尚書》屢見，不繁引。《尚書》亦常「卿士」連用，稱朝中百官。如「士」都止於「武士」，朝中又豈無「文士」供職耶？

中士倍下士，下士與庶人在官者同祿，祿足以代其耕也。

此條論俸祿之制，各有等差。其中值得注意者爲「下士與庶人在官者同祿，祿足以代其耕也」一節，但前人多所忽略。此條透露當時「庶人」亦可爲官（在官）之事實，其職等與下士同，但無下士之稱，「同祿」而已。「祿足以代其耕也」乃針對在官之庶人言，謂其在官之後所得俸祿，足以代替其耕種之收入。可知此類「庶人」即爲農民，在官之祿同下士，故其身分仍非貴族，亦非下士之職。此類「在官之庶人」，大抵以供差役爲主；而其設置，應屬常職。此制已開啓平民與貴族交接之管道，爲日後時勢巨變（即所謂「禮壞樂崩」），庶民得以進身士林，甚或干卿拜相之關節所在也。諸侯之士，原爲貴族血緣之較疏遠者擔任。春秋之世，貴族之破落者淪爲庶民，〔註16〕以其所學服務於異姓貴族，以取得生活之資。孔子之後，庶民子弟之俊秀者，因其能習禮、樂、射、御、書、數諸藝，故而亦得進身士林，但其地位已非往昔「在官之庶人」矣。此類士人，不與封地，而職位亦不得世襲，其產生之背景頗爲複雜，〔註17〕因非本節旨趣，不擬詳考詳敘；唯略以孔子家族之演變爲例說明之，以見其概要。〔註18〕

孔子先世乃殷商王室，周滅商後，微子啓封於宋，遂由王室降爲諸侯。五傳至弗父何，讓國於其弟鮒祀，弗父何仍爲卿；於是幹分二支，弗父何此支又降爲公卿之家。其後裔孔父嘉即孔子之六代祖，爲宋穆公大司馬，受遺命佐輔嗣君。然主少臣疑，華父督欲弒嗣君，遂先殺孔父嘉。孔父嘉曾孫孔防叔畏華氏之逼，避居於魯，孔氏家族於是又降而爲庶民矣。此類庶民與一般庶民異，既無恆產，又無受田之戶籍，以六藝傳家，不習農務，故僅能以其所長服務於公卿，以維持生活之資。孔防叔奔魯後，即爲公卿之家臣。其孫叔梁紇亦爲士，以勇力見稱，或即爲顧氏所謂之武士也。叔梁紇者，孔子之父。孔子生三歲而紇卒，其母顏氏徵在，不容於夫家，遂攜子遠徙，獨立

〔註16〕《左傳注疏》昭公三十二年（西元前510）記史墨之言曰：「三后之姓，於今爲庶。」杜預注：「三后，虞、夏、商。」頁933下。

〔註17〕中國上古時代「士」之演變，誠如余英時所説：「是一個十分複雜的現象，決不是任何單一的觀點所能充分説明的。」故本文只就常識敘述之，不作細辨。余著，見《士與中國文化》一書〈自序〉頁1，上海：人民出版社，1987年。

〔註18〕孔子家族之演變，詳於〔西漢〕司馬遷所著《史記‧孔子世家》。本節並參酌錢穆《孔子傳》。

撫養幼子。故孔子嘗言曰：「吾少也賤，故多能鄙事。」（〈子罕〉）孔子為破落貴族之後，史蹟昭然，無庸諱言；然其「十五而至於學，三十而立」（〈為政〉），三十歲後，已名動公卿，並以「知禮」而飲譽於諸侯，遂能擠身士林。〔註 19〕其後，孔子棄貴族之供職，杏壇設教，普施教育，有教無類，打破庶民不得習六藝之禁例，開創偉業，遂成一代宗師。庶民亦因得習六藝，學成而進身士林，如子夏所謂「學而優則仕」也（〈子張〉）。孔門弟子如子路、子游、子夏、冉有、仲弓、原思之徒，嘗為邑宰，貴為君子之屬，〔註 20〕即是其例。孔門之徒，學成後或以異姓身分成為貴族之家臣，或有不接受干祿者，沿乃師之模式，於鄉里設教，成為所謂成德之士。又有隱居避世，自潔其身者。風氣既開，春秋以降，士人繁衍，混稱儒者，通言曰君子。後世又有合稱為「士君子」者，〔註 21〕通言讀書之人，猶今之所謂知識分子也。本節所論，僅以《論語》所言及之君子與士為限。孔子累言君子之道；故能抉發君子之道，即明孔子之學矣。〔註 22〕

二、君子之道：仁、知、勇

「君子」一詞，於《論語》中凡八十六章一百零七見。如前所言，其義大端有二：一為貴族之美稱，一為成德之士。茲先論貴族君子，以揭櫫孔子之政治懷抱。

子曰：「君子博學於文，約之以禮，亦可以弗畔矣夫。」（〈雍也〉）從「禮」

〔註 19〕孔子嘗為委吏、乘田之職，語見《孟子・萬章下》。趙岐注：「孔子嘗以貧而祿仕。委吏，主委積倉庾之吏也。不失會計，當直其多少而已。乘田，苑囿之吏也。主六畜之芻牧者也。牛羊茁壯肥好長大而已。」此類職務，乃屬基層工作，似相當於下士之職，應為孔子早年所從事者。
〔註 20〕冉有、子路、仲弓為季氏宰，子游為武城宰，子夏為莒父宰，原思亦為宰。可見孔門弟子之仕進，已非孔子昔日僅充下士之屬。
〔註 21〕《墨子・非命篇》：「今天下之士君子，或以命為有。」《荀子・禮論篇》：「人有是，士君子也；外是，民也。」（案：是，指禮。民，指未受教育之庶眾）又《禮記・鄉飲酒義》：「鄉人士君子。」〔晉〕陳壽《三國志・鍾會傳》裴松之注引何劭〈王弼傳〉曰：「（弼）頗以所長笑人，故時為士君子所疾。」
〔註 22〕余英時《中國思想傳統的現代詮釋・儒家「君子」的理想》云：「儒學具有修己和治人的兩個方面，而這兩方面又是無法截然分開的。但無論是修己還是治人，儒學都以『君子的理想』為其樞紐的觀念。修己即所以成為『君子』；治人則必須先成為『君子』。從這一角度說，儒學事實上便是君子之學。」頁145。台北：聯經出版社，1987 年。

與「弗畔」二語，即知此語所謂「君子」，原意乃指在位之貴族。殷周之世，「禮不下庶人」也；〔註23〕故言禮多與貴族有關。「畔」，朱注：「背也。」背，作亂之謂。有子嘗言：「不好犯上，而好作亂者，未之有也。」（〈學而〉）「作亂」與「畔」之意同。有子論孝弟，可就貴族言，亦可就成德之士言。《論語》稱有子為「子」，明顯為有子弟子所記，其時恐已在戰國之世矣。其君子一詞，已與成德之士混稱。然「犯上」、「作亂」之語，乃指貴族內部之事也。「博學於文，約之以禮」，乃成德工夫；然其效能僅止於「弗畔」，觀「亦」字意，可知夫子微言，不以「博學」、「約禮」為屬也。君子之學為何？子曰：「君子道者三，我無能焉：仁者不憂，知者不惑，勇者不懼。」（〈憲問〉）〔註24〕則仁、知、勇三者俱備，可以為君子之學矣。

何謂仁？子張曾問於乃師，乃師告之曰：「能行五者於天下，為仁矣。」（〈陽貨〉）「五者」何謂？曰：「恭、寬、信、敏、惠。恭則不侮，寬則得眾，信則人任焉，敏則有功，惠則足以使人。」極其言，此語亦為針對在位者而發。民以農為務，安土重遷，無所謂「行天下」者，亦無所謂「得眾」、「人任」、「有功」、「使人」之事，故以知夫子之意。子張嘗以學干祿問，〔註25〕夫子答以「慎言」、「慎行」，「祿在其中矣」。此章問仁，夫子則以從政者應具備之仁德作答。前章透露子張為學之目的，後章夫子勉其從政之規模，互為呼應，誰曰不宜？〔註26〕顏淵亦曾有問仁之舉。子曰：「克己復禮為仁。一日克己復禮，天下歸仁焉。為仁由己，而由人乎哉？」（〈顏淵〉）「克己復禮」乃夫子之名言，亦就在位者而發。「天下歸仁」，猶「為政以德，譬如北辰，居其所而眾星共之」（〈為政〉）之謂也。故朱注謂：「為政以德，則無為而天下歸之。」〔註27〕樊遲曾三度問仁，孔子之答各異其趣。其中〈顏淵〉載樊遲問仁、問知，夫子答曰「愛人」、「知人」。樊遲未達，夫子再申言之曰：「舉

〔註23〕《禮記注疏》卷第三〈曲禮〉上：「禮不下庶人，刑不上大夫。」頁55下。

〔註24〕此語尚見於〈子罕〉，語序稍異。其言曰：「知者不惑，仁者不憂，勇者不懼。」

〔註25〕子張學干祿。子曰：「多聞闕疑，慎言其餘，則寡尤；多見闕殆，慎行其餘，則寡悔。言寡尤，行寡悔，祿在其中矣。」（〈為政〉）

〔註26〕〈子張〉載：「子游曰：『吾友張也，為難能也；然而未仁。』曾子曰：『堂堂乎張也，難與並為仁矣。』孔子之言，豈有深意存焉？」

〔註27〕朱熹於此下「無為」一語，非老子之意。子曰：「無為而治者，其舜也與！夫何為哉？恭己正南面而已矣。」（〈衛靈公〉）「恭己」，君子（在位者）「修己以敬」也。（〈憲問〉）

直錯諸枉，能使枉者直。」此語同見於〈爲政〉「哀公問」。〔註28〕朱注：「舉直錯枉者，知也（去聲，同智）。使枉者直，則仁矣。」舉直者，薦用直道而行之人也；此即用賢之意，所謂知人善任也。此非在位者不能爲。枉，《說文》：「衺曲也。」段注：「本謂木衺曲，因以爲凡衺曲之稱。」〔註29〕衺，今字爲「邪」，不正不直之謂也。在位之人，薦用直道而行之士，則能使衺曲之人亦歸於正直。夫子治國之道，於此可窺見一斑矣。

樊遲問知、問仁，尚見於〈雍也〉。子曰：「務民之義，敬鬼神而遠之，可謂知矣。」「仁者先難而後獲，可謂仁矣。」〔清〕劉寶楠《論語正義》云：「竊以夫子此文論仁知，皆居位臨民之事，意樊遲時或出仕故也。」程樹德《論語集釋》云：「劉氏之說是也。」〔註30〕可見夫子此答，亦針對在位者（或即將從政者）而言。務民之義，猶臨民之道。敬鬼神，敬他人之鬼神也；猶今人言尊重他人之信仰。遠之，則不迷矣。夫子嘗言：「非其鬼而祭之，諂也。」（〈爲政〉）故須「遠之」。處理民眾事務，以事理爲據，非圖納交要譽；遠其鬼神，敬而不諂，可謂理智。先難者，即以解決民眾之困難爲優先也。前既以「臨民」爲義，此當亦以民之難爲解。後獲者，不以個人之利害爲考量也。此章爲從政者言，「仁」既以「愛人」爲前提，「知」既以舉直爲首務，則非個人成德之事，實乃從政者之官箴。程頤曰：「先難，克己也。以所難爲先，而不計所獲。」乃就成德工夫言，其解未盡符原意。

何謂勇？夫子嘗言：「見義不爲，無勇也。」（〈爲政〉）《說文》曰：「勇，气也。从力甬聲。」段注：「气，雲气也。引申爲人充體之气之偁。力者，筋也。勇者，气也。气之所至，力亦至焉。」〔註31〕勇字形聲兼會意，本義爲力氣。孔門弟子中，以子路尚勇稱著，夫子嘗曰：「由也，好勇過我，無所取材。」（〈公冶長〉）子路曾問於夫子曰：「君子尚勇乎？」子曰：「君子義以爲上。君子有勇而無義爲亂，小人有勇而無義爲盜。」（〈陽貨〉）君子，指在位者；小人，庶民之謂也。夫子誡之以義：在位者有勇無義則易犯上作亂；庶民有勇無義則易淪爲盜賊。此非夫子所願見，故不謂之勇。夫子又曰：「勇而

〔註28〕哀公問曰：「何爲則民服？」孔子對曰：「舉直錯諸枉則民服；舉枉錯諸直則民不服。」

〔註29〕《說文解字注》第十一卷，頁253上。

〔註30〕程樹德《論語集釋》卷十二，〈雍也下〉，頁406至407。北京：中華書局，2008年。

〔註31〕《說文解字注》第二十六卷，頁707下。

無禮則亂。」（〈泰伯〉）可知禮與義同科。夫子之勇，以禮義為質，非氣力之使，乃禮義之伸也。夫子改造古義，又是一例。

總言之，君子從政，仁、知、勇三者必備，方可不憂、不惑、不懼。仁者，以愛民為本；知者，以舉賢而任，敬鬼神而不諂；勇者，以禮義為質，即知即行。斯之謂夫子之教，亦夫子之政治哲學也。治國之道，三者俱足，其國豈有不強盛者哉？孔子嘗為魯國大司寇，攝相事。定公（定公十年，西元前 500）與齊侯（景公）會於夾谷，孔子隨行。齊人以為孔丘知禮而無勇，擬使萊人劫魯逼盟：孔子斷然以兵擊之。景公以倡優侏儒為戲，企圖羞辱魯君：孔子命有司斷其手足。齊侯懼，知義不若，遂歸所侵魯地。孔子執政三年，魯國大治，塗不拾遺，四方客至。齊人懼，以為孔子為政必霸，齊危矣。由是觀之，孔子仁、知、勇三者俱足，自謂「無能」者，謙辭而已。故子貢曰：「夫子自道也。」〔註 32〕

三、成德之士：基本品德與性格

君子之位，固為大寶，然非夫子所貴；夫子所貴者，其德也。君子之義，夫子轉化之跡，於《論語》中斑斑可考。斯之謂既有繼承，亦有改造，孔子之功大矣哉！茲繼論君子之第二義：成德之士。

春秋之季，孔子普施教育，庶民從學，學成後亦得進身士林，故君子之稱，其時已泛稱從政之士矣。孔子弟子三千，身通六藝者七十又七，〔註 33〕從政者應不在少數。四科十哲之中，政事科僅錄冉有、季路；然德行科之仲弓曾為季氏宰，言語科之宰我曾為齊國臨菑大夫，子貢亦嘗相衛；文學科之子游嘗為武城宰，子夏嘗為莒父宰。則四科之分，乃概略言之，非周詳之實錄也。其中不從政者，貧士如顏回（子淵），早逝如伯牛（冉伯牛），不食汙君之祿如閔子騫（損）。十哲之外，漆彫開辭仕，原憲亡於草澤，商瞿傳《易》，亦名在史冊。不在載籍者，如避世之士，不知凡幾！〔西漢〕司馬遷云：「自孔子卒後，七十子之徒散遊諸侯，大者為師傅卿相，小者友教士大夫，或隱

〔註 32〕《論語注疏·正義》曰：「子貢言夫子實有仁知及勇，而謙稱我無，故曰夫子自道說也。所謂謙尊而光。」頁 128 下。

〔註 33〕七十七之數，或作七十二，或作七十。〔唐〕司馬貞：《史記索隱·仲尼弟子列傳》謂：「文翁〈孔廟圖〉作七十二人。」〔日〕瀧川資言：《史記會注考證》卷六十七，引梁玉繩之言，謂據《孟子》、《呂氏春秋》、《淮南子》、《漢志》等書，作七十人。頁 877 下。台北：洪氏出版社，1983 年。

而不見。」（《史記・儒林傳》）〔註34〕此類學者，不圖仕進，進退有度；所謂成德之士也，亦稱君子。茲根據《論語》分析此類君子之基本性格。

（一）人不知而不慍

前論樊遲問知，夫子以「舉直錯諸枉」答之。舉直者，知人善任也。對己言，謂之智慧；對他人言，謂之知人。「人不知」者，言在位者之愚也。愚而不知人，故不能用賢。子貢嘗問士，並問「今之從政者如何」。夫子答曰：「噫！斗筲之人，何足算也！」（〈子路〉）士尚不及，遑論君子矣。慍，〔魏〕何晏《集解》：「怒也。」〔註35〕朱注：「含怒意。」《說文》：「怨也。」〔註36〕怒形於外，怨含於內；表現雖殊，其情則同。朱注「含怒意」，即怨之義。在上位者不己知，而己卻不懷怨怒，孔子嘆曰：「不亦君子乎！」（〈學而〉）不知己而不慍即為君子，夫子即肯定求學之價值，非僅止於仕進一途也。君子一詞，由夫子所轉化，《論語》首篇首章即揭此大旨，編是書者，豈無深意存焉？愚試略抉發之。

春秋之世，禮壞樂崩，所謂禮失而求諸野也。孔子十五而志於學，以習禮為務，三十而立，即名動公卿。據《左傳》昭公七年（西元前535）之載，魯國三大家臣之一孟僖子，嘗隨昭公赴楚參與諸侯盟會，失禮受辱，引以為憾，故臨終時特遺命其後向孔子習禮。〔註37〕孟僖子卒於昭公二十四年（西元前518），孔子三十四歲矣，正是三十而立之時。禮為治國之要道，求學之

〔註34〕《史記會注考證》卷一百一十，頁 1285 下。《漢書・儒林傳》亦載此事，文字稍異而已。見王先謙《漢書補注》卷八十八，頁 1543。

〔註35〕《論語集釋》卷一，頁 8。

〔註36〕《說文解字注》第十九卷，頁 516 上。

〔註37〕孟僖子隨昭公至楚國參加諸侯盟會，是昭公七年三月事。〈傳〉云：「三月，公如楚。鄭伯勞于師之梁。孟僖子為介，不能相儀。及楚，不能答郊勞。」孟僖子卒於昭公二十四年，但其臨終遺命《左傳》卻記於昭公七年。〈傳〉七年云：「九月，公至自楚。孟僖子病不能相禮，乃講學之，苟能禮者從之。及其將死也，召其大夫，曰：『禮，人之幹也。無禮，無以立。吾聞將有達者曰孔丘，聖人之後也，而滅於宋。其祖弗父何以有宋而授厲公；及正考父佐戴、武、宣，三命茲益共，故其鼎銘云：『一命而僂，再命而傴，三命而俯，循牆而走，亦莫余敢侮。饘於是，鬻於是，以餬余口。』其共也如是。臧孫紇有言曰：『聖人有明德者，若不當世，其後必有達人。』今其將在孔丘乎！我若獲沒，必屬說與何忌於夫子，使事之，而學禮焉，以定其位。』故孟懿子與南宮敬叔師事仲尼。仲尼曰：『能補過者，君子也。《詩》曰：「君子是則是效」，孟僖子可則效已矣。』」昭公如楚事見《左傳注疏》，頁 760 下。孟僖子遺命事見於頁 765 下至 766 上。

人，其志可知。孔門弟子亦多以仕進爲職志者，如子張之學干祿，則明載於典籍。孔子嘗曰：「三年學，不至於穀，不易得也。」（〈泰伯〉），即反映此一事實。孔門弟子之問答，亦多與從政有關；其中一章可與「人不知而不慍」相互發明，錄之如下：

> 子路、曾皙、冉有、公西華侍坐。

> 子曰：「以吾一日長乎爾，毋吾以也！居則曰：『不吾知也！』如或知爾，則何以哉？」

> 子路率爾而對曰：「千乘之國，攝乎大國之間，加之以師旅，因之以饑饉，由也爲之，比及三年，可使有勇，且知方也。」夫子哂之。

> 「求，爾何如？」對曰：「方六七十，如五六十，求也爲之，比及三年，可使足民；如其禮樂，以俟君子。」

> 「赤，爾何如？」對曰：「非曰能之，願學焉！宗廟之事，如會同，端章甫，願爲小相焉。」

> 「點，爾何如？」鼓瑟希，鏗爾，舍瑟而作。對曰：「異乎三子者之撰！」

> 子曰：「何傷乎？亦各言其志也。」曰：「莫春者，春服既成，冠者五六人，童子六七人，浴乎沂，風乎舞雩，詠而歸。」

> 夫子喟然歎曰：「吾與點也。」（〈先進〉）

「不吾知」，朱注：「言女平居，則言人不知我。如或有人知女，則女將何以爲用也？」此爲正解。此章既反映弟子求學之目的在於仕進，乃普遍之現象；亦顯示孔子之志趣，企圖透過此一平居問答，扭轉弟子爲學心態。子路、冉有、公西華之答，容或有治國大小與方向之不同，然皆志欲擠身士林，成爲貴族家臣，三人心態則一也。點，即曾皙；曾子之父也。點獨異於是，而夫子與之。朱注引程頤曰：「三子皆欲得國而治之，故夫子不取。」良有以也。夫子從點，即暗示爲學成德之意，不盡在仕途。史遷載：孔子卒，原憲亡於草澤。子貢相衛，結駟連騎而過原憲。憲蔽衣冠以見，子貢恥之曰：「夫子豈病乎？」原憲曰：「吾聞之：無材者謂之貧，學道而不能行者謂之病。若憲，貧也，非病也。」子貢慚，不懌而去。終身恥其言之過也。〔註38〕原憲得乃師之眞傳，踐履盡道，不知不慍；子貢瑚璉之器，富而忘禮，「賜也賢乎

哉」？〔註39〕

（二）進退以道，仕非為貧

人不知而不慍；知則如之何？子路率爾而對，夫子哂之；冉有、公西華之謙遜，夫子猶未之許。獨曾皙無意仕進，卻有「吾與點也」之嘆。三年之學，不至於穀，不易得也。子使漆彫開仕，對曰：「吾斯之未能信。」子說（悅）。（〈公冶長〉）〔註40〕子之所以說，說啓不以仕進爲務也。何晏《集解》引孔安國曰：「仕進之道未能進者，未能究習。」〔註41〕信者，人之所言也；守之爲信。謂夫子之言，啓未能守，即辭仕之意；「究習」云云，實未洽原意。夫子說啓之辭仕，實與「吾與點也」之意相同。

或曰：孔子亦嘗屢言求仕，〈子罕〉載子貢「美玉」之問，子曰：「我待賈者也！」〔註42〕〈陽貨〉亦三載孔子求仕之意。〔註43〕孔子嘗相魯仕衛，子豈願避世者哉？此誠然也。「懷寶迷邦不仁，好事失時不知」，陽貨之言良有以也。然道不同，不相爲謀。陽貨之邀，公山弗擾與佛肸之召，夫子雖言欲仕，終未嘗往。朱注引范氏之言曰：「君子未嘗不欲仕也，又惡不由其道。士之待禮，猶玉之待賈也。若伊尹之耕於野，伯夷、太公之居於海濱，世無成湯、文王，則終焉而已。必不枉道以從人，衒玉而求售也。」君子之仕也，

〔註39〕〈憲問〉「子貢方人」，夫子評之曰：「賜也賢乎哉？夫我則不暇。」

〔註40〕「漆彫開」，《漢書・人表》作「漆彫啓」。「啓」，〔魏〕何晏注本作「吾」。〔清〕翟灝《四書考異》云：「漢人避啓用開。」按：避漢景帝諱也。景帝名啓，之字開。漆彫開，原名應爲漆彫啓，漢人避景帝諱，更之爲漆彫開。何晏繼之，又更「啓」爲「吾」也。朱本復舊，而「開」字未改。

〔註41〕《論語集釋》卷九，頁297。

〔註42〕〈子罕〉：「子貢曰：『有美玉於斯，韞櫝而藏諸，求善賈而沽諸？』子曰：『沽之哉！沽之哉！我待賈者也！』」

〔註43〕〈陽貨〉：「陽貨欲見孔子，孔子不見，歸孔子豚。孔子時其亡也，而往拜之，遇諸塗。謂孔子曰：『來！予與爾言。』曰：『懷其寶而迷其邦，可謂仁乎？』曰：『不可。』『好從事而亟失時，可謂知乎？』曰：『不可。』『日月逝矣，歲不我與。』孔子曰：『諾。吾將仕矣。』」

又（同篇）：「公山弗擾以費畔，召，子欲往。子路不說，曰：『末之也已，何必公山氏之之也？』子曰：『夫召我者而豈徒哉？如有用我者，吾其爲東周乎？』」

又（同篇）：「佛肸召，子欲往。子路曰：『昔者，由也聞諸夫子曰：「親於其身爲不善者，君子不入也。」佛肸以中牟畔，子之往也，如之何？』子曰：『然。有是言也。不曰堅乎，磨而不磷；不曰白乎，涅而不緇。吾豈匏瓜也哉？焉能繫而不食？』」

道以行之，禮以成之。非禮而進，黍緣之士而已；枉道而從，干祿之士而已。夫子嘗言曰：「邦有道，穀；邦無道，穀，恥也。」（〈憲問〉）君子之仕，孟子曰：「事道也。」又曰：「仕非爲貧也。」（〈萬章下〉）進退以道，仕非爲貧，深得夫子之意。夫子嘗有浮雲之喩，其言曰：

> 富與貴，是人之所欲也；不以其道得之，不處也。貧與賤，是人之所惡也；不以其道得之，不去也。君子去仁，惡乎成名？君子無終食之間違仁，造次必於是，顚沛必於是。（〈里仁〉）

仕與不仕，取捨之間，一以「道」爲準繩。夫子嘗美蘧伯玉曰：「君子哉蘧伯玉！邦有道則仕；邦無道，則可卷而懷之。」（〈衛靈公〉）子路亦云：「不仕無義。……君子之仕也，行其義也。」（〈微子〉）「天下有道則見，無道則隱。」（〈泰伯〉）用世之士歟？避世之士歟？君子「無適無莫，義之與比」（〈里仁〉），「義」，「仁」之謂也。「君子去仁，惡乎成名」，故君子之學，即爲「仁學」。〔註44〕孔子以「道」稱之，宋儒則稱爲「道學」。進退以道，乃夫子之教，可爲士君子之箴言。捨此而爲，豈能便稱士君子哉？

（三）直道而行，不畏生死

君子無適無莫，直道而行，則是有適有莫；然義之與比，進退以道，則是擇善而固執也。何謂直？子曰：「人之生也直。」（〈雍也〉）朱注引程頤語云：「生理本直。」此說費解，故〔元〕陳天祥《四書辨疑》云：「程頤之說，語意不明。」〔註45〕所謂直，乃指人性之本質，天生即爲正直。如孩提之時，餓則哭，樂則笑，無所掩飾，無所虛僞。及其既長，目之所及，直言而不諱。西語「國王之新衣」，非童蒙所能理解者也。如荀子云：「是謂是，非謂非，曰直。」（〈修身篇〉）〔註46〕直乃天生之本性，非刻意爲之，故夫子曰「人之生也直」。程頤「生理本直」，過於籠統，又易生歧義。〔註47〕然程頤嘗曰：「天

〔註44〕歷來學者多主張孔學即仁學。徐復觀謂：「孔學即仁學，這是許多人都承認的。」（《中國人性論史・先秦篇》，頁90）

〔註45〕《論語集釋》卷十二，頁402。

〔註46〕王先謙《荀子集解》卷第一〈修身篇〉，頁24。沈嘯寰、王星賢點校，北京：中華書局1997。下文所引《荀子》語，悉依此本，不另作注，以免繁瑣之累也。另參〔唐〕楊倞：《荀子注》。台北：廣文書局《子書二十八種》第三冊，1991年。

〔註47〕生理本直，可理解爲生之理或生之道。前者就原則講，後者就方法講。直爲何？又缺說明。故程頤解說過於籠統，朱注實不宜引。註釋應以易知釋難知，

以生爲道。」又曰：「觀生理可以知道。」〔註48〕直本天賦，天賦即性，故直亦性也。知人之生也直，則知道矣，故直道而行者，乃踐履盡道者也。〈中庸〉云：「天命之謂性，率性之謂道。」此之謂也。夫子嘗讚史魚曰：

> 直哉史魚！邦有道，如矢；邦無道，如矢。（〈衛靈公〉）

邦有道，書之曰「有道」；邦無道，書之曰「無道」。直言不諱，此之謂直，如矢之直也。齊之崔杼弒其君，其太史直書，崔子殺之。太史弟嗣其位，亦書之，崔子又殺之。〔註49〕直道而行，不畏生死，大義所在，亦道之所在也，故子曰：「志士仁人，無求生以害仁，有殺身以成仁。」（〈衛靈公〉）齊太史直書崔子之惡，可謂志士矣。「三軍可奪帥也，匹夫不可奪志也。」（〈子罕〉）此之謂歟！直與仁，其義雖殊，其道則同也。

葉公語孔子曰：「吾黨有直躬者，其父攘羊，而子證之。」孔子曰：「吾黨之直者異於是。父爲子隱，子爲父隱，直在其中矣。」（〈子路〉）〔註50〕此章諸子所引，各有解讀，皆未明本旨。〔註51〕馮友蘭云：「直者由中之謂，稱心之謂。其父攘人之羊，在常情其子決不願其事之外揚，是謂人情。如我中心之情而出之，即直也。今乃至證明其父之攘人羊，是其人非估名賣直，即無情不仁，故不得爲眞直也。」〔註52〕其解尙洽，然未若勞思光之說爲透闢。勞氏曰：

> 孔子之意以爲，每一人在每一事中，有不同之責任及義務，故不能
> 以「證人之攘羊」爲「直」，而應說，各依其理分，或證或隱，始得
> 其直。〔註53〕

人之始生，先有父母，後有君臣，故君臣之義後於父母。爲人子者，應先盡

非以難知釋易知也。

〔註48〕《程氏粹言》卷第一，前語見於《二程集》，頁 1175；後語見於頁 1171。

〔註49〕襄公二十五年（西元前 548）事。見《左傳注疏》卷第三十六，頁 619 下。

〔註50〕「直躬者」，孔安國注：「直躬，直身而行。」《淮南子・氾論訓》高誘注：「直躬，楚葉縣人也。躬蓋名，其人必素以直稱者，故稱直躬。」兩說未知孰是，或可互補。

〔註51〕《韓非子・五蠹》引之以爲「儒以文亂法」；《莊子・盜跖》引之以爲信之患；《呂氏春秋・當務》引之以爲「直躬之信不若無信」；《淮南子・氾論訓》引之以爲聖人貴能知權。

〔註52〕馮友蘭《中國哲學史》第一篇第四章〈孔子及儒家之初起〉，頁 84。香港三聯書店，2009 年。

〔註53〕勞思光《新編中國哲學史》一，第三章〈孔孟與儒學上〉，頁 125。台北：三民書局，2010。

孝道，故有子曰：「君子務本，本立而道生。孝弟也者，其爲仁之本與？」（〈學而〉）此即勞氏所謂「理分」也。夫子嘗以「君君、臣臣、父父、子子」以回答齊景公之問爲政，〔註54〕明示各守本分之要義。子證父，是失其本分，焉能稱之爲直？未盡孝，又焉能稱之爲仁？近人有謂「儒家對私情的維護，往往在無意之間，卻傷害到公理的正義原則。」〔註55〕此實未明夫子義理價值之所在也。《孝經》曰：「夫孝，天之經，地之義，民之行也。」（〈三才章〉）〔註56〕人子盡孝，既是天經地義之事，是私情，亦是公理。豈聞踐公理而害正義者乎？〔註57〕

（四）知命之所在，即義之所在

「子罕言利，與命與仁。」（〈子罕〉）乃《論語》之名言。罕，何晏《集解》云：「希也。」朱注：「罕，少也。」希、少義同，歷來學者意見分歧者少，可爲定論。〔註58〕然「與」字之解讀，則各是其是，有待說明。何晏八字連讀，視「與」爲連詞。皇侃《論語義疏》則訓之爲「許與」，斷八字爲二句。陳天祥又不從其訓，謂：「與，從也。」〔註59〕近人劉小嬿作〈《論語》「子罕言利與命與仁」章探析〉一文，以經證經之法，將《論語》中所出現之「與」字並列，作一分析比較，排除連詞之說，推翻「許與」之訓，認爲應據「依於仁」（〈述而〉）一語訓「與」爲「依」，即順從之意，與天祥合。〔註60〕天祥之說無理據佐證，小嬿則補其理據之不足。夷考三家之說，以小嬿爲可從。今據其言，所謂「與命與仁」者，依命依仁也。亦唯以「依命依仁」釋之，孔子「與命」之語方能豁暢。

〔註54〕 〈顏淵〉：「齊景公問政於孔子。孔子對曰：『君君、臣臣、父父、子子。』公曰：『善哉！信如君不君，臣不臣，父不父，子不子，雖有粟，吾得而食諸？』」
〔註55〕 語見鮑國順《儒學研究集・孝道傳統的考察與省思》，頁62。高雄：復文圖書出版社，2002年。
〔註56〕 《孝經注疏》卷第三，頁28上。
〔註57〕 作者亦嘗著〈孔子的孝道觀析論〉一文，論及此事。詳《東方人文學誌》第九卷第一期，頁39～58，2010年3月。
〔註58〕 也有異訓者：如〔清〕黃式三《論語後案》云：「罕言之罕，借爲軒豁之軒。……罕言者，表顯言之也。」（《論語集釋》卷十七，頁567。）以其不明「與」字義而所生之曲解也。
〔註59〕 《論語集釋》卷十七，頁565至566。
〔註60〕 劉小嬿：〈《論語》「子罕言利與命與仁」章探析〉，載於《孔孟月刊》第46卷第一、二期。2007年10月，頁12至19頁。

命者何謂？命有多義，《說文》云：「命，使也，从口令。」段注：「令，發號也、君事也。」〔註61〕以口發號施令，乃國君之事。國君發令使人，故「使」爲其本義。孟子曰：「莫之致而至者，命也。」（〈萬章上〉）即後世之命運義。尙有生命義、壽命義、命名義等，不一而足。前人論孔子之命觀，以爲夫子亦有「命定」思想，余嘗爲文論辨之。〔註62〕認爲孔子實無後世之命定觀，注家疏解，未能浹洽聖意。如以「命定」釋「與命與仁」，則孔子爲一隨遇而安之人矣，顯然扞格不入。夫子所謂命，乃使命之命，而非命運之命也。使命者何？《左傳》文公十三年（西元前614）之例，可說明其義。其載曰：

> 邾文公卜遷于繹。史曰：「利於民而不利於君。」邾子曰：「苟利於民，孤之利也。天生民而樹之君，以利之也。民既利矣，孤必與焉。」左右曰：「命可長也，君何弗爲？」邾子曰：「命在養民。死之短長，時也。民苟利矣，遷也，吉莫如之！」遂遷于繹。五月，邾文公卒。
> 君子曰：「知命。」〔註63〕

邾爲魯之屬國。邾文公卜遷國都，其史以「不利於君」諫之；左右復以君之壽命可長爲由勸阻。然文公將「壽命」之命轉爲「君命」之命，以「養民」爲「君命」之所在，將「死之短長」歸之於「時」，不納所諫，遂遷都於繹。「君子」遂曰「知命」。由此例觀之，「知命」之命，乃使命之命，而非壽命或命運之意。此例發生於孔子之前，孔子修魯史，成《春秋》，當知此事。〔註64〕使命之源，由於二端：一爲上天所賦予者，一爲後天所獲致者。古時貴族身分爲世襲，出身於貴族之家，即享貴族之命，故爲上天所賦予者。既有貴族之命，固亦有貴族之責。孔子普施教育後，庶民學而優者亦得擠身士林，共享貴族尊榮，故爲後天所獲致者。然孔子所重，非其位也，乃其責也；故尤強調爲政之首要在於「正名」（〈子路〉）。此乃孔子重要之政治思想。勞思光曰：「爲政以『正名』爲本，即是說以劃定『權分』爲本。」〔註65〕良有

〔註61〕《說文解字注》弟三卷，頁57下。
〔註62〕作者嘗著〈從牟宗三《圓善論》看孔孟「命」觀〉，文刊於2012年9月第90期《孔孟學報》。該文認爲子夏言「死生有命，富貴在天」之語，實非孔子本意。後世命定論實由子夏此語導出，學者不察，誤以爲孔子亦有此思想也。
〔註63〕《左傳注疏》卷第十九下，頁332上。
〔註64〕《左傳・經》卷第十九下：「十有三年……夏……邾子蘧蒢卒。」頁331下。孔子但云其「卒」，左氏則續成之。詳略各異，蓋體例不同故也。
〔註65〕《新編中國哲學史》一，第三章〈孔孟與儒學〉上，頁120。

以也。齊景公嘗問政於孔子，孔子對曰：「君君、臣臣、父父、子子。」（〈顏淵〉）君、臣、父、子，各有其「權」，亦各有其「分」。各盡其「分」，則上下洽諧，社會亦如井之有序。貴族之「權」既來自於天，故其「分」亦爲天賦。身爲貴族者，不能只知享受其「權」，而忘卻其「分」。邾文公以國君之尊，既知其「權」，亦知其「分」，故左氏引「君子」之言謂其「知命」。此「君子」當爲成德之士，知「權分」之同命，其見解應與孔子同。「分」，即使命之謂也。此使命爲上天所賦予者，或稱「天命」。後天所獲致之權分，由於古語簡約，亦以「命」名之，然不得謂之「天命」，相當於今人所謂「職責」也。有其「職」則有其「責」，亦「權分」之意。然夫子無世襲之位，亦無後天獲致之權，卻嘗言「五十而知天命」（〈爲政〉），此「天命」之大義，已非前述所謂「權分」與「職責」可以比擬之矣。夫子生於士族，卻長於閭里；少賤多能，孜孜敏學；三十而立，即名動公卿。然此段人生尚無「天命」之體悟。五十之後，毅然從政，施展抱負。爲政三年，魯國大治。然因墮三都之事未成，黯然而去。始體悟「天命」乃士君子當然之責任，如有使命之在身焉。遂游於諸侯，以求「天命」之完成。「天生德於予」，〔註 66〕豈狂莽之言哉？實有感而發也。

　　成德之士，必知「天命」之所在也。此「天命」之所在，亦義之所在。孟子雖嘗言「莫之致而至者命也」，然其「立命」之說，「修身以俟之」（〈盡心上〉）〔註67〕，其道德自覺之精神實與孔子相契。《程傳》屢言「義命」，即以「立命」爲義之所在，非孔孟之遺而誰歟？〔註68〕

　　子張嘗問士之「達」。子曰：「何哉，爾所謂達者？」子張對曰：「在邦必聞，在家必聞。」子曰：「是聞也，非達也。夫達也者，質直而好義，察言而觀色，慮以下人。在邦必達，在家必達。夫聞也者，色取仁而行違，居之不疑。在邦必聞，在家必聞。」（〈顏淵〉）日人瀧川資言《史記會注考證》引伊

〔註66〕 孔子六十歲時由衛適曹，復又至宋。宋·桓魋欲殺之。遂有「天生德於予，桓魋其如予何」之語。〈述而篇〉亦載此語。

〔註67〕 孟子雖然有「莫之致而至者」之命運觀，但其「修身以俟之」之立命態度，已將客觀與消極之命運扭轉爲主觀與積極之人生態度，肯定道德價值本於一心，踐履該盡之責任。其精神實上承孔子，而下開二程者也。

〔註68〕 《程傳》「義命」之論，主要見於《蹇·卦辭》、《未濟·上九爻辭》與《象辭》。《蹇·卦辭》《程傳》云：「若遇難而不能固其守，入於邪濫，雖使苟免，亦惡德也。知義命者，不爲也。」知程頤所謂「義命」，應與孟子「修身以俟之」之「立命」同義。

藤維楨曰:「達者,內有其實,名譽自達也。聞者,務飾乎外,以到名聞也。」
〔註 69〕此即君子與偽君子之別也。君子以直爲質,以義爲方,以慮下爲務,
不求達而達自至,豈有「人不知者」哉?以令譽爲務,以仁飾乎外;朱注謂:
「此不務實而專務求名者。」朱熹並引程頤之言曰:「有意近名,大本已失,
更學何事?爲名而學,則是偽也。」爲政君子與成德之士,於此豈無惕勵者
哉?

　　成德之士,雖爲無位君子,因能以身作則,模範後世,亦爲國家棟梁,
社會公器。在位君子,以愛民爲務,用賢爲上,見義勇爲,已可直希堯舜矣。
「堯舜其猶病諸?」(〈憲問〉)夫子答子路君子之問,已道盡孔學之精神與價
值矣。倘若捨此精神,以求名爲務,雖習儒學,豈能便稱君子者哉?茲將孔
子之意,以圖示歸納在位君子與成德之士,其行爲異同如下:

1. 在位君子

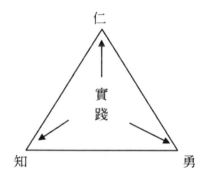

2. 成德之士

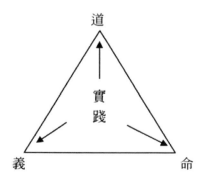

〔註 69〕《史記會注考證》卷六十七〈仲尼弟子列傳〉,頁 884 下。

　　由兩圖所示，知孔子之教育目的，從政者以仁、知、勇爲勉；成德者以義、命爲盡道之方。禮固爲孔子所重視，然孔子嘗云：「人而不仁，如禮何？」（〈八佾〉）故知禮非孔子思想之核心價值，乃實踐之工夫。孟子亦不強調禮；荀子以禮爲儒學之中心，蓋因其性惡論也。詳第三節之討論。

第二節　孟子爲孔學正統傳人

　　《韓非子》論「儒分爲八」云：

> 自孔子之死也，有子張之儒，有子思之儒，有顏氏之儒，有孟氏之儒，有漆雕氏之儒，有仲良氏之儒，有孫氏之儒，有樂正氏之儒。（〈顯學〉）〔註70〕

韓非子生於戰國之末，曾師事荀子，其言「儒分爲八」，自有見地；然語焉不詳，後人解讀亦異。「儒分爲八」之「分」，或謂「分裂」之意，即儒家分裂爲八派。分裂爲橫向之發展，梁啓超認爲：「自孔子死後，儒家派別不明，韓非所說儒分爲八，亦不過專指戰國初年而言。」〔註71〕即以「分裂」之理解讀之。然觀八家之名，子張爲及門弟子，與孔子同時；子思爲孔子孫，孔子猶能及見之；孟氏或即孟子，從學於子思門人；孫氏或即荀子，韓非嘗師事之。〔註72〕如以此說觀之，則知「儒分爲八」非橫向之發展，而乃縱向之流衍也。如採梁氏說，孟氏即非孟子，孫氏亦非荀子矣。孰是孰非，尚難定案。〔註73〕

　　另一新解以爲：「儒分爲八」乃孔門後學爭「正統」之結果，近人吳龍輝曰：

> 我認爲，韓非所提到的八氏，乃是孔子死後在孔門後學爭正統的鬥爭中先後湧現的以孔子眞傳自居的八大強家。〔註74〕

〔註70〕《韓非子集釋》第十九卷，頁1080。

〔註71〕語見梁啓超《儒家哲學》，頁52，上海：人民出版社，2009年。

〔註72〕《中國古代哲學史》，頁119。

〔註73〕荀子〈非十二子篇〉稱有「子張氏之賤儒」、「子夏氏之賤儒」、「子游氏之賤儒」，所謂「賤儒」，應指三氏之後學末流，非稱三氏。氏者，謂其族類也。韓非嘗師事荀子，「八派」之說，何以不列子夏氏與子游氏？令人費解。〈顯學篇〉旨在抨擊儒墨學說，孫氏如即荀子，韓非豈敢冒瀆乃師耶？

〔註74〕吳龍輝《原始儒家考述》，頁130。台北：文津出版社，1995年。該書爲吳氏1992年北京師範大學博士論文。

吳氏自署標題為「儒分為八別解」，既稱「別解」，即屬一家之言，非公論也。學術論辯，儘管主張各異，終究與政治鬥爭之本質不同。前者之目的，在於學理之辨明與主張，其精神在於淑世救世；後者之野心，在於權力或名譽之攫取與排斥，其欲念在於個人獲利。一在義，一在利；夫子嘗云：「君子喻於義，小人喻於利。」（〈里仁〉）以政治鬥爭之觀點窺測學術活動，實屬不宜，況論儒者乎？「鬥爭」一詞，更有醜化之虞；君子聞之，情何以堪？「爭正統」無異爭名，豈君子之應為者哉？君子無所爭，亦不結群黨，乃夫子之誡。弟子學成後或從政以施展抱負；或為師保以教鄉里弟子；或如夫子所謂「乘桴浮於海」，於無道亂世中隱遁不出，皆夫子之教。故愚意以為，孔門無所謂「鬥爭」或「分裂」之事。夫子死後，弟子為紀念夫子，欲以有子代之，雖事不成，亦不至於分裂。弟子各奔前程，各取所需。為政者從政，避世者隱藏，為師保者居於鄉里之間，接續夫子之教育工作。氣質各有所偏，亦各取所長而已。或有自成一家之說者，從者漸眾，於是形成學派，即韓非子之所謂「儒分為八」也。此一現象並非鬥爭或分裂之結果，乃係學術思想之自然繁衍。戰國之世，思想開放，百家爭鳴，良莠不一，亦各自發展而已。至於「八大強家」之說，亦難理解。如以橫向之分裂論視之，曾子以「孝道」見稱，著論十八篇，猶存《漢志》。其言曰：「士不可以不弘毅，任重而道遠。仁以為己任，不亦重乎？死而後已，不亦遠乎？」（〈泰伯〉）氣象恢弘，直逼乃師，何以不列入「八強」？澹臺滅明雖其貌不揚，然行不由徑，非公事不見卿大夫，於江南設教，從弟子者三百人，名施乎諸侯。夫子聞之，乃有「以貌取人」之嘆。此人亦應在「八強」之列。而八家中，子思作〈中庸〉，明載《史記》；《漆雕子》十二篇、《公孫尼子》（「孫氏」一云即公孫尼子）二十八篇，亦在《漢志》之錄，餘者並無著作傳世，何能稱「強」？如以縱向之流衍論度之，孟氏為孟子、孫氏為荀子，其書尚存，乃公認為一代儒宗。子思為孟子所祖（一云為孟子師），亦宋儒所推崇者，可在大家之列。餘五

案：王鈞林《中國儒學史‧先秦卷》據史遷所載，以為孔子死後，門人推選有若接掌孔子「師」位失敗，儒家學派因而趨向分裂。此種論述，無異以政治之觀念理解孔門弟子之心態。「君子不黨」，見於〈述而〉。〈八佾〉又載子曰：「君子無所爭。」〈子路〉亦有夫子「君子和而不同」之語，故以「鬥爭」理解有若事件，殊非妥當。見該書頁 165 至 168，廣東教育出版社，1997 年。

家之書何在？學術思想不明，生平事蹟亦無所考，何足論爲大家？故吳氏之說爲難從也。

孔子沒後，據史遷之載，弟子皆服三年心喪而去，獨子貢廬於冢上六年然後去。後又有弟子與魯人思念孔子之大德，就冢而家，百有餘室，命曰「孔里」。由此亦可佐證孔門無分裂之事，乃是自然之離散與聚合。諸儒於孔里講禮鄉飲大射，〔註75〕然未成學派，鄉里設教而已。韓非子「儒分爲八」之論，問題尚多，仍須存疑待考也。戰國之世，何人爲孔學主流？以縱向之流衍論考之，則前爲孟子，後爲荀子，亦後世學術史之公論也。而首倡孟子直承孔子者爲唐之韓愈。韓愈〈原道篇〉〔註76〕以爲孟子直承孔學，並歷述堯舜以降之傳承關係，頗具「道統」之意。勞思光亦謂，孔子之後，最重要之儒者爲孟子；於先秦階段，儒學即以孔孟爲代表，亦屬定論。勞氏以哲學史之角度，認爲：孔子創建儒學，規模已定；然其理論遺留二大問題亟待解決。從孔學內部思想言之，爲「自覺心」如何證立；從政治主張言之，爲「政權轉移」問題如何解決？〔註77〕所謂「自覺心」，即「仁」之道德價值，其根源如何成立？孔子提出「我欲仁，斯仁至矣」之命題，卻並未論證其「至矣」之由。孔子爲政之主張，首重「正名」；然當「名」不「正」時，從政者又該如何處置？孔子亦未再申論。此即勞氏所謂「政權轉移」問題。勞氏認爲，孰能解決此兩項問題，於學術思想發展上即爲該派之「主流」。其論頗有創發。然就本文立場言之，孔子之學在於「君子之道」，君子之道在於使命感之確立與完成，或在朝、或在野，均能始終如一，孰能闡揚「君子之道」，並踐履盡之，即爲孔學之主流也。孟子嘗言曰：「昔者，禹抑洪水而天下平；周公兼夷狄、驅猛獸而百姓寧；孔子成《春秋》而亂臣賊子懼。……我亦欲正人心、息邪說、距詖行、放淫辭，以承三聖者。……能言距楊墨者，聖人之徒也。」（〈滕文公下〉）自以爲直承「三聖」，肯定使命之在我，氣魄恢奇，繼孔子者，孰能逾之？二程嘗推重孟子，以爲「孟子有功於道，爲萬世之師」。〔註78〕程頤亦云：「孟子有功於聖門，不可勝言。」〔註79〕可謂推崇備至。孟子之後，

〔註75〕《史記會注考證》卷四十七〈孔子世家〉，頁764上。

〔註76〕韓愈〈原道〉篇引文已見第一章注3。

〔註77〕《新編中國哲學史》一，第三章〈孔孟與儒學〉上，頁149至151。

〔註78〕《程氏遺書》卷第五，《二程集》頁76。

〔註79〕見朱注〈孟子序說〉引。《程氏遺書》卷第十八亦有記載，惟缺一「勝」字，費解。以朱說爲長。

有荀子者，亦宗師仲尼，志傳斯文之道。然荀子主「性惡論」，與孟子「性善論」異，程頤對其學頗有微詞，謂其不知「性」，而「孟子所以獨出諸儒，以能明性也」。〔註80〕然程頤之學重格物窮理，以治經為實學，亟論君臣之道，其學似亦出於荀子者。〔註81〕荀子論學，主張始乎誦經，終乎讀禮；始乎為士，終乎為聖人，似亦孔門之遺教。然「性惡論」已失於偏，成聖之旨何能企及？故雖云源於孔門，實非孔學正統；列為旁支，尚稱允當。戰國之世，弘揚孔學，實非孟、荀莫屬，故即就此二家繼論君子之道之發展也。

一、仁政：籲邦君擴充四端

孟子之學，固以「性善論」為大宗；其「四端」之說，即勞氏所謂「自覺心」之證立問題也。前賢論述已詳，本節不擬再費其辭。孔子不言「性」，但云「性相近，習相遠」（〈陽貨〉）而已。故子貢嘗言：「夫子之言性與天道，不可得而聞也。」（〈公冶長〉）君子之道乃孔學之核心思想，能承其精神而身體力行之者，方是真儒。性善性惡之論，乃屬儒家學理範疇；然學理雖佳，不予踐履，亦不足以見儒者之真章。孟子倡「仁政」以說諸侯，「立命」而配義，並論「養氣」工夫以成其德，此三者之言行，足以繼絕學矣。春秋之末，孔子論「仁」，僅止於弟子與之問答。迨至戰國之世，君德淺薄，貪饕無恥，孟子之論「仁政」，直接訴諸王侯，勸以「王道」為心，並謂「仁者無敵」，不嗜殺人者能一之。孔子並無後世之命運觀，富貴貧賤之去就，取決以道。孟子則提「修身以俟之，所以立命也」之義理；命與道合，立君子之節。孔門極重視學習，《論語》首章即揭「學而時習」之旨；然成德之具體工夫卻未詳言，孔子亦但云「修己以敬」而已。孟子則首倡「我善養吾浩然之氣」，發前人之所未發，建立士君子應有之人格特徵。孟子之於君子之道，既承孔學餘緒，亦有所發揚，可謂有功於聖門矣。茲就上述三者逐一析論之。

〔註80〕《程氏遺書》卷第十八，《二程集》頁 204。

〔註81〕梁啓超云：「程朱學派，出於荀子。」其言見《儒家哲學》，頁 44。蔡元培比較二程異同，論述尤詳。其言曰：「明道以性即氣，而伊川則以性即理，又特嚴理氣之辨；明道主忘內外，而伊川特重寡慾；明道重自得，而伊川尚窮理。蓋明道者，粹然孟子學派；伊川者，雖亦依違孟學，而實荀子之學派也。」《中國倫理學史》，頁 123。台北：台灣商務印書館，1991 年。

案：梁、蔡二氏論伊川之學源於荀子，似非的論。本文將於第四節剖析《程傳》與荀子之淵源關係時論述之。

樊遲嘗有問仁之舉，乃師對之曰「愛人」。愛人者，愛民也。前節已論及之矣。孟子之世，諸侯爭霸，弱肉強食；西漢劉向云：其時「上無天子，下無方伯；力攻爭強，勝者為右；兵革不休，詐偽並起。」（〈戰國策敘錄〉）〔註82〕繼絕存亡之道已蕩然不復矣。諸侯務為兼併，置百姓於水火之中。孟子受業於子思之門人，學聖人之道。道既通，先後游事於梁惠王與齊宣王。〔註83〕《孟子》首篇即記與梁惠王問答之辭，孟子首推「仁政」。其載曰：

> 梁惠王曰：「晉國，天下莫強焉，叟之所知也。及寡人之身，東敗於齊，長子死焉；西喪地於秦七百里；南辱於楚。寡人恥之，願比死者一洒之。如之何則可？」

> 孟子對曰：「地方百里而可以王。王如施仁政於民，省刑罰，薄稅斂，深耕易耨；壯者以暇日修其孝悌忠信，入以事其父兄，出以事其長上，可使制梃以撻秦、楚之堅甲利兵矣。彼奪其民時，使不得耕耨以養其父母；父母凍餓，兄弟妻子離散。彼陷溺其民，王往而征之，夫誰與王敵？故曰『仁者無敵』。王請勿疑。」（〈梁惠王上〉）

梁惠王者，魏國之惠王也。魏都大梁，故時號梁王。諡「惠」，後世稱梁惠王焉。戰國之初，韓、趙、魏三家分晉。魏之開國君主文侯（斯），嘗師事子夏，以儒術治國，國大治。秦嘗欲伐魏，或曰：「魏君賢人是禮，國人稱仁，上下和合，未可圖也。」文侯由此得飲譽諸侯。〔註84〕斯生擊，是為武侯。擊生罃，即惠王也。孟子見梁惠王事，史遷繫於惠王三十五年。云：「惠王數被於軍旅，卑禮厚幣以招賢者。鄒衍、淳于髡、孟軻皆至梁。」〔註85〕趙岐注云：「孟子適梁，魏惠王禮請，孟子見之。」〔註86〕惠王見孟子，即自謂「東敗於齊」、「西喪地於秦」、「南辱於楚」；國勢日衰，已可概見。惠王欲雪前恥，

〔註82〕語見〔元〕吳師道《戰國策校注》。（《四庫全書》）

〔註83〕孟子游諸侯事，史遷謂先齊而後梁。然以《孟子》之錄觀之，首篇先梁惠王、襄王而後齊宣王，近是。孟子見梁惠王事史遷繫於三十五年，翌年惠王卒，襄王立。孟子見之，謂其「不似人君」；新君尚稚，威儀未立故也。孟子遂去，適齊。齊宣王八年而梁惠王卒，孟子見宣王，推約宣王九年以後事。江永《群經補義》認為「孟子見梁惠王，當在周慎靚王元年辛丑（西元前320）。是年為惠王後元之十五年。」江永係據《竹書紀年》惠王於三十六年有改元之說推論，故謂「後元」。閻若璩〈孟子生卒年考〉認為《竹書》失實，而採史遷之說。參焦循《孟子正義》。

〔註84〕《史記會注考證》卷四十四〈魏世家〉，頁712上。

〔註85〕同前註，頁715上。

〔註86〕《孟子注疏》卷第一上，頁9下。

乃詢孟子之方。孟子說以「施仁政於民」，並謂「仁者無敵」。孟子所謂「仁政」者，乃「省刑罰，薄稅斂」，並使民「修其孝悌忠信」。誠如是，則「可使制梃以撻秦、楚之堅甲利兵矣。」孟子之言，似近迂腐；「制梃以撻秦、楚之堅甲利兵」，尤屬無稽。然日後陳勝、吳廣揭竿起義以抗暴秦，卒令秦亡，可知孟子之論豈為荒誕者哉？後事未能前知，猶有可說；而文侯治國，暴秦不敢覬覦，國勢稱強，豈非「仁政」使然？惜惠王未思乃祖之跡，又無洞察之明，汲汲於復恥之方，而不用孟子之言，卒亡於秦。孟子曰：「不仁哉，梁惠王也。」（〈盡心下〉）實慨乎言之！

孟子去梁適齊，見齊宣王，宣王即詢以齊桓、晉文之事。齊欲霸天下之心態可知矣。孟子遂將「仁政」之籲，提高至「王天下」。其載曰：

> 齊宣王問曰：「齊桓、晉文之事，可得聞乎？」
>
> 孟子對曰：「仲尼之徒無道桓、文之事者，是以後世無傳焉，臣未之聞也。無以，則王乎？」
>
> 曰：「德何如，則可以王矣？」
>
> 曰：「保民而王，莫之能禦也。」（〈梁惠王上〉）

何謂「王」？朱注：「謂王天下之道。」「仁政」之施，廣及天下，民莫歸焉。能一統天下，故謂「王天下」也。孟子見梁惠王，但言「仁政」以施於國；雖有「地方百里而可以王」之籲，然點到即止，未作詳論。惠王卒，襄王立。遽問「天下惡乎定」，孟子對曰「定於一」。（〈梁惠王上〉）「一」者何謂？趙岐注：「孟子謂仁政為一也。」﹝註87﹞襄王未悟，乃問「孰能一之」。對曰：「不嗜殺人者能一之。」後「一」已非前「一」之意矣。不嗜殺人者，謂「仁」也。「仁」義廣泛，幼主未必能解，故孟子以「不嗜殺人」籲之。謂襄王如能施「仁政」，可得民心之歸向，統一天下即可預期。「保民而王，莫之能禦」，無異於「仁者無敵」之意，惜惠王未悟，而襄王亦不用也。

至於「保民」之具體主張，綜合《孟子》書歸納如下：

（一）貴德而尊士

> 仁則榮，不仁則辱。今惡辱而居不仁，是猶惡溼而居下也。如惡之，莫如貴德而尊士。賢者在位，能者在職。（〈公孫丑上〉）
>
> 尊賢使能，俊傑在位，則天下之士皆悅而願立於其朝矣。（〈公孫丑

﹝註87﹞《孟子注疏》卷第一下，頁21上。

上〉〉

案：此兩章籲邦君知人善任，選賢與能，猶夫子「舉直錯諸枉」之意也。

（二）使民養生喪死無憾

不違農時，穀不可勝食也；數罟不入洿池，魚鱉不可勝食也；斧斤
以時入山林，材木不可勝用也。穀與魚鱉不可勝食，材木不可勝用，
是使民養生喪死無憾也。養生喪死無憾，王道之始也。（〈梁惠王上〉）

案：此章言養民為王道之首務。養民，活之也；喪死無憾，孝也。夫子言「足
食」，有子言「孝弟」，皆為仁之本也。

（三）制民之產以安百姓

五畝之宅，樹以之桑，五十者可以衣帛矣。雞豚狗彘之畜，無失其
時，七十者可以食肉矣。百畝之田，勿奪其時，八口之家可以無飢
矣。（〈梁惠王上〉兩見）

案：此章言使民有恆產也。有恆產即能養生喪死無憾。《詩經・小雅・北山》：
「溥天之下，莫非王土。」孟子並無現代土地私有之觀念，故所謂「制民之
產」，於土地約相當於現代「土地使用權」之意；於財物則為私有也。

（四）薄稅斂，民可使富

易其田疇，薄其稅斂，民可使富也。（〈盡心上〉）

市廛而不征，法而不廛，則天下之商皆悅而願藏於其市矣。關譏而
不征，則天下之旅皆悅而願出於其路矣。耕者，助而不稅，則天下
之農皆悅而願耕於其野矣。廛無夫里之布，則天下之民皆悅而願為
之氓矣。（〈公孫丑上〉）

案：薄者，輕也。此兩章言減輕稅制，使民富裕，夫子論葉公問為政「近悅
遠來」之旨也。

（五）謹庠序之教

設為庠序學校以教之。庠者，養也；校者，教也；序者，射也。夏曰
校，殷曰序，周曰庠，學則三代共之，皆所以明人倫也。人倫明於上，
小民親於下。有王者起，必來取法，是為王者師也。（〈滕文公上〉）

謹庠序之教，申之以孝悌之義，頒白者不負戴於道路矣。（〈梁惠王
上〉）

案：此章明庠序之教，在於「明人倫」、「申孝悌」，乃孔門重德之意，非日後所謂知識教育，與荀子勸學，「始乎誦經」之論不可同日而語也。

（六）省刑罰

> 孟子語梁惠王曰：「王如施仁政於民，省刑罰，薄稅斂，深耕易耨。……」（〈梁惠王上〉）

案：省刑罰，使民安於農務，始可「深耕易耨」也。省刑罰亦愛民之義，乃夫子所許。

二、立命：君子應自設命限

孟子「立命」之說，向為治哲學史者所忽略，胡適《中國古代哲學史》固無論矣，馮友蘭、任繼愈《中國哲學史》亦未言之。勞思光略涉「立命」之解，而謂孟子「立命」說，「只涉及人對壽命問題之態度」，〔註88〕其論亦淺，未足以見孟子之大義也。牟宗三《圓善論》以「確立命限」〔註89〕一語疏之，義理即豁然開暢矣。

勞氏之所以謂孟子「立命」說「只涉及人對壽命問題之態度」，緣於對「命」義作「壽命義」理解。勞氏謂，孟子「殀壽不貳，修身以俟之，所以立命也」一語，既涉「殀壽」，則所取者似明顯為「壽命義」。勞氏又引「盡其道而死者，正命也。桎梏死者，非正命也。」一語，以證成其說。謂：

> 人必有死，但自然壽命之終結，與德性無關。人但能盡其道，則其死只表一事實。如此，則生命由始至終，無悖義理，故稱為「正命」；反之，如自身先有行為上之失德或行罪惡之事，以致於死，則是自身心意行為悖理而喪其生命，此是對自身生命之摧殘，故曰「非正命也」。

> 依此，則本節所說之「立命」及「正命」，皆只涉及人對壽命問題之態度，並未涉及某種形上學問題。

考《孟子》本文，「殀壽不貳，修身以俟之，所以立命也」及「盡其道而死者，正命也。桎梏死者，非正命也。」二語同見於〈盡心上〉，然分屬兩章；而二語之前，尚有文辭，各合成兩章。勞氏則分別截取兩章之後半，連綴而言，

〔註88〕《新編中國哲學史》一，第三章〈孔孟與儒學下〉，頁191。
〔註89〕語見牟宗三《圓善論》第二章〈心、性與天與命〉，頁130。台北：聯合報系文化基金會出版《牟宗三先生全集》第22冊，2003年。

以論其道理，有斷章取義之嫌也。今兩錄全文以見其眞章：

> 盡其心者，知其性也。知其性，則知天矣。存其心，養其性，所以
> 事天也。殀壽不貳，修身以俟之，所以立命也。（〈盡心上〉）

> 莫非命也，順受其正。是故知命者，不立乎巖牆之下。盡其道而死
> 者，正命也。桎梏死者，非正命也。（〈盡心上〉）

由全文可知，前章共分三節，「盡心」、「知性」與「知天」爲一節；「存心」、
「養性」與「事天」爲一節；「殀壽」、「修身」與「立命」又爲一節。梳其文
理：唯「盡心」方可「知性」；能「知性」方可「知天」。此節大義層層漸進，
無可越次。不能「盡心」，則無法「知性」與「知天」矣；故旨在「盡心」，
爲第一節要義。既「知天」矣，則須「存養心性」，勿使戕害，此存養工夫即
爲「事天」。第二節之要旨在「存養」。「不貳」者，趙岐注：「或殀或壽，終
無二心改易其道。」〔註90〕即一心一意之謂。不論生命長短，一心一意「修
身以俟之」。俟之，俟「殀壽」之命至也。「壽命義」之「命」，「之」字已概
括矣。「修身以俟之」即是「立命」，重點在「修身」，故「修身」爲第三節要
義。「立命」之解宜如牟氏所謂「確立命限」；即個人「命運」自決之義。此
命非「壽命」之意，而乃「命運義」之命也。壽命亦爲命運所涵攝者，以「命
運」釋之，其義較長。勞氏末察箇中微妙之轉折，而直以爲「立命」之「命」
爲壽命義，其義偏窄，故未敢認同也。至於勞氏以「正命」證成「壽命義」
之說，亦有問題。蓋由後章全文可知，首言「莫非命也」，即爲「命運」之謂，
意謂人生莫不有命運之因素。所謂「順受其正」，並非逆來順受此一命運之來
臨，無所作爲，而是「修身以俟之」也。此即爲「知命」之大義，亦即所謂
「盡其道而死也」。如此「盡其道而死」，即爲「順受其正」。「巖牆」、「桎梏」
云云，乃引申之辭，謂「知命」者，必不涉險（立乎巖牆之下）而死於非命；
亦不犯上作亂而身繫牢獄（桎梏）致死也。

「確立命限」固非形而上之問題，乃個人對「命運」處理之態度。蓋自
子夏「死生有命，富貴在天」之語出，遂啓後人論命運之風氣。墨子非命之
說，即針對此類議題而發者。子夏之語，就實情言之，雖有其部分眞實性，
卻大歪乃師學說之精神矣。殷周時代，貴族位皆世襲，生於貴族之家，即爲
貴族，故言「富貴在天」。然春秋末世，此一局面已逐漸瓦解。諸侯兼併，弱
肉強食，臣弒其君，子弒其父，貴族已可淪爲庶人；而庶人「學而優則仕」，

〔註90〕《孟子注疏》卷第十三上，頁228下。

亦能擠身貴族。「富貴在天」云云，已非夫子所願道。「死生有命」之說，爲「命定論」之濫觴，其論更屬無稽；夫子不亦云乎：「未知生，焉知死。」（〈先進〉）故子夏之言，實不足以爲有識者一哂。孟子謂：「莫之致而至者，命也。」此語雖亦肯定人生皆有命運之必然性，然其必然性與當時流行所謂「命定論」不同。子夏之命定論，富貴、死生云云，乃對物欲之求取，非反本心。如不思振作者，則隨遇而安，流於消極之人生態度，以爲一切隨緣，不可強求；縱有逐鹿之士，得之便沾沾自喜，失之則自怨自艾，患得患失，惶惶不可終日。此皆非成德之士應有之作爲也。孟子立命之論非物欲之追求，乃反本心，求仁得仁。孟子謂「求則得之，捨則失之」，即孔子「我欲仁斯仁至矣」之義。將命運消極之一面轉化爲積極之對待。世俗之名利權位，得之不足以喜，失之亦不足以憂。知所進退，唯道是從。孟子之命運觀，係認爲命運乃自然而至者，非人所招，亦無所謂「定」——尤其是「妖壽」之生命問題。命既必然，如何對待，即成爲吾人所面臨之必然抉擇。此一必然抉擇固非必有一形而上之哲理指導不可；然身爲儒者，如何對待此一必然之命，自應有其一貫之立場也。而決定此一立場之背後，亦必有一道理在。此一道理如非屬宗教性之問題，即爲「形而上」之道。〈上繫〉云：「形而上者謂之道。」（第十二章）孔子嘗言富貴、貧賤之抉擇，取之以道；不以其道，不處不去。故知孔子之抉擇背後乃爲一「形而上之道」所決定者。此道爲何？孔子繼之曰：「君子去仁，惡乎成名？」此道即爲「仁」也。孔子對富貴、貧賤之處理態度，實以仁德爲抉擇之準繩；此即爲孟子「立命」所本。孔子不言命運，故無立命之語。春秋之後，命定論流行，俗儒惑於子夏之言，故墨子非之；而孟子既自以爲直承三聖，故亦不得不申論其理，掃除妖說，確立儒者眞正之「命」義。綜觀孟子「立命」之主張，所謂「盡心」者，即日後宋儒所強調之「誠」也。「誠」爲對人對事對物之處理態度，發自內心，無可強求。此「誠」亦即孔子所謂「敬」，如「執事敬」（〈子路〉）、「修己以敬」（〈憲問〉）、「行篤敬」（〈衛靈公〉）等。誠敬實乃同義。能誠敬處世，則能體悟人之本性。「知」爲「證知」之知，徐復觀與勞思光已詳言矣。證知乃人生之體驗與感悟，一般動物無此「證知」之性。孟子所謂「性」，係異於禽獸而獨具於人者，前賢亦已論及之，不贅。能證知人之本性，則知天道矣。孟子嘗論「天」云：「莫之爲而爲者，天也。」（〈萬章上〉）此爲「自然義」之天，天之運作法則，「莫

之爲而爲」。以此法則施之於人，則是「莫所求而求」，或「合求而求，不合求而不求」，進退有據。於是，孔孟遂將「自然」之天，經證知與感悟之人生歷程，轉化爲一具有道德感之形上天矣。孔子體悟此一道理，於是有「仁德」之呼籲；孟子則發爲「性善」之論。然此「性善」乃「求則得之，捨則失之」者，故需「存養」以保其「不失」。「存養」工夫即屬修身問題也。孟子「立命」之說，乃以修身爲本，無義無命。程頤云：「唯看義當爲與不當爲，便是命在其中也。」〔註91〕唐君毅云：「孟子之立命，則承孔子之知命之義而發展。孔子之知命，在就人當其所遇之際說；而孟子之立命，則就吾人自身先期之修養上說。」〔註92〕此一精神孟子遙接孔子，下啓宋儒，可謂道統相承。孟子提出「立命」之論，已得孔學眞傳，亞聖之名，實當之無愧！

三、養氣：始創成德工夫論

孟子養氣之論，見於與公孫丑之問答。

「敢問夫子惡乎長？」

曰：「我知言，我善養吾浩然之氣。」

「敢問何謂浩然之氣？」

曰：「難言也。其爲氣也，至大至剛，以直養而無害，則塞于天地之間。其爲氣也，配義與道：無是，餒也。是集義所生者，非義襲而取之也。行有不慊於心，則餒矣。」〈公孫丑上〉

首句即公孫丑之問。公孫丑稱孟子爲「夫子」，可知爲孟子弟子。公孫丑於前節有「動心」之問，問孟子如「得行道」，是否願意仕齊，以成就霸王之業。孟子以「四十不動心」回應。〔註93〕公孫丑繼問「不動心之道」，孟子則以北宮黝與孟施舍之「養勇」爲例說明，進而提出孔子之所謂「大勇」，異於

〔註91〕《程氏遺書》卷第十七，《二程集》頁176。
〔註92〕唐君毅《中國哲學原論‧導論篇》第十六章之六，〈孟子之立命義〉，頁522。台北：學生書局。
　　　案：孔子無後世之命運觀，唐氏亦未細察，以爲「孔子之知命，乃知：一切己力之所不能改變，而爲己之所遇之境，無一能成爲吾人知志道求仁之事之限極。」唐氏所了解孔子之「知命」，仍在「命定」之界限。詳見唐著。
〔註93〕孟子嘗爲卿於齊，出弔於滕，其事見於〈公孫丑下‧第七章〉。此言「不動心」，乃指「霸王之業」，非仕齊也。孟子嘗云：「君子有三樂，而王天下不與存焉。」（〈盡心上〉）

二人。孔子之「大勇」由曾子轉述，云：

自反而不縮，雖褐寬博，吾不惴焉？自反而縮，雖千萬人吾往矣。

此語歷來各注家未見確解，姑詳析之。趙岐注：「人加惡於己，己內自省，有不義不直之心，雖敵人被褐寬博一夫，不當輕驚懼之也。自省有義，雖敵家千萬人，我直往突之。言義之強也。」〔註94〕朱熹於此節未採趙說，但亦不見詳注。乃孔門「知之爲知之，不知爲不知」（〈爲政〉）之義乎？清儒焦循《孟子正義》曰：「《釋文》云：『縮，直也。』《廣雅·釋詁》云：『直，義也。』縮之爲義，猶縮之爲直。」〔註95〕亦未明示縮何以訓「直」？「直」何以訓「義」？考《說文》：「縮，亂也。」段注曰：「《風俗文》云：『物不申曰縮。』不申則亂，故曰亂也。不申者，申之則直。《禮記》『古者冠縮縫』、《孟子》『自反而縮』，皆謂直也。亂者，治之。《詩》曰：『縮版以載。』《爾雅》、《毛傳》皆曰『繩之謂之縮之』。治縮曰縮，猶治亂曰亂也。」〔註96〕縮，爲「不申」，是其本義，引申爲「亂」。亂則治之使「直」，故亂有「治」與「直」二義。〈泰伯〉載武王之言曰：「予有亂臣十人。」朱注引馬氏曰：「亂，治也。」治道必直，豈有不直而能治者哉？故直亦有「義」存焉。趙注訓縮爲義爲直，是也；惟「褐寬博」指「敵人」，則誤矣。「褐」，趙注「衣褐」云：「貧也。」〔註97〕朱注亦曰：「賤者之服也。」「褐」既爲貧賤者之衣，則非趙氏所謂「敵人」之意。「寬博」，褐衣寬大之貌。「褐寬博」者，止謂貧賤之人而已。「不惴」之「不」字，焦循《正義》引閻若璩《釋地三續》云：「豈不也。」又引王引之《經傳釋詞》云：「語詞。不惴，惴也。」〔註98〕案：二氏忽略「焉」字之義，以意臆「不」字之意，皆未確也。「吾不惴焉」實乃「吾焉不惴」之倒裝。《經傳釋詞》釋「焉」云：「《廣雅》曰：『焉，安也。』《論語·子路篇》皇侃疏曰：『焉，猶何也。』」〔註99〕故「吾不惴焉」，即「吾安能不惴」之意。全句意謂：自省有不義不直之事，雖見貧賤之匹夫，亦不能無懼焉。反之，自省爲既義且直之事，雖有千萬人之阻

〔註94〕《孟子注疏》卷第三上，〈公孫丑章句上〉，頁 54 下。

〔註95〕〔清〕焦循《孟子正義》卷六，頁 193。北京：中華書局，2007 年。

〔註96〕《說文解字注》第二十五卷，頁 653 上。

〔註97〕《孟子注疏》卷第五下〈滕文公章句上〉，頁 97 上。

〔註98〕同註 95。

〔註99〕〔清〕王引之《經傳釋詞》弟二，頁 12。《皇清經解》卷一千二百零九。台北：鼎文書局重印《經義述聞等三種》，1973 年。

擾，吾亦無懼而往矣。趙注：「言義之強也。」正是此意。

此語言義之強，公孫丑未悟，續問告子與孟子之「不動心」異同，孟子即斥告子之謬。告子嘗曰：「不得於言，勿求於心；不得於心，勿求於氣。」孟子則論曰：

> 不得於心，勿求於氣，可；不得於言，勿求於心；不可。

孟子同意告子「不得於心，勿求於氣」之說，卻以「不得於言，勿求於心」為非。此亦即為孟、告之異同。何以「不得於言，勿求於心」不可？孟子續道：

> 夫志，氣之帥也；氣，體之充也。夫志至焉，氣次焉。故曰：持其志，無暴其氣。

此非回答「不可」之理由，乃釋「志」、「氣」之關係。孟子認為，「氣」乃統帥於「志」者，而「氣」則充於體內；「志」至則「氣」至，二者本為一體。「氣次」之「次」。趙注：「志為至要之本，氣為其次。」釋「次」為主次之次。焦循《正義》引清儒毛奇齡《逸講箋》曰：「此『次』字，如《毛詩傳》『主人入次』、《周禮》『宮正掌次』之次，言舍止也。」〔註100〕「氣」為「志」所控制，守志則氣止於志；故「持其志」，「氣」即不「暴」矣。趙注：「暴，亂也。」公孫丑不解，又續問曰：「既曰『志至焉，氣次焉』，又曰『持其志，無暴其氣』，何也？」孟子續答：

> 志壹則動氣；氣壹則動志也。今夫蹶者、趨者，是氣也，而反動其心。

「壹」，趙注：「志氣閉而為壹也。」以「閉」訓「壹」。焦循《正義》：「趙氏讀壹為噎。《說文》口部云：『噎，飯窒也。』」然焦循又引《說文》云：「壹，專壹也。」並謂：「持其志使專壹而不貳，是為志壹。守其氣使專壹而不貳，是為氣壹。」〔註101〕焦循不取趙注。案注疏之例，疏不駁注，注不駁經。今焦循駁注，已違其例矣。然其撥「誤」反「正」，方足洽「正義」之名。焦循氣魄，由此可見。「壹」為「專壹」之意，焦解與朱注同。志專一，能驅使氣動；氣專一，亦能驅使志動。志若動，則志不能一矣。故孟子認同「不得於心，勿求於氣」。志者，心之至也。孟子於此實言「立志」之重要。明儒王陽

〔註100〕《孟子正義》卷六，頁196。《正義》謂，毛氏之說陳組綬《近聖居燃犀解》已言之。云：「氣次之次是次舍之次。至如行，次如止。」頁198。然陳氏無所據，毛氏則引《毛詩傳》與《周禮》證之，又有進矣。

〔註101〕同前注，頁197至198。

明曰：「志不立，如無舵之舟，無銜之馬。」〔註102〕此之謂也。故求氣不如立志。孟子續論「蹶者」、「趨者」，乃「氣」所使，非「志」所使。案：《國語‧越語下》第二十一載范蠡之言曰：「蹶而趨之。」晉之韋昭注曰：「蹶，走也。」〔註103〕考范蠡之意，如民氣可用，自會爭相效勞。故孟子「蹶者」、「趨者」，即謂此類爭相效勞之人也。又《荀子‧儒效》云：「遠者竭蹶而趨之。」楊倞注：「竭蹶，顛倒也。遠者顛倒趨之，如不及然。」〔註104〕「顛倒」，言其急也。百姓本無定志，一鼓作氣而已，氣散則餒矣。

公孫丑似尚未悟「立志」之重要，仍追問「氣」之如何「長」。孟子遂有「我善養吾浩然之氣」之論。「至大至剛」，言「浩然之氣」極大極強，「塞于天地之間」。如何「長」此「浩然之氣」？「以直」也；「配義與道」也。無「義與道」，氣不能充，「則餒矣」。何謂「直」？即前節所論「直道而行，不畏死生」之「直道」。人生之畏，莫大於死；死尚不畏，他事又何以懼之哉？然「直」需「配義與道」，否則「直」義歧出，即陷於葉公「子證父攘羊」之事。此非孔孟所謂「直」也。孟子所謂「道」者何？即「仁」也。孟子曰：「仁也者，人也。合而言之，道也。」（〈盡心下〉）故「配義與道」，即「配義與仁」之謂也。〔南宋〕文天祥云：「孔曰成仁，孟云取義。唯其義盡，所以仁至。」亦此之謂也。〔註105〕

王子墊問：「士何事？」孟子曰：「尚志。」曰：「何謂尚志？」曰：「仁義而已矣。殺一無罪，非仁也；非其有而取之，非義也。居惡在？仁是也。路惡在？義是也。居仁由義，大人之事備矣。」（〈盡心上〉）士者，居仁由義而已矣。居仁由義，即存心養性之工夫；直道而行，其氣則充塞於天地之間，至大至剛。誠如是，雖千萬人，又何懼哉？孟子私淑孔子，謂五百餘歲而有聖人出；孟子去聖未遠，又近其居，自云「無有乎爾」（〈盡心下〉），願從孔子後，希聖之意至顯也。其大人之事，即成就君子之道，實不愧爲孔學傳人。然值得注意者，君子一語，已轉稱成德之士，非孔子時兼備之義矣。孟子籲邦君行王政，謂四十不動心，君子之樂王天下不與焉，王霸之道取決於一人，

〔註102〕語見王守仁〈教條示龍場驛諸生‧立志〉。《王文成全書》卷二十六。（《四庫全書》）

〔註103〕徐元誥《國語集解》，頁584。王樹民、沈長雲點校，北京：中華書局，2008年。

〔註104〕《荀子注》卷第四。

〔註105〕語見文天祥《文山集》卷二十一，〈紀年錄〉。（《四庫全書》）

似謂人臣已無能為也矣。茲圖示孟子之核心思想如下：

觀是圖，知孟子籲邦君行王政，已無孔子勉弟子仁、知、勇之說矣。君子有三樂，王天下不與焉。君子一詞，已專指成德之士。由仁義行，修身以俟之，確立命限之價值，為孟子之核心思想也。

第三節　荀子學理歧出於孔門

荀學於儒門為歧出，乃勞思光之創說。勞氏云：「就荀子之學未能順孟子之路以擴大重德哲學而言，是為儒學之歧途。」〔註106〕荀子不辨孟子心性論之本義，見其〈性惡篇〉可知也。荀子既不以思、孟為宗，否可其說，尚能理解；然其獨宗儒學，屢言以仲尼為師，以周公、孔子為大儒之效，卻認為人性本惡，以誦經為治學之始，以禮義為化性之道，則大歪孔子本意矣。孔子之後，儒學多門，各有所偏，儒學應以孔學為圭臬，故愚意以為，與其謂荀學「為儒學之歧途」，無寧說為歧出於孔門也。然其刻刻以平治為念，勸人為學，期勉而至聖人，謹遵禮法，亦聖門君子之學也。

孟子之後，荀子為先秦儒學之壓軸，雖為公論，然荀子作〈非十二子篇〉，赫然見子思、孟子在列；並毀子張、子夏、子游之後學為「賤儒」，不得不令人側目。其言曰：

> 略法先王而不知其統，猶然而材劇志大，聞見雜博。案往舊造說，謂之五行，其僻違而無類，幽隱而無說，閉約而無解。案飾其辭，而祇敬之曰：此真先君子之言也。子思倡之，孟軻和之。世俗之溝

〔註106〕《新編中國哲學史》一，第六章〈荀子與儒學之歧途〉，頁316。

猶瞀儒嚾嚾然不知其所非也，遂受而傳之，以爲仲尼、子游爲兹厚
於後世。是則子思、孟軻之罪也。……

弟佗其冠，神禫其辭，禹行而舜趨：是子張氏之賤儒也。正其衣冠，
齊其顏色，嗛然而終日不言：是子夏氏之賤儒也。偷儒憚事，無廉
恥而耆飲食，必曰君子固不用力：是子游氏之賤儒也。

王先謙《荀子集解》引盧文弨曰：「《韓詩外傳》止十子，無子思、孟子。此
乃并非之，疑出韓非、李斯所坿益。」〔註107〕文弨，清中葉人也，其論非自
創，乃襲取宋儒王應麟之見。王氏《困學紀聞》卷十云：「荀卿〈非十二子〉，
《韓詩外傳》四引之，止云十子，而無子思、孟子。愚謂荀卿非子思、孟子，
蓋其門人如韓非、李斯之流託其師說以毀聖賢，當以《韓詩》爲正。」〔註108〕
荀子雖言「性惡」與孟子異，然其重先王之法，崇禮重義，謂聖人可學而至，
與孟子同調，非反孟者也。孟子曰：「行一不義、殺一不辜而得天下，皆不爲
也。」（〈公孫丑上〉）荀子亦云：「行一不義，殺一無罪而得天下，不爲也。」
（〈儒效篇〉）兩語相較，後者儼然孟子之遺。又細讀〈非十二子篇〉論思、
孟之詞，如「僻違而無類，幽隱而無說，閉約而無解」，皆嫌空泛，不知所指。
如「五行」之說，思、孟未嘗言，又何以說「倡之」、「和之」？何謂「五行」？
楊倞注曰：「仁、義、禮、智、信是也。」〔註109〕此亦儒門之大義，理應爲荀

〔註107〕《荀子集解》卷第三，頁89。
〔註108〕《荀子集解》，王先謙〈考證上〉，頁8。
〔註109〕《荀子集解》卷第三，頁94。
又案梁啓雄：《荀子柬釋》云：「伯兄（梁啓超）曰：此文謂子思、孟軻『案
往舊造說，謂之五行』。今子思書雖佚，然孟子書則實無五行之說。楊注謂：
『五行即五常，仁義禮智信』，然果屬五常，似不能謂爲『僻違無類，幽隱無
說，閉約無解』。故此數語終不甚可曉。」五行於《尚書》爲金、木、水、火、
土。鄭玄注〈中庸〉云：「木神則仁，金神則義，火神則禮，水神則信，土神
則知。」以五行配五常，是鄭氏之說，章太炎引此條謂爲子思之言，並謂「子
思始善傅會」。似以馮京作馬涼也。說見孫廣德：《先秦兩漢陰陽五行說的政
治思想・第一章》，頁21至22。臺北：嘉新水泥公司文化基金會，1969年。
（政治大學政研所博士論文）
又：譚戒甫〈思、孟五行考〉云：「子思五行無從考見，即《孟子》書在亦無
此等名目。」卻按〈中庸〉「天下之達道五，所以行之者三」一語，以
爲「五行」即「達道五」與「行之」之結合簡稱。所謂「達道五」者：
君臣、父子、夫婦、昆弟、朋友也；「三」爲「三達德」：知、仁、勇。
此即荀子所謂「案往舊造說」。譚氏說見顧頡剛主編之《古史辨》第五
冊《漢代學術》。
又：近人龐樸根據1973年出土之馬王堆帛書，認爲五行指仁、義、禮、智、

子所重，何以非之？徐復觀疑荀子性惡論並無與孟子針鋒相對之辯，似未讀《孟子》全書者，口耳傳聞，故生誤解。〔註110〕兩造之見各憑理推，亦各有見地，皆可存考；然尚難定論，亦無法定論也。荀學主性惡論，遂有化性起偽之說；治國之道，則主禮治；而其法後王之旨至今尚無確解；論君臣之道，影響日後中國政治思想至鉅，亦不得不論。君子之道發展至荀子，又別樹一番氣象矣。茲逐一論析如下：

一、性惡論：與孟子論性善之異同

孟子主「性善」，荀子主「性惡」，韓愈謂荀「大醇小疵」，〔註111〕後世攻者尤眾。殊不知孟子之後，諸侯貪競，尤烈於前；求才欲霸，禮義缺焉；策士蜂起，逐鹿者眾，政治與學術環境已非孟子時代之非楊即墨矣。人性下流，唯利是圖，性善論已無法振衰起弊，故荀子不得不爲激憤之言也。王先謙嘗慨乎言之曰：

> 余謂性惡之說，非荀子本意也。其言曰：「直木不待檃栝而直者，其性直也；枸木必待檃栝、烝矯然後直者，以其性不直也。今人性惡，必待聖王之治，禮義之化，然後皆出於治，合於善也。」夫使荀子而不知人性有善惡，則不知本性有枸直矣。然而其言如此，豈眞不知性邪？余因以悲荀子遭世大亂，民胥泯棼，感激而出此也。〔註112〕

案王氏所引荀子之言，見於〈性惡篇〉。「直木不待檃栝而直者，其性直也」，無異已肯定「性善」之可能。同篇亦云：「夫人雖有性質美而心辯知，必將求賢師而事之，擇良友而友之。」亦何嘗否定性善之存在也。故知荀子之言「性惡」，實爲不得不已者。荀子曰：

　　　　聖。說見《文物》1997 年第 10 期〈馬王堆帛書解開了思孟五行說之謎〉一文。

　　案：楊注未必正確；譚說頗有創意；龐考乃二重證據，理應可信，然考其內容，亦儒門大義，荀子何以非之？「不知統類」尚能索解，「幽隱而無說，閉約而無解」卻不可曉也。

〔註110〕見徐復觀《中國人性論史・先秦篇》第八章，頁 237。
〔註111〕韓愈云：「考其（荀子書）辭，時若不粹，要其歸，與孔子異者鮮矣。抑猶在軻、雄（揚雄）之間乎？……孟氏醇乎醇者也，荀與揚大醇而小疵。」（《韓昌黎集・讀荀》）
〔註112〕《荀子集解》，王先謙〈序〉，頁 1。

> 爲説者曰：「孫卿不及孔子。」〔註 113〕是不然。孫卿迫於亂世，鰌
> 於嚴刑，上無賢主，下遇暴秦，禮義不行，教化不成，仁者絀約，
> 天下冥冥，行全刺之，諸侯大傾。當是時也，知者不得慮，能者不
> 得治，賢者不得使，故君上蔽而無睹，賢人距而不受。然則孫卿懷
> 將聖之心，蒙佯狂之色，視天下以愚。（〈堯問篇〉）

司馬遷亦謂其：

> 疾濁世之政，亡國亂君相屬，不遂大道而營於巫祝，信機祥。鄙儒
> 小拘。如莊周等又猾稽亂俗。〔註 114〕

史筆豈隨意起舞者哉！孟子之世，學風猶純；迨及荀子，世亂越甚，故「感
激而出此也」。世亂何以致之？「今人性惡」也。荀子屢言「今人性惡」，抨
擊當時人欲橫流，不復大道，亟思振衰起弊之良方也。其憤世嫉俗，汲汲於
治，亦可概見之矣。環境既異，立論便歧，然淑世之道則與孟子同。茲扼述
二人性善惡論內容之異同，以見荀子之謬。

　　孟子道性善，前賢抉發已多，不詳贅。要言之，孟子以「四端」論性善，
即所謂惻隱之心，仁也；羞惡之心，義也；恭敬之心，禮也；是非之心，智
也。此四端之心乃吾人所固有，故言性善也。孟子即心言性，〔註 115〕非論性
之全部，乃就四端而發。孟子嘗謂：「求則得之，舍則失之。」吾人雖固有此
四端之心，但並不保證必能行善，捨之則失也。失之，則易流於惡矣。荀子
之性論，如「飢而欲飽，寒而欲煖，勞而欲休」；如「目好色，耳好聲，口好
味，心好利，骨體膚理好愉佚」（〈性惡篇〉），皆明指人類之本能與情欲，非
孟子所謂四端之心也。可知荀批孟說，非針鋒相對之辯，焦點並無交集，而
各有所指。因之，兩造之「性」觀不能等同視之。而人類之本能與情欲，荀

〔註 113〕楊倞注：「自『爲説者』已下，荀卿弟子之辭。」然荀子尚稱孔子爲仲尼，弟
　　　　子何敢直稱乃師之名諱？一疑也。〈議兵篇〉屢稱「孫卿子」，多一「子」字，
　　　　明顯爲弟子記錄，何以與〈儒效篇〉、〈彊國篇〉、〈堯問篇〉之稱異？二疑也。
　　　　或謂夫子自道之辭，亦未爲不可。蓋可推想荀子憤世嫉俗之情。（《荀子注》
　　　　卷二十）

〔註 114〕《史記會注考證》卷七十四〈孟子荀卿列傳〉，頁 946 下。

〔註 115〕唐君毅《中國哲學原論・原性篇》第一章謂：「所謂即心言性善，乃就心之直
　　　　接感應，以指證此心之性之善。此謂心之直接感應，乃不同彼自然的生物本
　　　　能、或今所謂生理上之需要衝動之反應者。簡言之，即與自然生命之要求不
　　　　同者。」頁 20。徐復觀亦謂「孟子由心善以言性善。」《中國人性論史・先
　　　　秦篇》，頁 174。

子亦非謂其必惡而滅絕之者，遂有「養欲」、「節欲」之說，與孟子「養心莫善於寡欲」（〈盡心下〉）大異其趣。所以謂其惡者，「順是」而已。其言曰：

> 今人之性，有生而好利焉，順是，故爭奪生而辭讓亡焉；生而有疾惡焉，順是，故殘賊生而忠信亡焉；生而有耳目之欲，有好聲色焉，順是，故淫亂生而禮義文理亡焉。然則從人之性，順人之情，必出於爭奪，合於犯分亂理而歸於暴。（〈性惡篇〉）

王先謙云：「《論語・八佾篇・集解》：從，讀曰縱。」〔註116〕縱，即放縱之意。放縱情性，必致爭奪，必爲暴亂矣。故性惡之說，乃針對順從性情而不加節制言之，非通論也。荀子論善惡之定義云：「凡古今天下之所謂善者，正理平治也；所謂惡者，偏險悖亂也。是善惡之分也已。」（〈性惡篇〉）由是觀之，荀子以天下治亂爲善惡之準繩，治則善，亂則惡，非眞論性惡者也。治亂乃行爲之結果，非全由本性使然；以結果論反推性惡，猶以偏概全，其謬可知。《四庫》館臣謂其「主持太甚，詞義或至於過當」；〔註117〕徐復觀以爲荀子之性惡論，其理據皆不能成立；皆爲確論。〔註118〕孟子由人之四端而論性善，荀子則以世之治亂而論性惡；前者求擴充，籲邦君行仁政；後者求化性，勉學者至聖人。〔註119〕論點不同，而所歸者一：亦所以成就君子之道也。

二、化性起僞：以禮養人欲、平天下

荀子論性，以爲「凡性者，天之就也；不可學，不可事。」（〈性惡篇〉）知其就人類自然生命之需求言性，故孔、孟道德自覺之論述，皆所缺焉。孔子云：「我欲仁，斯仁至矣。」孟子曰：「求則得之，舍則失之。」皆內省於心而得者。荀子倡性惡，不從內省工夫論仁德；雖亦倡禮義，卻無孟子四端之心。〔註120〕孟子言「人皆可以爲堯舜」（〈告子下〉），荀子亦謂「塗之人可

〔註116〕 《荀子集解》卷第十七，頁434。徐復觀認爲不必改字爲訓，從者順也，「從人之性，順人之情」，即順從人之性情。見徐著《中國人性論史・先秦篇》頁261。
〔註117〕 《四庫全書總目》，引文轉錄自《集解》〈考證〉上，頁10。
〔註118〕 《中國人性論史・先秦篇》，頁238。
〔註119〕 孟子云：「凡有四端於我者，知皆擴而充之矣。」（〈公孫丑上〉）荀子云：「性也者，吾所不能爲也，然而可化也」（〈儒效篇〉）
〔註120〕 〈修身篇〉云：「見善，修然必以自存也；見不善，愀然必以自省也。」荀子似亦有內省於心之論述，然其對「心」之認知僅在於能思辨，見善與不善乃

以爲禹」（〈性惡篇〉），然則何以至之？孟子訴諸仁德，內求於己，孝弟而已；荀子則訴諸爲學，外求於經，勉爲士君子，而達聖人之境。其言曰：

> 學惡乎始？惡乎終？曰：其數則始乎誦經，終乎讀禮；其義則始乎爲士，終乎爲聖人。（〈勸學篇〉）。

遂有「化性起僞」之說，認爲「凡禮義者，是生於聖人之僞」，「其善者僞也」。「僞」者何謂？荀子云：

> 不可學，不可事而在人者，謂之性；可學而能，可事而成之在人者，謂之僞。是性、僞之分也。（〈性惡篇〉）

楊倞注：「不可學，不可事，謂不學而能，不事而成也。」〔註121〕人之可學，可事而成者，謂之「僞」。此「僞」非眞僞之僞，乃人之作爲之意。善起於僞，即善起於人之作爲。荀子又云：

> 性也者，吾所不能爲也，然而可化也。（〈儒效篇〉）

> 古者，聖王以人之性惡，以爲偏險而不正，悖亂而不治，是以爲之起禮義、制法度，以矯飾人之情性而正之，以擾化人之情性而導之也。始皆出於治、合於道者也。今人之化師法、積文學、道禮義者爲君子；縱性情、安恣睢而違禮義者爲小人。（〈性惡篇〉）

又云：

> 禮起於何也？曰：人生而有欲，欲而不得，則不能無求。求而無度量分界，則不能不爭；爭則亂，亂則窮。先王惡其亂也，故制禮義以分之，以養人之欲，給人之求。使欲必不窮於物，物必不屈於欲。兩者相持而長，是禮之所起也。故禮者，養也。（〈禮論篇〉）

荀子認爲禮起於「先王」（或稱「聖王」）之制作。然則「先王」何以制禮（或「禮義」連稱，其義一也）？因「惡其亂也。」「偏險而不正，悖亂而不治」從何而來？由人生之欲求「無度量分界」也。故「先王」制「禮」，目的在於治亂。治亂之道，在於「養人之欲」，「化人之情性」，使之有「度量分界」；滿足其欲求，導之爲「君子」。故欲求與禮「相持而長」，即禮之所由起也。「先王」擬以「禮義」節制人之性情，使之趨善。此即荀子「化性起僞」之說。

思辨之結果，雖發自內省，卻點到即止。故荀子之論「心」，爲一認知之心，與孔、孟道德之心異。孟子之四端說有「是非之心」，即荀子之「認知心」也，唯荀子不從性之善端立說而已。

〔註121〕《荀子注》卷第十七。

由是言之，荀子實乃關心治道者，欲以「禮治」而養人欲、平天下也。使天下平，豈非孔、孟之遺志歟？荀子又云：

> 君子既得其養，又好其別。曷謂別？貴賤有等，長幼有差，貧富輕重皆有稱者也。

此言禮之另一功能，在於別貴賤長幼，使之各有等差。既有等差，則能節度之矣。各稱其分，不必窮於物欲，以達至社會正理平治之目的。荀子所謂「禮」，已非往昔孔、孟所見之內容矣；範圍擴大，上自治國安邦，下至個人修身，無不涵攝。荀子又云：

> 凡禮，始乎梲，成乎文，終乎悅校。故至備，情文俱盡；其次，情文代勝；其下，復情以歸大一也。天地以合，日月以明，四時以序，星辰以行，江河以流，萬物以昌；好惡以節，喜怒以當。以爲下則順，以爲上則明；萬變不亂，貳之則喪也。禮豈不至矣哉！立隆以爲極，而天下莫之能損益也。本末相順，終始相應；至文以有別，至察以有說。天下從之者治，不從者亂；從之者安，不從者危；從之者存，不從者亡。小人不能測也。（〈禮論篇〉）

觀此數語，即知天地之道、君臣之道、治國之道、修身之道，無不涵蓋矣。荀子之「天論」，學者多謂其乃「自然」之天；然此節之論，則頗具形上意味。荀子嘗曰：「君子大心則天而道。」（〈不苟篇〉）「則天」，即法天，亦形上之天也。楊倞注：「《韓詩外傳》四作『即敬天而道』。」〔註122〕觀下文「畏義而節」，對仗爲文，故應以《外傳》爲是。然「敬天」亦具形上之意，否則何敬何畏？荀子又云：「禮有三本：天地者，生之本也；祖先者，類之本也；君師者，治之本也。無天地惡生？無祖先惡出？無君師惡治？三者偏亡，焉無安人。故禮，上事天，下事地，尊祖先，而隆君師。是禮之三本也。」（〈禮論〉）〔註123〕禮既以天爲本，從而事之，非形上何？〔註124〕敬天法祖，乃中國民族文化，孔子敬鬼神而遠之，遂創儒家本色，其天道觀乃自然、宗教之義兩兼之；荀子亦兩兼

〔註122〕《荀子注》卷二。

〔註123〕案：「三者偏亡，焉無安人」一語，沈嘯寰、王星賢點校之《荀子集解》作「三者偏亡焉，無安人」。梁啓雄：《荀子柬釋》引王引之《經傳釋詞》云：「焉，猶則也。」四字一語，較符合古文語法，故從梁氏句逗。說見該書頁 260。台北：台灣商務印書館，1965 年。

〔註124〕天有三義：宗教之天、自然之天與形上之天。荀子既以自然義視天，則天不可能爲宗教性。然其又謂禮出於天，繼而事天，則明顯又趨向形上義也。

自然與形上，但無道德之自覺而已。一本於禮，「貳之則喪也。禮豈不至矣哉！」

三、禮治與隆君師新解

　　荀子極重禮，勸人為學，謂「始乎誦經，終乎讀禮」，「始乎為士，終乎為聖人」；以禮為學之終極，以聖人為行之終極也。程頤嘗釋〈履〉卦曰：「履，禮也；禮，人之所履也。」〔註125〕荀子不言「履」而言「行」。曰：「先王之道，仁之隆也，比中而行之。曷謂中？曰：禮義是也。道者，非天之道，非地之道，人之所以道也，君子之所道也。」（〈儒效篇〉）禮義以「治」為目的，不行，則禮義無所用，故「學至於行之而止矣」，即明「行」之重要。行之與否，乃治亂之關鍵也。荀子言「中」，即禮義之謂。先王定禮義、立法度，建立行為規範，成為客觀標準，依此而行，是之謂中；違之則非中矣。

　　荀子既以禮義為「中」，即禮義為其核心價值之所在矣。荀子以行「禮」為「義」，故「禮義」實為一同義複詞。禮義，亦禮也。孔子云：「人而不仁，如禮何？」荀子之論與孔學大異其趣，由此可見。禮乃政治之形式，藉以維護貴族政治之秩序，人民生活之安定，固亦素為孔子所重。春秋之世已禮壞樂崩，孔子生逢其時，亟思衰蔽之由，作根源性之反省，欲為周文尋求一普遍之價值依據，遂有「仁德」之體認。孟子承其餘緒，發揚性善以繼其宗。戰國末期，世亂尤甚，荀子目睹諸侯傾覆，禮義不行，教化不成，遂以性惡之論期能震聾發瞶，繼之以禮治為其核心訴求，呼籲王侯以禮治國，否之必亡。吾人細讀〈儒效〉、〈禮論〉二篇，發現荀子所論，實有針對性者，而其所針對之人物，乃當今之諸侯也。欲釐清此一問題，須先明「禮三本」中「隆君師」之義。「隆君師」楊倞、王先謙皆無注，獨梁啟雄注曰：

　　　　師，亦君也。說詳《集解・儒效》頁五。

再考〈儒效篇〉《集解》「人師」曰：

　　　　師，長也。言儒者之功如此，故可以為人之師長也。……郝懿行曰：
　　　　「師者，眾也。言合四海若一家，成為大眾，謂眾所歸往也。〈王制
　　　　篇〉及〈議兵篇〉義亦同。《爾雅》：『師，人也。』此言『人師』，
　　　　其義則一。注云：『師，長。』非也。」先謙案：「如郝說，夫是之
　　　　謂人眾，不詞甚矣。師長之義甚古，長，亦君也。《周語》『古之長
　　　　民者』，韋注：『長，猶君也。』《廣雅・釋詁》：『長，君也。』人師，

〔註125〕《易程傳集校》卷第一，頁46。

猶言人君矣。〈王制篇〉、〈議兵篇〉語意大同，楊注並訓『師，長』。
又〈王制篇〉云：『上無君師。』〈正論篇〉云：『海內之民，莫不願
得以爲君師。』又云：『然則是誅民之父母，而師民之怨賊也。』〈禮
論篇〉云：『尊先祖而隆君師。』皆作君長解。若如郝說，豈可通乎？」
先謙之意，同楊否郝，以爲師，長也；長，君也。視「君師」爲一同義複詞。
「人師」猶言人君，則「君師」亦爲人君之意矣。惟荀子嘗言：「有亂君，無
亂國。」（〈君道篇〉）又云：「君者，民之原也。原清則流清，原濁則流濁。」
〈君道篇〉君爲天下治亂之主，「亂」既可能由「君」而出，正理平治之求，
殷切如荀子者，又豈能一概以「君」爲師耶？如先謙說，不通也可知矣。又
見於〈臣道篇〉，「君」有聖君、中君、暴君之別；亂君猶暴君也。世俗論「桀
紂有天下，湯武篡而奪之」，荀子斥之曰：

> 湯武非取天下也，脩其道，行其義，興天下之同利，除天下之同害，
> 而天下歸之也。桀紂非去天下也，反禹湯之德，亂禮義之分，禽獸
> 之行，積其凶，全其惡，而天下去之也。天下歸之之謂王，天下去
> 之之謂亡。故桀紂無天下，而湯武不弒君，由此之效也。（〈正論篇〉）

故亂君不得爲君師，由此可知之矣。荀子又云：

> 天下者，至重也，非至彊莫之能任；至大也，非至辨莫之能分；至
> 眾也，非至明莫之能和。此三至者，非聖人莫之能盡。故非聖人莫
> 之能王。（同前篇）

聖人而爲聖王，天下歸之如湯武者，君師之名固可當之無愧。然荀子之世，
聖王已無，又從何而師之也？故「君師」之意，荀子似若有所指。以愚觀之，
所謂君師者，國君之師也。禮之三本，其「隆君師」者，籲諸侯尊隆國君之
師也。荀子既論以「今人性惡」，諸侯行霸道，弱肉強食，必亦在「性惡」之
列，何以再出聖人？化其性，勸學而爲君子，終乎而爲聖人也。誰能化之？
文王之後，唯周公、孔子而已。秦昭王謂「儒無益於人之國」，荀子答曰：

> 儒者法先王，隆禮義，謹乎臣子而致貴其上者也。……在人下，則
> 社稷之臣，國君之寶也。……其爲人上也，廣大矣！志意定乎內，
> 禮節脩乎朝，法則度量正乎官，忠信愛利形乎下。行一不義，殺一
> 無罪而得天下，不爲也。此君義信乎人矣，通於四海，則天下應之
> 如讙。……四海之內若一家，通達之屬，莫不服從。夫是之謂人師。
> （〈儒效篇〉）

王先謙以「君」義釋「師」，無睹乎問者爲秦昭王也。荀子豈敢造次，以儒者凌越昭王之權位，而無所顧忌乎？大儒之效，周公、孔子也。儒者以輔助人君治理天下爲職志，無篡奪之心，斥霸道之政，希聖之言猶不敢，豈欲自許爲聖王乎？故知君師之意，實指國君之師也。史遷謂荀子於齊襄王時，最爲老師，三爲祭酒焉，儼然國師矣。後因讒而廢，乃去齊適楚，老死蘭陵。荀子嘗自比孔子，以爲聖人，〔註126〕其隆君師之籲，豈非夫子自道者耶？

四、法後王新解：法周公與孔子

既明隆君師之意，再析法後王之旨。

荀子有法後王之籲，又有尊君之論，於是學者認爲荀子乃「君本主義」者〔註127〕，愚以爲差矣。蓋實未明「後王」之旨，未審全象之形，斷章取義，而有以至斯也。

法後王之籲，非否定先王也。荀子云：「先王之道，仁之隆也。……法先王，統禮義，一制度。」（〈儒效篇〉）又云：「先王之道，忠臣、孝子之極也。」（〈禮論篇〉）又云：「凡言不合先王，不順禮義，謂之姦言。」（〈非相篇〉）由是知之，荀子乃以先王爲重。然何以又不法之而籲法後王也？曰：「詳、略之故也。」荀子云：

> 五帝之外無傳人，非無賢人也，久故也。五帝之中無傳政，非無善政也，久故也。禹湯有傳政，而不若周之察也；非無善政，久故也。
>
> 傳者久則論略，近則論詳。略則舉大，詳則舉小。（〈非相篇〉）

久則略，故只能舉其大要；近則詳，大小無遺，皆可周察，禹湯不若周也。職是之故，故法後王者，非不法先王也。荀子既云「先王之道，仁之隆」，復云「比中而行之。曷謂中？曰：禮義是也。」此即明先王以禮義爲仁、行之爲貴之要義，即所謂「略則舉大」。後王乃承先王而來，道統相承，故亦必備此禮義之質，行之之實。後王既承道統，詳略無遺，故可以法之而不偏。荀子非子思、孟子「略法先王而不知其統」，即謂其有所偏失，不知法後王之周全也。或謂後王即周，〔註128〕蓋因周郁郁乎文，詳矣備矣！試觀孔子

〔註126〕〈堯問篇〉云：「今之學者，得孫卿之遺言餘教，足以爲天下法式表儀，所存者神，所過者化。觀其善行，孔子弗過。世不詳察，云非聖人，奈何！天下不治，孫卿不遇時也。」

〔註127〕說見曾繁康《中國政治思想史》，頁139。台北：大中國圖書公司，1971年。

〔註128〕說見李哲賢《荀子之核心思想》，頁85。台北：文津出版社，1994年。

之論云：

> 夏禮，吾能言之，杞不足徵也；殷禮，吾能言之，宋不足徵也。文
> 獻不足故也，足則吾能徵之矣。（〈八佾篇〉）

> 周監於二代，郁郁乎文哉！吾從周。（〈八佾篇〉）

遠古文獻不足，難以徵信，只能知其大略。而本朝「郁郁乎文」，大小詳之，
故可從周。荀子之言與聖人同。然周非王也，朝也；王，人也，非朝也。以
朝訓王，又豈能從之？故其論尚可商榷。後王者誰？荀子云：

> 欲觀聖王之跡，則於其粲然者矣，後王是也。彼後王者，天下之君
> 也；舍後王而道上古，譬之是猶舍己之君而事人之君也。故曰：欲
> 觀千歲，則數今日；欲知億萬，則審一二；欲知上世，則審周道；
> 欲知周道，則審其人所貴君子。（〈非相篇〉）

楊倞注「後王」曰：「近時之王也。」〔註129〕但未明所指。楊倞又引司馬遷
曰：「法後王者，以其近己而俗相類，議卑而易行也。」（同前注）亦牛頭馬
嘴之解。《集解》引汪中評之曰：「《史記》引『法後王』，蓋如詩賦之斷章耳。
此注（案：指楊注）承其誤，名為解《荀子》，而實汨之。」〔註130〕汪中既
評史、楊之謬，卻自無注。劉台拱曰：「文、武也。」王念孫亦以為言「文、
武」，然俞樾斥之，曰：

> 劉、汪、王三君之說，皆有意為荀子補弊扶偏，而實非其雅意也。
> 據下文云：「彼後王者，天下之君也；舍後王而道上古，譬之是猶舍
> 己之君而事人之君也。」然則荀子生於周末，以文、武為後王可也；
> 若漢人必以漢高祖為後王，唐人必以唐太祖、太宗為後王，設於漢、
> 唐之世而言三代之制，是所謂「舍己之君而事人之君」矣，豈其必
> 以文、武為後王乎？蓋孟子言「法先王」而荀子言「法後王」，亦猶
> 孟子言「性善」而荀子言「性惡」，各成其是，初不相謀。比而同之，
> 斯惑矣。

俞樾既非劉、汪、王之說，以為孟、荀只「各成其是」而已，而對「後王」
尚未確指何人。其以「舍己之君而事人之君也」一語推論漢、唐後人，似亦
過矣。後臣逼於世利猶可理解，學者昧於事理則不可從也。荀子豈知後世有

〔註129〕《荀子注》第三卷。
〔註130〕《荀子集解》卷第三，頁80。

所謂漢、唐耶？荀子不亦云乎：「欲知上世，則審周道；欲知周道，則審其人所貴君子。」此即透露「後王」乃所謂周之「君子」。何謂王？「天下歸之之謂王」也。〔註131〕禹、湯、武固爲天下王矣，而荀子屢稱之。禹、湯宜爲先王，文、武宜爲後王也；然荀子論後王未及文，故文、武並論爲後王，學者想當然之論耳。〔註132〕〈儒效篇〉云「言道德之求，不二後王」，又云：「法二後王謂之不雅。」〔註133〕是篇奉周、孔爲聖人，而「大儒之效」未及文、武。荀子既論「非聖人莫之能王」（〈正論〉），故「二後王」者，非周、孔而誰能當之？成王幼，周公屏成王而履天子位，殺管、蔡，制禮作樂，分封天下；成王冠而反籍焉，天下歸心，莫不稱賢。「孔子將爲魯司寇，沈猶氏不敢朝飲其羊，公愼氏出其妻，愼潰氏踰境而徙，魯之粥牛馬者不豫賈，必蚤正以待之也。居於闕黨，闕黨之子弟罔不分，有親者取多，孝弟以化之也。」（〈儒效篇〉）孔子遂成一代儒宗，天下之學盡出於是矣，何嘗非天下歸之？「儒者在本朝則美政，在下位則美俗」，此所謂「大儒之效」也。荀子既以治亂爲善惡之秤，周、孔其非善之極致耶？天下歸之，非「後王」而何？漢儒董仲舒以「素王」譽孔，蓋有以致之；荀子已導乎前，仲舒則承其後也。

五、士君子與儒之辨：開啓品第人物之風氣

孟子非楊、墨，荀子又非十二子；孟子好辯，荀子則自謂「君子必辯」，

〔註131〕此語兩見於〈王霸篇〉與〈正論篇〉。

〔註132〕馮友蘭《中國哲學史新編》第二十二章〈荀子〉即據〈非相篇〉之「欲知上世，則審周道」一句，斷言「周道」即「周文、武之道」。馮氏所引荀子之文，「欲知周道，則審其人所貴君子」一語，其句讀爲：「欲知周道，則審其人，所貴君子。」語意極爲不順，顯爲理解之誤。「審其人所貴君子」，謂應審視當代人所貴之君子也。馮著，北京：人民出版社，2007年。

〔註133〕「不雅」一語，注家皆訓「不正」，難通。《詩經》屢言「不顯」，毛、鄭、朱皆未確解。〔清〕馬瑞辰《毛詩鄭箋通釋》云：「不顯，顯也。」（〈清廟〉：「不顯不承」）王引之《經義述聞》：「『毛鄭詩考正』曰：『古字丕通作不』。……『不顯不承』，即『丕顯丕承』，允哉斯言，長於《傳箋》矣。……『丕顯丕承』連文，俱是盛大之辭。」案：「不」即「丕」也，盛大之意。《孟子·滕文公下》引《周書·君牙》篇云：「丕顯哉，文王謨；丕承哉，武王烈。」故「不」非語詞，馬釋誤矣。「不雅」，亦即「大雅」。馬著，台北：廣文書局，325下，1971年。王著：楊家駱主編《經義述聞等三種》，頁135至136，台北：鼎文書局，1973年。

〔註134〕皆出於亂世之言，乃不得已者也。欲正人心，息邪說，寧非孔子正名之大義乎？荀子又好品評人物，別而類之，實啓後人品第人物之先河。如人有妄人、俗人、眾人、小人之論；學者有士、君子、聖人之分；儒者又有俗儒、腐儒、散儒、陋儒、賤儒、小儒、雅儒、大儒之別，可謂名目繁富。妄人、俗人、眾人、小人不足論，茲略論其士、君子、聖人與儒者之異同也。

（一）士、君子、聖人

〈勸學篇〉曰：

> 學惡乎始？惡乎終？其數則始乎誦經，終乎讀禮；其義則始乎為士，
> 終乎為聖人。

王先謙注：「荀書以士、君子、聖人為三等，〈修身〉、〈非相〉、〈儒效〉、〈哀公〉篇可證。故云始士終聖人。」〔註135〕三者何異何同？〈修身篇〉曰：

> 好法而行，士也；篤志而體，君子也；齊明而不竭，聖人也。

〈儒效篇〉曰：

> 彼學者，行之，曰士也；敦慕焉，君子也；知之，聖人也。

〈解蔽篇〉曰：

> 故學者，以聖王為師，案以聖王之制為法，法其法，以求其統類，以
> 務象效其人。嚮是而務，士也；類是而幾，君子也；知之，聖人也。

觀此數節，即可知之：其所同者，「始乎誦經，終乎讀禮」也。嚮者孔子六藝之教，已轉變為六經之學矣；孔子勉子夏為「君子儒」，荀子則勸人以「聖王為師」矣。「好法而行」，即可以為士矣；「篤志而體，類是而幾」，可以為君子矣；「知之，齊明而不竭」，可以為聖人矣。法者，聖王之制，非法律之法也，概含禮法、制度等義。行之，守其禮義也。《集解》引王念孫曰：「體，讀為履。篤志而體，謂固其志以履道。」〔註136〕君子固守其志，踐履盡道而不二也。「類是而幾」，楊倞注：「幾，近也。類聖人而近之。」〔註137〕則君子較士而更近聖人矣。聖人「齊明而不竭」，《集解》引王引之曰：「齊者，智慮之敏也。」〔註138〕聖人能知聖王之制，洞悉幽微，智慮敏捷而不窮也。〈修身

〔註134〕語見〈非相篇〉。《荀子集解》卷三，頁87。
〔註135〕《荀子集解》卷一，〈勸學篇〉頁11。
〔註136〕《荀子集解》卷一，〈修身篇〉頁33。
〔註137〕《荀子集解》卷十五，頁407。
〔註138〕同註136。

篇〉又曰：

> 禮者，所以正身也；師者，所以正禮也。無禮何以正身？無師吾安
> 知禮之爲是也？禮然而然，則是情安禮也；師云而云，則是知若師
> 也。情安禮，知若師，則是聖人也。

安禮而行，師云爲是，則是聖人，然則「師」又高於聖人矣。荀子亦以聖人
義同大儒，大儒既指周、孔，則周、孔爲百代之師也，又位在聖人之上矣。
士、君子之義，已被荀子轉化爲知、德兼備者，已非昔日之貴族矣。〔註139〕

（二）儒

何謂儒？《論語》唯一見，《孟子》亦兩見而已。〔註140〕《孟子》書中
所稱之「儒」或「儒者」，已爲孔學之意；然孔子之世，儒學尚未確立，則
「君子儒」之「儒」，應別有所指也。《說文》曰：「儒，柔也。術士之偁。」
所謂「術士」，段注云：「術，邑中也。因以爲道之偁。《周禮》『儒以道得民』
注曰：『儒有六藝以教民者。』《大司徒》『以本俗六安萬民，四曰聯師儒。』
注云：『師儒，鄉里教以道藝者。』按六藝者：禮、樂、射、御、書、數。」
〔註141〕段氏引鄭玄注，以「術士」爲「師儒」也。此乃周事，非殷商之制
度。胡適以爲儒乃殷商遺民之傳教士。〔註142〕徐中舒以甲骨爲斷，以爲儒
即「需」字，乃「濡」之初文；上古原始宗教祭禮之司禮者也。〔註143〕吳
龍輝則以先秦文獻考察，據胡適之見，謂周之儒人，其主要工作乃相禮服喪
者。〔註144〕考《論語》孔子之言，乃針對子夏而發。古無姓氏，後人或以
地域爲姓、或以職業爲姓、或以特徵爲姓。《左傳》記有「卜徒父」者，杜
預注：「徒父，秦之掌龜卜者。」《正義》疏曰：「徒父以卜冠名，知是掌龜
卜者。」〔註145〕子夏原名「卜商」；卜者，甲骨之卜也。龜卜原爲殷商王室

〔註139〕〈不苟篇〉曰：「君子能亦好，不能亦好；小人能亦醜，不能亦醜。」故知荀
子重德優於重能。學者必始於讀經，而讀經爲知識之事，故知荀子亦重知。

〔註140〕〈滕文公上〉：「夷子曰：『儒者之道，古之人若保赤子，此言何謂也？之（夷
子自稱）則以爲愛無差等，施由親始。』」〈盡心下〉：「逃墨必歸於楊，逃楊
必歸於儒。歸，斯受之而已矣。」

〔註141〕《說文解字注》弟十五卷，頁370下。

〔註142〕《談儒》，遠流出版社，1988年。

〔註143〕此說根據李圃主編《古文字詁林》，第七冊，頁276。上海：上海教育出版社，
2000年。

〔註144〕《原始儒家考述》，頁25。

〔註145〕《左傳注疏》卷第十四，頁230上。

巫、祝之事，故知子夏祖爲殷王室之後；名「商」者，示不忘本也。殷商既滅，巫、祝四散，遂淪爲庶民，卜氏家族，一如孔子故事。疑子夏本從事相禮服喪之工作者，從學於孔子後，〔註146〕乃勉其道德修養之提升，能至「君子」境地，進而安邦定國，毋如小人（平民）之爲貧而仕也。〔註147〕「君子儒」一語，後人不察，即以爲孔學即儒學之稱，至今而無能再反矣。

孟子既以儒者即孔學之後，可見其時儒義已變，而士、君子之義亦變也。王子墊問「士何事」，孟子以「尙志」答之，「居仁由義，大人之事備矣」，勉成德之義至顯。孟子性、命對揚，君子之義已非在位貴族，乃立命而見志者也。至於荀子，常士君子連稱，士與君子已歸爲一類，等差之別而已矣。士君子與儒又何以別之？再觀荀子答秦昭王之問而論儒者云：

> 儒者法先王，隆禮義，謹乎臣子而致貴其上者也。人主用之，則埶（勢）在本朝而宜；不用，則退編百姓而慤，必爲順下矣。雖窮困凍餧，必不以邪道爲貪。無置錐之地，而明於持社稷之大義。嗚呼而莫之能應，然而通乎財萬物、養百姓之經紀。埶在人上，則王公之材也；在人下，則社稷之臣，國君之寶也。雖隱於窮閻漏屋，人莫不貴，道誠存也。（〈儒效篇〉）

荀子以德、知論士君子；此篇則以才、德論儒者。「君子能亦好，不能亦好」（〈不苟篇〉），儒者則以能者爲尙，而兼德備。「君子，小人之反也」（〈不苟篇〉），二類截然二分，壁壘鮮明，毫不含糊；而儒者之論，則品類繁多，名目不一。茲分論如下：

1. 大儒：法先王，統禮義，一制度，以淺持博，以古持今，以一持萬，苟仁義之類也，雖在鳥獸之中，若別白黑；倚物怪變，所未嘗聞也，所未嘗見也，卒然起一方，則舉統類而應之，無所儗怍，張法而度之，則晻然若合符節，是大儒者也。志安公，行安脩，知通統類，如是則可謂大儒矣。（〈儒效篇〉）

〔註146〕據錢穆《孔子傳》所附〈孔子年表〉，卜商乃於孔子晚年入學者。事繫魯哀公十一年，孔子六十八歲。頁118。

〔註147〕孔子以「士」、「君子」勉弟子者多，以「儒」勉子夏者亦冠以「君子」一詞，可見孔學宜稱「君子之學」，非儒學也。積習難返，此之謂歟？或謂「君子」乃從政者之美稱，觀日後子夏爲魏文侯師，相輔國政，國乃大治，宜爲「君子儒」。此荀子所以景慕而欲企及者也。汪中謂荀子之學實出於子夏、仲弓，「隆君師」之籲，豈徒託空言者哉！

2. 雅儒：法後王，一制度，隆禮義而殺《詩》《書》；其言行已有大法矣，然而明不能齊，法教之所不及，聞見之所未至，則知不能類也；知之曰知之，不知曰不知，內不自以誣，外不自以欺，以是尊賢畏法而不敢怠傲，是雅儒者也。(〈儒效篇〉)

3. 小儒：志忍私然後能公，行忍情性然後能脩，知而好問然後能才，公、脩而才，可謂小儒矣。(〈儒效篇〉)

4. 陋儒：學之經，莫速乎好其人，隆禮次之。上不能好其人，下不能隆禮，安特將學雜識志，順《詩》、《書》而已耳。則末世窮年，不免為陋儒而已。(〈勸學篇〉)

5. 散儒：將原先王，本仁義，則禮正其經緯蹊徑也。若挈裘領，詘五指而頓之，順者不可勝數也。不道禮憲，以《詩》、《書》為之，譬之猶以指測河也，以戈舂黍也，以錐餐壺也，不可以得之矣。故隆禮，雖未明，法士也；不隆禮，雖察辯，散儒也。(〈勸學篇〉)

6. 腐儒：凡言不合先王，不順禮義，謂之姦言；雖辯，君子不聽。法先王，順禮義，黨學者，然而不好言，不樂言，則必非誠士也。故君子之於言也，志好之，行安之，樂言之，故君子必辯。凡人莫不好言其所善，而君子為甚。故贈人以言，重於金石珠玉；觀人以言，美於黼黻文章；聽人以言，樂於鍾鼓琴瑟。故君子之於言無厭。鄙夫反是：好其實不恤其文，是以終身不免埤汙傭俗。故《易》曰：「括囊，無咎無譽。」腐儒之謂也。(〈非相篇〉)

7. 賤儒：弟佗其冠，衶禫其辭，禹行而舜趨：是子張氏之賤儒也。正其衣冠，齊其顏色，嗛然而終日不言：是子夏氏之賤儒也。偷儒憚事，無廉恥而耆飲食，必曰君子固不用力：是子游氏之賤儒也。(〈非十二子篇〉)

8. 俗儒：不學問，無正義，以富利為隆，是俗人者也。逢衣淺帶，解果其冠，略法先王而足亂世術，繆學雜舉，不知法後王而一制度，不知隆禮義而殺《詩》《書》；其衣冠行偽已同於世俗矣，然而不知惡者；其言議談說已無以異於墨子矣，然而明不能別；呼先王以欺愚者而求衣食焉，得委積足以揜其口，則揚揚如也；隨

其長子，事其便辟，舉其上客，億然若終身之虜而不敢有他志，
是俗儒者也。（〈儒效篇〉）

　　荀子嘗謂「大儒之效，非聖人莫能及」，則大儒儼然聖人矣。雅儒「明不
能齊」，乃聖人之次，「內不自以誣，外不自以欺，以是尊賢畏法而不敢怠傲」，
類同君子矣。「行忍情性」，「知而好問」，不異行之之士也。陋儒只圖記憶之
學，順《詩》《書》而不知權變；散儒雖能察辯，然不知以禮義爲統；「括囊」
喻緘默，腐儒但求無咎無譽，然「終身不免埤汙傭俗」，又與鄙夫何異？賤儒
服儒冠、辭沖淡、齊顏色、無廉恥、嗜飲食而好逸惡勞，僞君子爾；俗儒「無
學問」之求，「無正義」之心，稱先王而營富貴，欺世盜名，「小人儒」猶不
及也，孔子所謂「斗筲之人」，不亦宜乎？綜而論之，大儒猶聖人之屬，雅儒
爲君子之類，小儒不失士行，陋儒尙明《詩》《書》之理，散儒亦能以辯明志；
腐儒以下，豈眞儒哉？荀子細察而明辯，抨擊當世僞儒，實乃有所感激而出
之者也，何異於孟子之言曰：「予豈好辯哉？予不得已也！」（〈滕文公下〉）
興感之由，若合一契。〔晉〕王羲之〈蘭亭序〉曰：「後之視今，亦由今之視
昔，悲夫！」茲以圖示荀子之學如下：

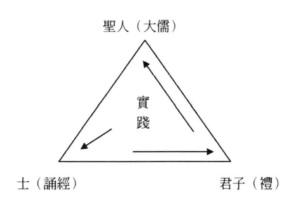

聖人（大儒）

實踐

士（誦經）　　　　　　　君子（禮）

　　荀子以性爲惡，故不以道德自覺爲其訴求，而取之於經書。成德非由仁
義行，代之以誦經、行禮，由士而君子，由君子而達聖人之境地。其工夫論
也，有漸進之義。周公、孔子，仍爲荀子心中之大儒人物，以孔學之傳承論，
雖爲歧出，亦不失爲接續孔、孟之後者也。

　　茲綜合孔、孟、荀三人之學圖示如下，以見三人之學說流衍：

一、孔子學說

（一）在位君子

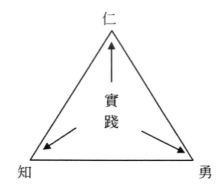

（二）成德之士

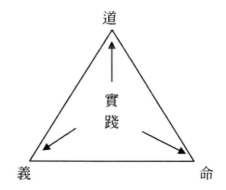

二、孟子學說

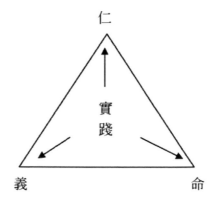

三、荀子學說

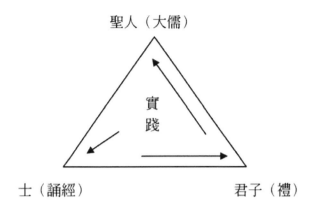

聖人（大儒）

實踐

士（誦經）　　　　　君子（禮）

四、綜合說明

1. 三角圖形代表儒學之外貌。就外貌言之，孔、孟、荀三人皆儒學也。
2. 三角形外之說明文字，乃三人之主要學說。
3. 三角形內，中心皆爲「實踐」二字，表示三人皆以實踐爲核心價值。人能弘道，非道弘人也。
4. 箭頭所示，孔孟皆由中心作輻射發展，意謂自覺心可達任一境界；唯荀子例外。因荀子主性惡論，須透過外在之誦經、行禮等過程，方能由士、君子而至聖人。
5. 孔孟之學，爲仁由己，居仁由義，頗類似禪宗六祖慧能之明心見性，悟道不假外求；荀子之學，誦經行禮，亦頗類似程朱之格物致知也。
6. 以上四圖所示，頗能突顯孔、孟、荀三人學說之淵源關係與異同。

第四節　《程傳》儒學與易學之淵源

綜上所論，儒學由孔子發其端，孟子承其後，荀子雖是歧出，不失爲孔門之一支。本章歷述孔、孟、荀之學，分別其思想之異同，析論其傳承之旨要，究其用意，蓋求《程傳》思想之淵源也。《程傳》之價值，固在於闡揚儒理，而己身又能即知即行，踐履盡道；然孔門大義，本於人情，歸於理性，其義雖簡，其學至末流而益繁，禮勝於仁，文勝於質，孔學至孟子而絕故也。故須梳其源頭，別其原委。以此爲基石，論《程傳》之淵源，方能脈絡清晰，條理明辨也。

　　《程傳》之淵源，約有二端：一爲孔學，一爲易學。孔學爲儒學部分，易學則屬於經學。自孔子之後，儒學漸次形成，即班固所謂「助人君，順陰陽，明教化者」，稱爲儒家，如章太炎所謂「私名」之儒也。〔註148〕私名之儒，雖於道爲最高，然自五經博士成立後，孔子之學驟變而成朝廷之教科書，其道理淪爲章句之訓釋，經書則僅爲小人求祿之工具，於是乎道喪千載，幾不可復！程頤嘗言曰：

> 傳經爲難。如聖人之後才百年，傳之已差。聖人之學，非若子思、
> 孟子，則幾乎息矣！道何嘗息？只是人不由之。道非亡也，幽、厲
> 不由也。〔註149〕

「幽、厲不由」，漢儒亦不由也。道非弘人，乃人弘道。儒生不弘道，遂淪爲小人之業，即孔子所謂「小人儒」也。師法、家法由是而異，今文、古文由是而爭。然皆抱殘守闕，儒學、經義，於是乎相繼沉淪，成爲孺子舉業之資，不復有聖人氣象，所謂道喪千載，所以須賴程頤之復振也。程頤青年時代即有志弘道，其〈上仁宗皇帝書〉曰：

> 臣所學者，天下大中之道也。聖人性之爲聖人，賢者由之爲賢者，
> 堯、舜用之爲堯、舜，仲尼述之爲仲尼。其爲道也至大，其行之也
> 至易，三代以上，莫不由之。自秦而下，衰而不振：魏、晉之屬，
> 去之遠甚；漢、唐小康，行之不醇。自古學之者衆矣，而考其得者
> 蓋寡焉。〔註150〕

「學之者衆」，「得者蓋寡」，良有以也。程頤有所得，所得即爲「大中之道」。堯、舜由之，孔子述之。此道「自秦而下，衰而不振」，故程頤亟欲振之。元祐元年（1086），程頤五十四歲，得司馬光等人之薦，充崇政殿說書，屢辭不獲，遂上書論其懷抱，並進經筵三箚，明言：當道取之則留，捨之則去。上任前夕，誠惶誠恐，再〈上太皇太后書〉，要求晉見，論其學問與使命。其言曰：

〔註148〕說見章炳麟〈原儒〉一文。《章太炎講國學》，頁60。吉林：吉林人民出版社，2008 年。

〔註149〕《程氏遺書》卷第十七，《二程集》頁176。

〔註150〕《程氏文集》卷第五，《二程集》頁510。
　　　　案：程頤〈上仁宗皇帝書〉，朱熹《伊川先生年譜》繫於皇祐二年（1050），程頤時年十八歲。〔清〕池春生、諸星杓編《伊川先生年譜》，疑「皇祐」爲「嘉祐」之誤，時程頤二十五歲。見于浩編《宋明理學家年譜》，北京圖書館出版社，2005 年。

竊以聖人之學不傳久矣，臣幸得之於遺經，不自度量，以身任道。
天下駭笑者雖多，而近年信從者亦眾。方將區區駕其說以示學者，
覬能傳於後世。不虞天幸之甚，得備講說於人主之側，使臣得以聖
人之學，上沃聖聰，則聖人之道有可行之望，豈特臣之幸哉！……
〔註151〕

所謂「聖人之學」，即〈上仁宗皇帝書〉「大中之道」也。所謂「遺經」，泛指
儒學經典，而程頤尤重《春秋》與《易》。程頤《經說》中有《春秋解》，尚
未成書，獨《易傳》憚畢生之力，用功最勤，而又能成書單行。其高弟尹焞
嘗謂：「求先生之學者，觀此足矣。」又謂其一生「踐履盡易」。既傳《易》
矣，又踐履盡道，即程頤所謂「以身任道」也。儒學與經義，至是合而為一，
已不能分彼此矣。然就學術史言之，則不得不辨也。茲以儒學、易學二脈，
論《程傳》之淵源如下：

一、《程傳》之儒學淵源

第一節之析論，論儒學為孔子所創。儒學既為孔子所創，自應以孔子之
說為圭臬，凡違背其說之精神者，皆非正宗。孟子之所以能成其繼統，蓋由
是也。荀子否定性善說，不以道德自省為論述依據，然其重禮義，為學期至
聖人，其踐履之精神，亦不失孔門之一義，故尚可企立於夫子之門牆。先秦
儒學以孔孟為依歸，荀子為歧出。程頤自謂傳聖人之學，則《程傳》所述，
實不離孔、孟、荀之說也。茲析論如下：

（一）《程傳》與孔學之淵源

1. 孔學、儒學與君子之學

前論「儒」之本義，謂非孔子本意。蓋因孔子勉子夏為「君子儒」，後
世遂將「儒」字為孔學之定名。細考《論語》，「儒」字僅一見，而「君子」
一詞則屢見不鮮，統計其出現，共一百零七見，以量觀之，則孔學宜稱「君
子之學」也，稱「儒學」實無理由。余英時謂：「儒學事實上便是君子之學。」
〔註152〕良有以也。「儒」為一職業之名，考其源流，徐中舒以為「上古原始
宗教祭禮之司禮者也」，其後演變為相禮服喪之司儀（吳龍輝）。《說文》謂
「術士之偁」，即以「術」教人者也，其義又一變矣；其「術」即為六藝。《周

〔註151〕《程氏文集》卷第六，《二程集》頁546。
〔註152〕說見注22。

禮》有「聯師儒」一職，段注謂「鄉里教以道藝者」，然周初似尙無鄉里設教之制，平民教育自孔子始，故「聯師儒」應爲貴族之師，非鄉里設教者也。其時所教，應爲「六藝」之術，所以爲士子之工作。孔子之後，其弟子於鄉里設教，亦教以六藝，因而襲稱「儒」名，則「儒」字之義又一變而爲「師」矣，其學稱爲儒學，從其學者稱爲儒者。於是乎既成孔學之定稱，又成學派之定名也。孔子之學實有兩層境界，以六藝爲教者乃術士之教，所謂「小人儒」之事也；以義理爲教者即儒家之學，即「君子儒」是也。「君子儒」與「小人儒」對揚，其重點應在「君子」與「小人」之異，非「儒」之名也。儒者之分，荀子以爲有八：大儒、雅儒、小儒、陋儒、散儒、腐儒、賤儒、俗儒；唯大儒足以當聖人，雅儒足以爲君子，小儒次之，陋儒以下，已無可觀矣，非孔子之教矣。然「儒學」一詞爲通稱，儒既分爲八類，焉可再以通稱稱孔學？故不得不辨也。而君子則一，並無異名；在朝在野，非君子即小人。世有所謂「僞君子」者，陽爲君子，陰爲小人，即非眞君子矣。故孔學之名，實應以君子之學當之，或逕稱孔學可也。《程傳》君子一詞，凡三百五十一見，其論君子之道，可謂多矣，故程學亦爲君子之學也。孟子性、命對揚之論，爲君子立命，故亦爲君子之學。程頤雖以爲荀子之於孔學，「擇焉而不精」，〔註153〕然以讀經爲教，推行禮治，亦爲君子之學，程頤採同其說者亦不少，故梁啓超、蔡元培以爲程頤之學出於荀子。總之，孔門義理，乃君子之學，以下即論《程傳》君子之學之淵源。其間仍稱儒學者，方便稱述而已。

2. 《程傳》仁、知、勇之發揮

平民教育自孔子創設，弟子從其學，多以進身士林爲務，故夫子勉弟子之言皆爲官箴，所謂仁、知、勇三者，愛民、用賢、行義是也。《程傳》即發揮其旨，處處皆是聖人之教。茲以〈困〉卦爲例說明之：

〈困‧九二〉：「困于酒食。……」

《程傳》：「酒食，人所欲，而所以施惠也。二以剛中之才，而處困
　　　　　之時，君子安其所遇，雖窮厄險難，无所動其心，不恤其
　　　　　爲困也。所困者，唯困於所欲耳。君子之所欲者，澤天下
　　　　　之民，濟天下之困也。二未得遂其欲，施其惠，故爲困於
　　　　　酒食也。大人、君子，懷其道而困於下，必得有道之君，

〔註153〕《程氏遺書》卷第一，《二程集》頁5。

求而用之，然後能施其所蘊。」（卷第五）

〈困〉（䷮），九二在下，居中得正，爲君子在下之象。「君子之所欲者，澤天下之民，濟天下之困也。」即爲孔子之「仁」教，君子從政，愛民必如是也。雖未能從政，亦必有是心；一旦從政，則施展懷抱，救民於水火，如是而已。然九二處於上下二陰之間，爲小人所困，其志不行，必須待有道之君，求而用之。即孔子之「知」教，教人君以用賢爲務也。人君既以用賢爲務，人臣又豈能外之耶？君子處於困時，雖其道不行，亦能安於所遇，無所動其心。命之所在，即義之所在，孔子之「勇」教也。夫子教人以「義」行，非汲汲而求位也。貧與賤，「不以其道得之（富貴），不去也」（〈里仁〉），此之謂也。行義即爲勇，在朝在野，一例律之。〈困〉之九二，一爻而存三義，舉一而可反三，故藉以說明《程傳》之發揮，雖非周全，亦能管窺其概矣。

（二）《程傳》與孟學之淵源

1. 王道思想

王道之說，見於《孟子》。孟子之世，諸侯稱霸，已不饜其所欲，故紛紛以「王」者自居，圖謀統一大業，故孟子遊說諸侯，因勢利導，皆以王道爲說，籲諸侯既能稱王，則應行王政。王政者何？即孔子之「仁」教也。愛民之道，應落實於養民之制：「制民之產」、「薄其稅斂」、「省其刑罰」，而設「庠序之教」，皆爲孟子養民之論。《程傳》發揮其王道之說，所在多有。如於〈乾・象〉即謂：

王者體天之道，則萬國咸寧也。（卷第一）

又於〈无妄・象〉曰：

王者體天之道，養育人民，以至昆蟲草木，使各得其宜，乃對時育物之道也。（卷第三）

於〈解・象〉亦曰：

王者，法天道，行寬宥，施恩惠，養育兆民。至於昆蟲、草木，乃順解之時，與天地合德也。（卷第四）

於〈萃・九五〉，《程傳》更利用其「元永貞」爻辭發揮之曰：

王者既有其位，又有其德，中正无過咎，而天下尚有未信服歸附者，蓋其道未光大也，元永貞之道未至也，在脩德以來之；如苗民逆命，帝乃誕敷文德。舜德非不至也，蓋有遠近昏明之異，故其歸有先後；

既有未歸，則當脩德也。所謂德，元永貞之道也。

元，首也、長也，為君德，首出庶物，君長群生，有尊大之義焉，有主統之義焉；而又恒永貞固，則通於神明，光於四海，无思不服矣。乃无匪孚，而其悔亡也。所謂悔，志之未光，心之未慊也。（卷第五）

「元」之義，即〈乾‧彖〉之「乾元」，「首出庶物」也，為「君長群生」之義。淺言之，即謂生民、養民也。「永」以配「元」，生民、養民乃永恆之事，為王者不易之大道也。「貞」為「固」義，固守之謂也。王者既得其位，又有其德（此德指王者個人之修養），如未能使近悅遠來，則必尚有一「德」未修。此「德」為何？「元永貞」也。能修「元永貞」之德，「光於四海」，則「无思不服矣」。「元」即為王政，行王政，與天地合其德，則萬國咸寧，天下之困解矣。

2. 立命與義命

立命之說，始於孟子。孟子性、命對揚，以顯兩者之差異，復申明立命之旨。立命者不假外求，唯修身而已。孔子知命之所在，即義之所在，已然為立命說之先河。富貴貧賤，不以其道，得失不與焉，知命、立命者也。程頤步履其踪，復創義命之說。不知義命，無以為君子也。孟子所云之君子，已非王天下之人矣，而專指成德之士。成德之士，德行縱有多方，要之，端視其是否能知義命，直道而行而已。《程傳》論義命之說，見於〈蹇〉卦與〈未濟‧上九〉。其解處蹇難之道曰：

凡處難者，必在乎守貞正。設使難不解，不失正德，是以吉也。若遇難而不能固其守，入於邪濫，雖使苟免，亦惡德也。知義命者，不為也。（卷第四）

人處於蹇難之時，仍應固守其貞正之德；「不失正德」，雖難未解，亦為吉論。如失德入邪，倖免於一時，「苟免」而已，「惡德」又豈能稱吉也？故程頤謂：「知義命者不為也。」即所謂直道而行而已。《程傳》解〈未濟‧上九〉「有孚于飲酒，无咎。濡其首，有孚失是」曰：

九以剛在上，剛之極也；居明之上，明之極也。剛極而能明，則不為躁而為決。明能燭理，剛能斷義。居未濟之極，非得濟之位，无可濟之理，則當樂天順命而已。若否終則有傾，時之變也。未濟則无極而自濟之理，故止為未濟之極。至誠安於義命而自樂，則可无咎。

飲酒，自樂也。不樂其處，則忿躁隕穫，入于凶咎矣。若從樂而耽肆過禮，至濡其首，亦非能安其處也。

有孚，自信于中也。失是，失其宜也。如是，則於有孚爲失也。人之處患難，知其无可奈何，而放意不反者，豈安於義命者哉？（卷第六）

〈未濟〉（䷿）上九處於極位，上經卦爲《離》，《離》爲火，火有明象，居其極位，故云「明之極也」。明極之人，能判辨是非，知進知退。九陽象剛，能果斷行事；處於未濟之時，既知無可濟之道，固能「樂天順命」，以待時變。程頤勉人，雖處於未濟之時，亦不宜「耽肆過禮」，入於凶咎。知義命之道，即不失其宜矣。由「耽肆過禮」一語，即可知程頤之義命觀，以「禮」爲基準。違禮，何義之有？禮者，荀子之學也。以下即論《程傳》與荀學之淵源關係。

（三）《程傳》與荀學之淵源

1. 禮論

論荀子之學者，莫不以禮學爲其重心。荀子固強調禮，嘗謂「始乎誦經，終乎讀禮」，「始乎爲士，終乎爲聖人」（〈勸學篇〉）。則讀經、行禮，乃成聖之途徑，可見其對經與禮之重視。然讀經而不行禮，於義無補，故行禮尤重於讀經。讀經爲士人求學之始，行禮而爲聖人，乃踐履之終也。荀子禮學之用意，雖於德可以爲聖人，然其重心卻在治亂；故其內容涵蓋甚廣，舉凡天地之道、君臣之道、治國之道、修身之道，一歸於禮。荀子嘗曰：「曷謂中？曰：禮義是也。」（〈儒效篇〉）程頤亦謂所學者，爲「天下大中之道」，「中」者何？中於禮也；程頤亦以中禮爲務，嘗謂：「克己之私既盡，一歸於禮，此之謂得其本心。」二人之論，若合符節。故梁啓超與蔡元培謂程頤之學出於荀子，不無道理也。

然程頤嘗評荀子，認爲荀子以禮義爲僞，性爲不善，所學者皆外也。其言曰：

荀子曰：「始乎爲士，終乎爲聖人。」今人學者須讀書，纔讀書便望爲聖賢，然中間至之之方更有多少？荀子雖能如此說，卻以禮義爲僞，性爲不善，他自情性尚理會不得，怎生到得聖人？大抵以堯所行者欲力行之，以多聞多見取之，其所學者皆外也。〔註154〕

〔註154〕《程氏遺書》卷第十八，《二程集》頁191。

學往外求，不能反本於心，故禮義之事，亦是外物，斯孔子所謂「人而不仁，如禮何」之意也，孟子「由仁義行」與「行仁義」之別也。荀子不道性善，是其學理之缺口，孔孟思想之精義皆在於道德自覺之發揚，不假外求也。故程頤有「得其本心」之論，而評荀子所學皆外。由是言之，梁、蔡二氏謂程頤之學出於荀子，似亦皆外也。而程頤重禮，亦是事實。《程傳》解〈履〉卦曰：

> 履，禮也；禮，人所履也。爲卦天上澤下。天而在上，澤而處下，
> 上下之分，尊卑之義，理之當也，禮之本也，常履之道也。（卷第一）

禮之功能，其一爲「可別尊卑上下」，荀子亦主之，嘗曰：

> （禮）又好其別。曷謂別？曰：貴賤有等，長幼有差，貧富輕重皆
> 有稱者也。（〈禮論篇〉）

上下尊卑有別，爲「理之當」。「理之當」者，即謂合理者也。荀子亦曰：「禮也者，理之不可易者也。」（〈樂論篇〉）「不可易」即不能變。禮即秩序，自有天地，寒來暑往，春生多藏，萬物之生皆有其秩序。自文明始起，人倫秩序亦由是而生。至有國家君臣，形成制度、禮儀，不外秩序而已。可知自古至今，萬物不能無秩序。職是之故，禮爲「常履之道也」。

禮之功能，其二爲「節」。《程傳》解〈節‧象〉「節以制度，不傷財，不害民」曰：

> 天地有節，故能成四時，无節則失序也。聖人立制度以爲節，故能
> 不傷財害民。人欲之无窮也，苟非節以制度，則侈肆至於傷財害民
> 矣。（卷第六）

「人欲无窮」，此荀子之所以謂性惡也，故須以制度爲節。荀子論禮之起源，亦以爲是。其言曰：

> 禮起於何也？曰：人生而有欲，欲而不得，則不能無求。求而無度
> 量分界，則不能不爭；爭則亂，亂則窮。先王惡其亂也，故制禮義
> 以分之，以養人之欲，給人之求。使欲必不窮於物，物必不屈於欲。
> 兩者相持而長，是禮之所起也。（〈禮論篇〉）

荀子之所謂「先王」，即程頤之所謂「聖人」，或合言之爲「聖王」。聖王「制禮義以分之」，即知禮具「節」之功能。荀子雖以「養人之欲」爲訴求，而「使欲必不窮於物」，其用意亦在「節」也。觀「不害民」之旨，知「節」乃針對在位者言，荀子亦以在位者爲說教之對象也。其「隆君師」之義，尤其可見。

2. 隆君師

上節嘗論荀子「隆君師」之旨，乃夫子自道之辭。荀子於齊襄王時，三為祭酒，最為老師，故知「隆君師」之意，實暗有所指也。程頤亦嘗為少帝師，其極重君師之道，亦可想而知矣。程頤固不敢逾越於君臣之分，然於五十四歲之年，晉身為少帝之師，則其言責之重，可想而知矣。故程頤於上任前夕，亟欲求見，以明斯道。其論經筵三劄，第三劄即為「隆君師」之義。其言曰：

> 臣竊聞經筵臣寮侍者皆坐，而講者獨立，於禮為悖。欲乞今後特令坐講，不惟義理為順，所以養主尊儒重道之心。……

> 貼黃：……臣以為，天下重任，唯宰相與經筵。天下治亂繫宰相，君德成就責經筵。由此言之，安得不以為重？〔註155〕

程頤尚未上任，即以隆君師之道曉諭當道，乞其採納。人君之德繫於經筵之講者，講者坐講乃尊師之意。惜朝廷沿於舊例，三劄只取其二，唯坐講一劄未用。三取其二，程頤雖勉強接受，充任說書，以為留他日再作遊說。然由朝廷之舉，即可卜其仕途之順逆矣。程頤晚年作《易傳》，尚不忘發揮隆君師之旨。其解〈頤·上九〉「由頤，厲吉，利涉大川」曰：

> 上九以剛陽之德，居師傅之任；六五之君，柔順而從於己，賴己之養，是當天下之任，天下由之以養也。以人臣而當是任，必常懷危厲則吉也。如伊尹、周公，何嘗不憂勤兢畏，故得終吉。

> 夫以君之才不足，而倚賴於己，身當天下大任，宜竭其才力，濟天下之艱危，成天下之治安，故曰「利涉大川」。得君如此之專，受任如此之重，苟不濟天下之艱危，何足稱委遇而謂之賢乎？當盡誠竭力，而不顧慮，然惕厲則不可忘也。（卷第三）

卦之上爻，為無位之地。〈頤〉（☷☳）卦上爻為九，九具剛陽之德，處於無位之地，立場超然，故可「居師傅之任」。而六五是柔順之君，賴剛陽師傅之養；養者，養其德也，即第三劄「君德成就責經筵」之意。程頤名「頤」，於〈頤〉之上九釋論「師傅之任」，豈偶然而發者乎？《程傳》解〈頤〉之六五「拂經，居貞吉」云：

> 六五，頤之時居君位，養天下者也；然其陰柔之質，才不足以養天

〔註155〕《程氏文集》卷第六，《二程集》頁 539 至 540。

下，上有剛陽之賢，故順從之，賴其養己以濟天下。君者，養人者
也，反賴人之養，是違拂於經常。既以己之不足，而順從於賢師傅。
上，師傅之位也，必居守貞固，篤於委信，則能輔翼其身，澤及天
下，故吉也。（同前）

為君之道，在於「養人」，反被人養，於頤之時為非吉者，故為「拂經」，違
背常理也。然如能順從上九之賢，賴其養己，則為吉矣。所謂「養己」，即賴
師傅以養其德，方為貞正之道也。程頤隆君師之意，不言而可喻矣。程頤雖
嘗抨擊荀子，然其發揮荀子隆君師之義，又豈稍懈哉？

二、《程傳》之易學淵源

儒理易學，本於孔子。孔子晚而好《易》，韋編三絕，明載史冊。近世
於長沙馬王堆出土漢墓，得帛書〈要〉篇，載孔子與子貢論《易》事，孔子
與易學之關係，已無庸議。《十翼》承孔子之教，推天道以明人事。王弼《周
易注》，承費直古文，以傳附經。孔穎達著《五經正義》，《易》取王弼注，
遂成定本。《五經正義》為士子必讀之書，《程傳》本於王弼，亦無庸議也。
《程傳》與《十翼》之關係，詳於第四章之分析，茲不贅。本節論《程傳》
之易學淵源，請自南宋朱震之論說始。《宋史·朱震傳》載其言曰：

震經學深醇，有《漢上易解》云：「陳摶以〈先天圖〉傳种放，放傳
穆脩，穆脩傳李之才，之才傳邵雍。放以〈河圖〉、〈洛書〉傳李溉，
溉傳許堅，許堅傳范諤昌，諤昌傳劉牧。穆脩以〈太極圖〉傳周惇
頤，惇頤傳程顥、程頤。是時，張載講學於二程、邵雍之間。故雍
著《皇極經世書》，牧陳天地五十有五之數，惇頤作《通書》，程頤
著《易傳》，載造〈太和〉、〈參兩〉篇。臣今以《易傳》為宗，和會
雍、載之論，上采漢、魏、吳、晉，下逮有唐及今，包括異同，庶
幾道離而復合。」蓋其學以王弼盡去舊說，雜以莊、老，專尚文辭
為非是，故其於象數加詳焉。其論〈圖〉、〈書〉授受源委如此，蓋
莫知其所自云。〔註156〕

朱震，字子發，徽宗政和年間進士。《宋史》謂其「經學深醇」，所著《漢
上易解》，《四庫》作《漢上易集傳》十一卷。朱震謂二程傳惇頤〈太極圖〉
之學，而程頤為《易傳》。然《程傳》之於〈太極圖〉，並無引用，《宋史》作

〔註156〕《宋史》卷四百三十五，頁 12908。

者頗疑之，以爲朱震所論之授受源委，不知何據也。《四庫·提要》亦謂：「其說頗爲後人所疑。」〔註157〕朱震爲政和年間（1111～1118）進士，程頤卒於大觀元年（1107），可知程頤晚年即爲朱震之少年時代。其自謂以《程傳》爲宗，然所著《漢上易集傳》，則以象數爲主；觀其書名，即知爲漢《易》集解也。朱震雖學《程傳》，但非程頤傳人，自言其書「和會雍、載之論，上采漢、魏、吳、晉，下逮有唐及今，包括異同」，則非以義理爲長，乃集匯之作而已。《提要》引南宋魏了翁曰：「《漢上易》太煩。」又引明儒胡一桂曰：「觀其取象，亦甚有好處。但牽合處多，且文辭繁雜，使讀者茫然，看來只是不善作文爾。」由此可見其弊。朱震歷述宋《易》授受源流，固屬可疑，或爲臆見，而本節所探討者爲《程傳》之淵源，故所論僅限於此。由其言可抽出兩點問題討論之：一、《程傳》與周敦頤《通書》之關係；二、《程傳》與王弼《易》著之關係。以下分別論之。

（一）《程傳》與周敦頤《通書》之關係

由朱震之說，可知其時朱震尚無象數易、圖書易與義理易分派之觀念，故其將程頤列於周敦頤門下。而二程少年時代確嘗師事於敦頤，故云《程傳》源於周，不爲無據也。然傳圖是一事，立說又是一事。未釐清兩者之異，囫圇一談，即啓人疑竇。蓋朱震尚未洞察《通書》、《程傳》係以傳辭爲務，非傳圖也，故《通書》與《程傳》皆不取〈太極圖〉立說。敦頤《易》著，除《通書》外，尚有〈太極圖說〉。〈太極圖說〉乃論〈太極圖〉之義理，言陰陽互動之變，並配合五行之說，論宇宙生成之道，頗具形上學之色彩。然最後歸結於「聖人定之以中正仁義而主靜，立人極焉」一語，則爲儒家義理。其文字簡短，不能成書，故多附於《通書》之前。〈太極圖〉與〈太極圖說〉爲二物，學者常混爲一談。朱熹即曰：「此書（指《通書》）與〈太極圖〉相表裏。」〔註158〕其言實未妥，宜應謂與〈太極圖說〉相表裏也。一字之漏，南轅北轍。〈太極圖〉乃道教之物，〈太極圖說〉則爲儒家義理，豈可同日而語？〈太極圖說〉雖藉〈太極圖〉立說，其言「中正仁義」，故不能再視爲道教之產物矣。而「中正仁義」即爲《程傳》所本也。《通書》之旨在於言「誠」，開宗明義即曰：

〔註157〕《四庫全書總目提要》卷三，頁21。引文自《合印四庫全書總目提要及四庫未收書目禁燬書目》，台北：台灣商務印書館，1971年。

〔註158〕《周敦頤集》卷二，陳克明點校，頁13。北京：中華書局，2009年。

> 誠者，聖人之本。「大哉乾元，萬物資始」，誠之源也。「乾道變化，
> 各正性命」，誠斯立焉。純粹至善者也，故曰：「一陰一陽之謂道，
> 繼之者善也，成之者性也。」元亨，誠之通；利貞，誠之復。大哉
> 易也，性命之源乎！（「誠上第一」條）

敦頤謂：誠，源於乾元之造物。性命既成其形體，誠亦存乎其形體之中。立者，謂誠已存乎萬物形體之中也。萬物形體乃一陰一陽互動、變化而成之結果，爲「純粹至善者」，誠存其中，故誠亦爲「純粹至善者」。性與誠，實爲一體之兩面。「元亨」，謂誠之通達；「利貞」，謂誠之回復。乾元易道，周流不息，通達無礙；循環往復，無窮無盡。故〈彖〉讚其「大哉」，敦頤亦讚其大也。落實於人事，誠爲治道之鑰。「利貞，誠之復」，即就人事言。謂處事以貞正之道，則可復其誠也。《通書》論「〈家人〉、〈睽〉〈復〉、〈無妄〉第三十二」條曰：

> 治天下有本，身之謂也。治天下有則，家之謂也。本必端。端本，
> 誠心而已矣。則必善。善則，和親而已矣。家難而天下易，家親而
> 天下疏也。家人離，必起於婦人，故〈睽〉次〈家人〉。以「二女同
> 居，而志不同行」也。堯所以釐降二女於嬀汭，舜可禪乎？吾茲試
> 矣。是治天下觀於家，治家觀身而已矣。身端，心誠之謂也。誠心，
> 復其不善之動而已矣。不善之動，妄復，則無妄矣。無妄，則誠矣。
> 〔註159〕

敦頤以《易》論治道，又以誠爲治亂之機，實啓《程傳》之先河。《程傳》論〈家人〉曰：

> 家者，國之則也。（卷第四）

又曰：

> 推一家之道，可以及天下，故家正則天下定矣。（同前）

又論〈无妄〉卦辭「元亨利貞」曰：

> 无妄，言至誠也。至誠者，天之道也。天之化育萬物，生生不窮，
> 各正其性命，乃无妄也。人能合无妄之道，則所謂「與天地合其德」
> 也。无妄有大亨之理，君子行无妄之道，則可以致大亨矣。无妄，
> 天之道也。卦言人由无妄之道也。利貞，法无妄之道，利在貞正；
> 失貞正，則妄也。（卷第三）

〔註159〕同前揭書，頁38至39。

《程傳》論治國之道，无妄之誠，與《通書》可謂如出一轍。於六十四卦中，《程傳》處處言誠。或單言誠字，或言至誠，或言誠一，或言忠誠，或言誠意，或言孚誠，或言誠敬，約一百九十六見，謂《程傳》之學爲「誠學」，亦非過當之論也。《程傳》與周書之關係密切，由此可知之矣。或謂「誠學」出於〈中庸〉，追本源流，不謂有錯。程頤亦以爲〈中庸〉爲孔門傳授心法，〔註160〕子思筆之於書，以授孟子。然論及門之師，不得不歸功於敦頤。昔張載喜談兵，范仲淹勸以讀〈中庸〉，遂成一代儒宗。張載雖未立仲淹之門牆，如無此段因緣，又豈能有此段成就？一字之師，一語之戒，足以影響一生。論其淵源者，豈能掠過？

（二）《程傳》與王弼《易》著之關係

王弼《易》著，有《周易注》與《周易略例》二種。朱震斥弼，謂其去象數，雜以莊、老，而其則「上采漢、魏、吳、晉，下逮有唐及今」，於象數則變本加厲焉。朱震易學，實與程頤相左，雖云宗程，卻未諳程義者也。程頤雖亦謂王弼元不見道，但以老、莊之意解說而已，〔註161〕但推崇王弼《易》著，卻未嘗或忘，並諭學者，如未讀《易》，當讀弼著。其言曰：

> 《易》有百餘家，難爲遍觀。如素未讀，不曉文義，且須看王弼、胡
> 先生、荊公三家。理會得文義，且要熟讀，然後卻有用心處。〔註162〕

又〈與金堂謝君書〉云：

> 若欲治《易》，先尋繹令熟，只看王弼、胡先生、王介甫三家文字，
> 令貫通，餘人《易》說無取，枉費功。〔註163〕

其時《程傳》未出，故程頤勉人如此。及後程頤著《易傳》，頗用其說，如〈觀〉之九五，〈象〉曰：「觀我生，觀民也。」《程傳》曰：

> 我生，出於己者。人君欲觀己之施爲善否，當觀於民；民俗善，則
> 政化善也。王弼云：「觀民以察己之道。」是也。（卷第三）

程採弼說，非僅一例。又有申王說者，胡自逢舉例言之曰：

> 〈无妄·六二〉用王注之意而申詳之。〈无妄·六二爻〉「不耕穫，
> 不菑畬，則利有所往」下，王注：「不耕而穫，不菑而畬，代終已成

〔註160〕《程氏外書》卷第十一，《二程集》頁411。
〔註161〕《程氏遺書》卷第一，《二程集》頁8。
〔註162〕《程氏遺書》卷第十九，《二程集》頁248。
〔註163〕《程氏文集》卷第九，《二程集》頁613。

而不造也。不擅其美，乃盡臣道，故利有攸往。」伊川於本爻下，
則曰：「凡理之所然者，非妄也；人所欲爲者乃妄也，故以耕穫、菑
畬譬之。……耕農之始，穫其成也。田一歲曰菑，三歲曰畬。不耕
而穫，不菑而畬，謂不首造其事，因其事理所當然也。首造其事，
則是人心所作爲，乃妄也。……聖人隨時制作，合乎風氣之宜。……」
王云「代終已成而不造」，伊川云「不首造其事，因事理之當然」，
則非有意造作，不過代終之而已，以歸於隨時制作之旨，是因王注
而申詳之也。〔註164〕

王弼「代終已成」，即程頤「隨時制作」之意，申王之意至顯。其中「不擅其
美，乃盡臣道」，亦程頤所主也。〈坤·六三〉爻辭「含章可貞」，《程傳》申
之曰：

三，居下之上，得位者也。爲臣之道，當含晦其章美，有善則歸之
於君，乃可常而得正。上无忌惡之心，下得柔順之道也。(卷第一)

「有善則歸之於君」，即弼「不擅其美，乃盡臣道」之意。《程傳》用王注，
又申王意，其例非一，所在多有，故知程頤非完全否定王弼者，只謂其「不
識道」爾。程頤之所以推重王弼，愚意以爲實基於下列因素：

1. 棄漢《易》禨祥之術，以傳解經

王弼注《易》，乃本漢初費直。黃師慶萱論王肅《周易注》釋義之淵源曰：

東漢末年，馬融、鄭玄、荀爽，皆傳費氏《易》。王肅《周易注》有
同馬者，有同鄭者，有與馬、鄭皆同者，有異馬而同鄭者，有同馬
而異鄭者。要皆淵源費氏，大同而小異也。〔註165〕

西漢經學屬今文而尊師法，東漢經學本古文而重兼通，故今文學者墨守古義，
古文學者出入衆家。王肅易學本於費直，出入馬（融）、鄭（玄），已非一家
可囿。清儒張惠言曰：「王弼注《易》，祖述王肅。」〔註166〕雖未爲覈實之論，

〔註164〕《程伊川易學述評》，頁325至326。台北：文史哲出版社，1995年。
〔註165〕《魏晉南北朝易學書考佚》，頁30。台北：花木蘭出版社，2007年。
〔註166〕語見《易學十書》，頁1236。台北：廣文書局，1970年。
　　　　案：「王弼注《易》，祖述王肅」一語，語病非淺，學者如不細察，即誤以爲
　　　　弼宗肅也。蓋肅與弼乃同時代人，弼卒時，肅尚健在，不得云「祖」。據
　　　　黃師慶萱考證，謂肅《周易注》初名《易傳》，乃與其父王朗前後撰定者，
　　　　列於學官以課試。故弼用肅本，乃當時士子必讀之教材，非爲「祖述」，
　　　　乃是必然之影響。又肅承費直以傳釋經之學風，棄漢象而言理，而理又
　　　　不專主一家，已爲當時風尚，弼承此進路，亦爲自然之事，所謂上有所

然王弼易學，亦費氏之系統，蓋爲無疑者也。費氏以傳解經，王弼繼之於後，清儒皮錫瑞論之尤詳。其言曰：

> 王弼盡掃象數，而獨標卦爻承應之義，蓋本費氏之以〈象〉、〈象〉、〈繫辭〉、〈文言〉解經。後儒多議其空疏，陳澧獨取之曰：「〈乾〉『元亨利貞』，〈初九〉『潛龍勿用』，王輔嗣注云：『〈文言〉備矣。』〈九二〉『見龍在田』，注云：『出潛離隱，故曰見龍；處於地上，故曰在田。』此眞費氏家法也。元亨利貞之義，潛龍勿用之義，〈文言〉已備，故輔嗣不復爲注。至見龍在田，〈象〉曰：『德施普也。』〈文言〉曰：『龍德而正中者也。』又曰：『時舍也。』皆未釋『見』字、『田』字，故皆爲之注，而又不可以意而說也。〈文言〉曰：『潛之爲言也，隱而未見。』潛爲未見，則見爲出潛矣；潛爲隱，則見爲離隱矣。故輔嗣云『出潛離隱』，據彼以解此也。〈繫辭傳〉曰：『兼三才而兩之。』故《易》六畫而成卦。是五與上爲天，三與四爲人，初與二爲地。初爲地下，二爲地上，故輔嗣云『處於地上也』。此眞以十篇解說經文者，若全經之法皆如是，則誠獨冠古今矣！」〔註167〕

錫瑞引陳澧之言，見於《東塾讀書記》，詳言王弼直承費氏易學之旨趣，在於以「十篇」解說經義。「十篇」即《十翼》也。《十翼》解《易》之法，已建立規模，王弼歸納之，成《周易略例》一書，程頤又承其餘緒作《易傳》，盡棄兩漢機祥之術，以傳解經，就方法論言，縱有少異，乃一脈相承者也。

2. 二人之儒學思想若合符節

程頤傳《易》，以傳辭爲務，以爲所學即聖人之學，所傳即聖人之道。王弼雖以老解《易》（案：實非以莊、老解《易》。詳第四章），然以傳解經，必涉儒理，比較異同，即可發現二人之儒學見解，皆傳《十翼》之旨，乃爲同道者也。王弼處世之學，非道家思想，實乃孔孟之遺教。

儒者之學，一言以蔽之，即《莊子・天下篇》所謂「內聖外王之道」也。〔註168〕「內聖」即修身之事，「外王」即治國之方。王弼解《易》，不離〈象〉、〈象〉、〈文言〉等傳，則修齊治平之道，即爲儒家所囿。林麗貞分十點以明

好之者，下必風偃也。慶萱師說見前揭書頁 18。

〔註167〕《經學通論》「論費氏易傳於馬鄭荀王，而其說不同；王弼以十篇說經，頗得費氏之旨」條，頁 23 至 24。北京：中華書局，2008 年。

〔註168〕語見郭慶藩《莊子集釋》卷十下，頁 1069。台北：河洛圖書出版社，1974年。

王弼之倫理思想，分五點以明其政治思想，皆為《十翼》之所倡論者。〔註169〕王弼既傳儒門之大義，故知其易學之立場實與程頤同。所不同者，對「道」之見解而已。其間牽涉解《易》之技術問題，或有少異，皆非重點。王弼英年早逝，雖知儒理，唯欠踐履之工夫，故其儒理乃紙上談兵，毫無體驗。程頤則慘遭黨爭之害，晚年流放涪州，涉足政治，體會頗深，故其述儒道，皆入木三分之論也。茲依林氏之分類，以修身、治國二項，撮其旨要，略舉數例以明王、程解《易》之異同如下。知其旨趣，其餘則可思過半矣。

（1）修身

1-1　進德修業

進德修業，備乎〈文言〉，王注〈乾·初九〉即謂：「〈文言〉備矣。」即首肯其義也。其注〈蹇·象〉「君子以反身脩德」曰：

> 除難莫若反身修德。（下經）

《程傳》曰：

> 君子觀蹇難之象，而以反身脩德。君子之遇艱阻，必反求諸己，而益自脩。孟子曰：「行有不得者，皆反求諸己。」故遇艱蹇，必自省於身。有失而致之乎？是反身也。有所未善則改之，无歉於心則加勉，乃自脩其德也。君子脩德以俟時而已。（卷第四）

「反身脩德」，王弼僅言其目，程頤則引而申之，二人同道，所論詳略不同，非有異也。而「脩德以俟時」，亦王弼之意也。王注〈困·初六〉曰：「困之為道，不過數歲者也，以困而藏，困解乃出。」（下經）困而知藏，待解乃出，即俟時之意。程頤再明藏而脩身之道，儒門之義理益顯。

1-2　遷善改過

〈益·象〉：「風雷益，君子以見善則遷，有過則改。」

> 王注：「遷善改過，益莫大焉。」（下經）

> 《程傳》：「風烈則雷迅，雷激則風怒，二物相益者也。君子觀風雷

〔註169〕《王弼》，頁119至127。台北：東大圖書公司，1988年。
　　　案：林氏以十點分析王弼之倫理思想，分別為：1.進德修業；2.遷善改過；3.著信立誠；4.存公忘私；5.敬慎防患；6.樂天待時；7.尚義斥利；8.主正反邪；9.執兩用中；10.親仁善鄰。又以五點分析王弼之政治思想，分別為：1.為政以德；2.小人勿用；3.斷訟在直；4.征討有常；5.法制應時。皆為《十翼》之主張也。

相益之象，而求益於己。爲益之道，无若見善則遷，有過
則改也。見善能遷，則可以盡天下之善；有過能改，則无
過矣。益於人者，无大於是。」（卷第五）

「遷善改過」爲儒家義理，《論語‧學而》載孔子之言曰：「過則勿憚改。」
王注承〈大象〉之意，以「遷善改過」爲益之莫大者，其推重儒家之精神可
知也。程頤則申卦象之義理，論益義之由來。亦以爲「有過能改」，「益於人
者，无大於是」。二人之論點一致也。王弼主得意忘象，故不解卦象；程頤則
兼而論之，是二人之相異處。

1-3　著信立誠

〈比‧初六〉：「有孚比之，无咎。」

王注：「著信立誠，盈溢乎質素之器，則物終來，无衰竭也。」（上
經）

《程傳》：「初六，比之始也。相比之道，以誠信爲本；中心不信而
親人，人誰與之？故比之始，必有孚誠，乃无咎也。孚，
信之在中也。」（卷第一）

「有孚」一語，《易》中多有。如〈需〉卦辭曰：「有孚光亨。」〈訟〉卦辭曰：
「有孚窒惕。」〈小畜‧六四〉爻辭：「有孚，血去惕出。」〈中孚‧九五〉爻
辭：「有孚攣如。」然〈彖〉、〈象〉二傳均不解釋「孚」字之義。王注則以誠
信釋之，程頤沿用其說，申論孚誠之道。王注謂「著信立誠」，物亦可感而終
來。程頤則以爲誠信乃「比道」之本。前已論及，《程傳》處處言誠，可稱之
爲「誠學」也。

（2）治國

2-1　爲政以德

〈乾‧九二〉：「見龍在田，利見大人。」

王注：「德施周普，居中不偏。雖非君位，君之德也。」（上經）

《程傳》：「田，地上也。出見於地上，其德已著。以聖人言之，舜
之田漁時也。」（卷第一）

《論語‧爲政》首章即載孔子「爲政以德，譬如北辰」之論。王注亦以「德
施周普，居中不偏」爲「君之德」。程頤以「舜」比之，直以爲聖王矣。王注
〈觀〉之九五曰：「上之化下，猶風之靡草。」借用《論語‧顏淵》孔子「君

子之德，風；小人之德，草；草上之風，必偃」之意。又謂：「百姓有罪，在予一人。」引用《周書・泰誓》「百姓有過，在予一人」之語。此語出自武王，武王亦爲儒家理想之聖王，王弼以儒家理想之聖王爲說，非儒家人物而何？

2-2　小人勿用

〈既濟・九三〉：「高宗伐鬼方，三年克之，小人勿用。」

王注：「高宗伐鬼方，三年乃克也。君子處之，故能興也；小人居之，遂喪邦也。」

《程傳》：「高宗，必商之高宗；天下之事既濟，而遠伐暴亂也。威武可及，而以救民爲心，乃王者之事也，唯聖賢之君則可；若騁威武，忿不服，貪土地，則殘民肆欲也，故戒不可用小人。小人爲之，則以貪忿私意也；非貪忿，則莫肯爲也。」

王注以君子與小人對舉，又謂小人能喪邦，則王之所謂小人，必爲《程傳》之小人。「貪忿私意」，即小人之行徑。小人居要位，必「殘民肆欲」，故爻辭戒之。爻辭既有是戒，王、程遂申其義。王注「喪邦」一語，尤爲精警也。

2-3　存公忘私

〈泰・九二〉：「……朋亡。……。」

王注：「无私无偏，存乎光大，故曰朋亡也。」

《程傳》：「夫時之既泰，則人習於安：其情肆而失節，將約而正之，非絕去其朋與之私，則不能也。故云朋亡。」

在位者治國，宜以公心從事，《周書・周官》即以之爲訓。其言曰：「以公滅私，民其允懷。」朋者，私類也，故宜「絕去」。然所謂「絕去」，非離朋類，乃處事以公，公私分明，王注「无私无偏」之謂也。王注〈大有・九五〉亦云：「不私於物，物亦公焉。」（上經）物我皆公，《禮記・禮運》「天下爲公」之意也。《程傳》「天下爲公」之論，所在多有。如解〈比・九五〉爻辭「顯比」曰：「聖人以大公无私治天下，於顯比見之矣。」（卷第一）釋〈同人〉卦義曰：「夫同人者，以天下大同之道，則聖賢大公之心也。」（卷第二）聖人以大公之心治天下，即弼「无私无偏，存乎光大」。於〈益・上九・象〉下曰：「理者，天下之至公。利者，眾人所同欲。苟公其心，不失其正理，則與眾同利，无侵於人，人亦欲與之。」（卷第五）斯亦弼「不私於物，物亦公焉」之意。

2-4　中正之道

〈訟‧九五〉：「訟，元吉。」

王注：「處得尊位，爲訟之主。用其中正，以斷枉直。中則不過，
正則不邪。剛无所溺，公无所偏，故訟元吉。」（上經）

《程傳》：「以中正居尊位，治訟者也。治訟得其中正，所以元吉也。
元吉，大吉而盡善也。」（卷第一）

九五爲天位，人君之尊位也。人君處事，斷以大公，則唯「中正」而已。「中
則不過，正則不邪」，亦爲程頤所主者。《程傳》「中正」一詞之出現，凡二百
九十五次，可見其治國之理念，一以「中正」爲依歸也。程頤嘗有中重於正
之說，詳第五章之論。

2-5　以法治國

〈噬嗑‧初九〉：「屨校滅趾，无咎。」

王注：「居无位之地，以處刑初，受刑而非治刑者也。凡過之所始，
必始於微而後至於著。罰之所始，必始於薄而後至於誅。過
輕戮薄，故屨校滅趾，桎其行也，足懲而已，故不重也。過
而不改，乃謂之過。小懲大誡，乃得其福，故无咎也。校者，
以木絞校者也；即械也。校者，取其通名也。」

《程傳》：「九居初，最在下，无位者也；下民之象，爲受刑之人。
當用刑之始，罪小而刑輕。校，木械也。其過小，故屨之
於足，以滅傷其趾。人有小過，校而滅其趾，則當懲懼，
不敢進於惡矣，故得无咎。〈繫辭〉云：『小懲而大誡，此
小人之福也。』言懲之於小與初，故得无咎也。」

比較二人解〈噬嗑‧初九〉「屨校滅趾」之義：初爲无位之地、下爲受刑之人、
小懲大誡之論、校字之釋義等，可見二人之解如出一轍。程承王說，淵源有
自，誰曰不宜？而由是亦可推知，以法治國，小懲大誡，防微杜漸，爲二人
之共同主張也。

　　由以上脩身三事，治國五事，即可知王、程易學義理，皆傳聖人之學。
易學至魏晉，雜入老莊思想，流於玄談，故儒理易至王弼即戛然而止。世以
弼引老子之「無有論」入道，故亦不以其學爲儒學也。以易學傳儒學，爲宋
代風尙。周敦頤即以易道傳儒理。程頤於少年（十四歲）時代，即以周敦頤
爲師，傳其「誠學」。青年時（二十四歲）游太學，又爲胡瑗弟子。瑗於太學

講《易經》，即倡經學乃經世致用之學，復以《易》明體達用。其弟子倪天隱述其學，成《周易口義》，其書尚存於《四庫全書》。程頤承其學風，傳《易》時亦偶用其說。〔註170〕瑗取「易」爲變易之義，更爲程頤所宗。其〈易傳序〉開宗明義即謂：「易，變易也。」（詳見第四章之論）至於王安石易學，程頤亦推介之。然其《易》著已佚，王鐵《宋代易學》一書有輯本，尚可略知梗概。〔註171〕胡自逢謂，安石好以「才」字命卦爻，「固伊川所取也」；並引〈訟·象〉爲證，以見程頤喜用卦才、爻才之詞。〔註172〕程頤亦有用安石意者，或申詳之，詳見胡著，不敢掠美。〔註173〕總之，綜觀安石易學輯存，知安石亦以儒門義理，藉《易》論治國之道、君子之道者也。〔註174〕故程頤推之，不以人廢言。程頤雖謂安石「不識道字」，不識道，又豈害乎其行義也。荀子、王弼亦不識道，然其儒門義理可採者，即採之而已。畢竟道貴踐履，行與道離，終非好事。儒門之核心價值，實在於踐履工夫。故程頤曰：

> 今之學者，歧而爲三：能文者，謂之文士；談經者，泥爲講師；惟
> 知道者，乃儒學也。〔註175〕

儒學貴身體力行，知行合一，所謂易道，亦如是而已矣。程頤藉《易》言道，既申儒門大義，復能踐履盡之，不以出處進退爲繫累，直道而行，知義之所在，即命之所在，眞君子也。

〔註170〕《程傳》用胡瑗之說者凡四見。〈觀〉卦辭、〈大畜·上九〉、〈夬·九三〉、〈漸·上九〉是也。胡自逢論之尤詳，不敢掠前人之美，詳見其《程伊川易學述評》頁 328 至 329。

〔註171〕詳第一章注 118。

〔註172〕《程傳》卦才論見本文第六章第三節。

〔註173〕同注 170，胡著頁 329 至 331。

〔註174〕茲據王鐵「輯存」，錄安石注《易》之義，以見一斑。論治道者，如：〈乾·文言〉，安石曰：「忠信，行也。修辭，言也。知九五之位可至而至之，舜、禹、湯、武是也。非常義也，故曰『可與幾也』。知此位可終則終之，伊、周、文王是也。可與存君臣之大義也。」（頁 261 至 262）論君子道者，如〈晉·初六〉，安石曰：「初六以柔進，君子也，度義以進退者也。」（頁 280）「君臣大義」與「度義以進退」，正是程頤所倡，故程頤推之、用之，《程傳》與安石易學亦有淵源關係者，聊備於是。

〔註175〕《程氏遺書》卷第六，《二程集》頁 95。

第三章　《程傳》外緣論

　　《程傳》成書於宋哲宗元符二年（1099）。其時也，程頤年六十七，正編管涪州。翌年四月，哲宗崩，徽宗立，大赦天下，程頤復宣德郎職，還洛。有關程頤對其《易傳》之態度，尹焞弟子呂堅中記其師之言曰：

> 伊川自涪陵歸，《易傳》已成，未嘗示人。門弟子請益，有及《易》書者，方命小奴取書篋以出，身自發之，以示門弟子，非所請不敢多閱。〔註1〕

程頤弟子楊時復載其事曰：

> 子爲《易傳》成，門人再三請傳，終不可。問其故，了口：「尚不祈有少進也乎？」時已七十餘矣。〔註2〕

《程傳》書稿已成多時，而程頤仍不肯輕易示人，謂尚祈有少進，其著作態度之嚴謹，固屬難能；然矜慎如此，亦頗不近情理，莫不有難言之隱哉？程頤卒於大觀元年（1107），年七十五。楊時謂「時已七十餘矣」，此載或爲程頤年七十三、四之事也。因程頤不肯輕易示其著作於人，身後即書稿四散，坊間雖有流傳，唯錯亂重複，幾不可讀。後經楊時、尹焞先後輯次修訂，校閱成書，始有可觀。《程傳》成書問題，後人頗多揣測。本章即就前賢所論，歸納《程傳》之外緣問題有六：書名、卷數、體例、傳授、〈易序〉與〈上下篇義〉之作者疑義等六大公案，逐一考論之如下也。

〔註1〕《程氏外書》卷第十二，《二程集》頁 439。
〔註2〕《程氏粹言》卷第一〈論書篇〉，《二程集》頁 1205。

第一節　書名論

南宋陳振孫《直齋書錄解題》「《伊川易解》六卷」條云：

> 《伊川易解》六卷，崇政殿說書河南程頤正叔撰。止解六十四卦，不解〈大傳〉，而以〈序卦〉分置諸卦之首，蓋唐李鼎祚《集解》亦然。伊川平生著述，惟《易傳》爲深，而亦不解〈大傳〉。〔註3〕

《程傳》，《解題》作《伊川易解》。南宋晁公武《郡齋讀書志》稱作《程氏易》〔註4〕，元初馬端臨《文獻通考》則作《伊川易傳》〔註5〕。考程頤〈答張閎中書〉云：「《易傳》未傳，自量精力未衰，尚覬有少進爾。」〔註6〕尹焞曰：「先生平生用意，惟在《易傳》。」〔註7〕師生均言其著爲《易傳》，當作《易傳》爲是也；振孫所錄，題爲《易解》，不知何故？《讀書志》又云：「考正叔之《解》，不及象數，頗與胡翼之相類。」公武亦云「解」，則傳《易》之書，時人又稱《易解》邪？觀《解題》所載，傳《易》之作，或稱《易傳》，或稱《易解》。統理之，以《易傳》爲書名者，計有子夏《易傳》、京房《易傳》、東坡《易傳》、朱熹《易傳》（據《解題》，朱熹原有《易傳》十一卷、《易本義》十二卷）、誠齋《易傳》等五部。而以《易解》爲書名者，計有皇甫泌《易解》、王安石《易解》、程頤《伊川易解》、張根《吳園易解》、沈括《易解》、李椿年《逍遙公易解》等六部。振孫係以家中藏書作《解題》，其所藏程頤之著，書名必爲《易解》，而非《易傳》也。然《解題》前云《易解》「止解六十四卦，不解〈大傳〉」，後曰「伊川平生著述，惟《易傳》爲深，而亦不解〈大傳〉。」細味「亦」字意，前後稱述書名不同，則程頤《易》著有二，一爲《易解》，一爲《易傳》，可確論也。但《易解》不傳，後世又無人論及，豈不異哉？〈答張閎中書〉又云：「書雖未出，學未嘗不傳也，第患無受之者爾。」讀《伊川語錄》，其中論《易》之語與《易傳》所載頗多雷同，〔註8〕

〔註3〕原文錄自廣文書局《書目續編》之《直齋書錄解題》頁 41，並參酌何師廣棪《陳振孫之經學及其直齋書錄解題經錄考證》，頁 243 至頁 244。台北：里仁書局，1997 年。

〔註4〕說見王先謙《郡齋讀書志》校刊本卷第一「上經部易類」。廣文書局《書目續篇》頁 327。

〔註5〕《文獻通考》卷一百七十六《經籍考》三所錄作《伊川易傳》十卷。台北：新興書局，1958 年。

〔註6〕《程氏文集》卷第九，《二程集》頁 615。

〔註7〕語見朱熹《伊川先生年譜》，《二程集》頁 345。

〔註8〕如《程氏粹言》卷第一載：「子曰：『天下之害，皆已遠本而末勝也。峻宇雕

《易解》一書，程頤平日之講義邪？程頤嘗謂「六十以後著書」，〔註 9〕故其平日之講稿，尚不得以「書」稱之。或謂一書而異名，意主調停；〔註 10〕惟《易解》無傳，不得不已之論爾。

　　振孫題程頤著爲《伊川易解》，《讀書志》又作《程氏易》，《通考》與清人編鈔之《文淵閣欽定四庫全書》均作《伊川易傳》；〔註 11〕元代積德書堂《古逸叢書》之四，覆元至正本作《易程傳》，〔註 12〕而董眞卿則逕稱《程傳》。〔註 13〕明代編修之《二程全書》作《周易傳》〔註 14〕。清初朱彝尊《經義考》作《程氏頤易傳》，〔註 15〕清季瞿鏞《鐵琴銅劍樓藏書目錄》又作《伊川程先生周易經傳》。〔註 16〕近人王孝魚點校之《二程集》又更名爲《周易程氏傳》，梁書弦則作《程氏易傳》〔註 17〕；黃忠天又作《周易程傳》。〔註 18〕要之，程頤《易傳》，書名或冠以姓氏、或冠以稱號、或《周易》與姓氏

牆，本於宮室；酒池肉林，本於飲食；淫酷殘忍，本於刑罰；窮兵黷武，本於征伐。先王制其本者，天理也；後王流於末者，人欲也。損人欲以復天理，聖人之教也。』」即見於〈損〉卦卦辭「曷之用？二簋可用享」下。《程傳》曰：「天下之害，无不由末之勝也。峻宇雕牆，本於宮室；酒池肉林，本於飲食；淫酷殘忍，本於刑罰；窮兵黷武，本於征討。凡人欲之過者，皆本於奉養；其流之遠，則爲害矣。先王制其本者，天理也；後人流於末者，人欲也。損之義，損人欲以復天理而已。」兩者文辭小異而大同。《程傳》引文，均以作者集校之《易程傳》爲本。

〔註 9〕《程氏遺書》卷第二十四，《二程集》頁 314。

〔註 10〕何師廣棪《陳振孫之經學及其直齋書錄解題經錄考證》一書第三章〈陳振孫之經學〉云：「《伊川易解》，亦即《易傳》一書，同書而異名。」頁 34。然何師於〈陳振孫易學之研究〉一文又云：「此條中所記《易傳》，其與《伊川易解》，應非同一書。」（《碩堂文存》六編，頁 176）前後兩說。蓋後說晚出，應以後說爲是也。

〔註 11〕《文淵閣欽定四庫全書》「經部」一「易類」作《伊川易傳》；台灣商務印書館《合印四庫全書總目提要及四庫未收書目禁燬書目》第一冊改列於「經部」二，作「《易傳》四卷」。

〔註 12〕台灣藝文印書館《周易傳》內頁有「覆元至正本《易程傳》」一語。見 2006年五月初版四刷。

〔註 13〕朱彝尊《經義考》引董眞卿語曰：「《程傳》正文，只據王弼本，亦只有六十四卦，……。」《程傳》書名，似以此爲最早見。

〔註 14〕此據台灣中華書局《四部備要》本及清同治十年「六安求我齋」刊本。

〔註 15〕《經義考》卷二十，「易」十九。中文出版社，日本 1978 年本，頁 119。

〔註 16〕瞿鏞《鐵琴銅劍樓藏書目錄》有「伊川程先生《周易經傳》十卷」解題。頁59 至頁 62，廣文書局，1969 年。

〔註 17〕見梁書弦《程氏易傳導讀》，齊魯書社出版，2003 年。

〔註 18〕見黃忠天《周易程傳註評》，高雄復文出版社，2006 年。

連稱、或逕稱《程傳》等，可謂名稱繁多，不一而足；究其用意，乃後人藉以分別他人傳《易》或出版之作也，原非程頤本意。《程傳》書名各傳其異，茲彙整各種名稱而見諸坊間者計有十一種，列之如下：

1. 《伊川易解》
2. 《程氏易》
3. 《伊川易傳》
4. 《易程傳》
5. 《程傳》
6. 《周易傳》
7. 《周易程氏傳》
8. 《程氏頤易傳》
9. 《伊川程先生周易經傳》
10. 《程氏易傳》
11. 《周易程傳》

《易》本卜筮之書，舊說爲周文王所作。然程頤解《易》，從不著一「周」字，更不涉及筮法；故謂其著爲《周易傳》、《周易程氏傳》、《周易程傳》皆非探源之稱。程頤自謂其著爲《易傳》，「易」者何也？其〈易傳序〉開宗明義即云：「易，變易也；隨時變易以從道也。」《程氏遺書》又云：「上天之載，無聲無臭，其體則謂之易，其理則謂之道。」〔註19〕程頤以爲，「易」乃天體，其理謂道，故所謂「變易」者，天道之變易也。程頤又謂人應從天道之變易而變易。然天道幽微，人又何以識而從之？其《易傳》即論其理，釋其故，並謂「體用一源，顯微無間」，示天道與人道爲一。天人合德，孔子五十而知之。程頤視《十翼》爲聖人作，其《易傳》實發揮《十翼》而施諸人事者也，已非文王之舊矣。朱熹云：「伊川見得箇大道理，卻將經來合他這道理，不是解《易》。」〔註20〕其說雖偏，亦是事實。蓋程頤非不解《易》也，不解《周易》而已；〔註21〕故後學稱程頤《易傳》，或稱《伊川易傳》、或稱《程氏易傳》、或稱《易程傳》，不亦宜乎？本論文則依董眞卿之例逕稱《程傳》，以示其簡要，免繁蕪之病也。

〔註19〕《程氏遺書》卷第一，《二程集》頁 4。
〔註20〕《朱子語類》卷六十七，頁 1653。
〔註21〕詳見第二章第四節《《程傳》價值論》

第二節　卷數論

　　《解題》載《伊川易解》作六卷。《四庫·伊川易傳提要》引南宋王偁《東都事略》載是書，亦作六卷。然《讀書志》稱《程氏易》十卷；《通考》所錄《伊川易傳》亦爲十卷。《宋史·藝文志》所錄，《易傳》九卷、〈繫辭解〉一卷，合之亦爲十卷之數。〔註22〕《經義考》據《通考》錄爲十卷；瞿鏞《鐵琴銅劍樓藏書目錄》卷一有《伊川程先生周易經傳》十卷，其《解題》云：「此卷則《傳》八卷、〈繫辭解〉二卷。」〔註23〕而《二程全書》、《四庫》則作四卷。七書所載之書名、卷數均與《解題》、《東都事略》相異。書名之異已如前述，繼之考其卷數之異也。

　　據上所述，《伊川易傳》卷數，有十卷本、九卷本（〈繫辭解〉一卷除外）、八卷本、六卷本及四卷本五種。其參差之故，《提要》據楊時〈校正《伊川易傳》後序〉謂：「當時本無定本，故所傳各異耳。」〔註24〕考楊時〈後序〉云：

> 伊川先生著《易傳》，方草具，未及成書，而先生得疾，將啓手足，以其書授門人張繹。未幾而繹卒，故其書散亡，學者所傳無善本。政和之初（案：徽宗政和元年，西元1111年），予友謝顯道得其書於京師，示予，而錯亂重複，幾不可讀。東歸，待次毘陵，乃始校定，去其重複，踰年而始完。〔註25〕

楊時〈後序〉所述要點有三：一、程頤在生之時，《易傳》尚未成書；二、臨終時授與門人張繹；三、其書散亡，學者所傳無善本，謝顯道得之於京師，但「錯亂重複，幾不可讀」，故楊時「乃始校正，去其重複」。一、二兩點，後人頗有討論，容後再議。第三點「學者所傳無善本」，乃《提要》「當時本無定本，故所傳各異耳」之所據。但此說清人楊守敬則未然其說，云：

> 其參差之故，或謂當時本無定本，故所傳各異，而其實非也。余謂：《遺書》之四卷，爲明人所併；端臨之十卷，蓋據時坊刻《程朱傳義合刊》云然，而《宋志》因之，非別有所據傳鈔本也。日本昌平學藏有《程朱傳義》十卷，元延祐甲寅孟冬翠巖精舍刊本（余亦得殘本二冊），亦缺宋諱，則其根源於宋本無疑。〔註26〕

〔註22〕　《宋史》第二百零二卷，《志》一百五十五卷，〈藝文一〉。
〔註23〕　同註16，語見頁59。
〔註24〕　《四庫全書總目提要》卷一，「經部」，「易類」二，「《易傳》四卷」條，總頁15。
〔註25〕　文見楊時《龜山集》卷第二十五。（《四庫全書》）
〔註26〕　引文錄自《大易類聚初集》第一冊附錄《四部要籍序跋大全》。台北：新文豐

楊守敬謂《程傳》當時本無定本，故所傳各異，此說「其實非也」。《遺書》之四卷本爲明人所併；而《通考》之十卷本「蓋據時坊刻《程朱傳義合刊》云然，而《宋志》因之，非別有所據傳鈔本也」。然楊時〈序〉明言程頤以其書授門人張繹，豈無定本？又考《程朱傳義合刊》之舉，瞿鏞謂始於董楷；〔註27〕董楷爲宋理宗寶祐四年（1256）進士，而其書《周易傳義附錄十四卷》成於度宗咸淳年間（1265～1274），明載爲「十四卷」，非十卷也。守敬又謂「日本昌平學藏有《程朱傳義》十卷」，據之即認定爲「端臨之十卷」，頗爲武斷；因雖同爲「十卷」之本，但書名卻明顯不同。守敬所提之「《程朱傳義》」，爲《程傳》與朱熹《周易本義》之合訂本，非獨《程傳》也。《通考》體例嚴謹，端臨又豈是馮京作馬涼之輩？即使端臨誤以《程朱傳義》爲《伊川易傳》，又何以解釋《讀書志》之稱《程氏易》十卷？蓋晁氏南宋高宗紹興二年（1132）進士，與董楷相去超過百年，應無緣及見；而《程朱傳義》更在其後，可知守敬之言非確論也。瞿氏亦藏有十卷本之《程朱傳義》，下注爲「元刊本」，是否即爲守敬所述「日本昌平學」所藏之本？無法證實，不敢武斷。而瞿氏謂此本「似矯董書之失而改之」，即明言非董楷十四卷之本也。此本不著撰人，瞿氏謂「前有《本義》卦圖，後有《筮儀》而無序跋，不知何人輯錄？」〔註28〕疑爲坊間所爲也。《伊川易傳》、《程朱傳義》，瞿氏兩存；端臨如同時及見，理應亦兩存之也。

《伊川易傳》卷數之異，瞿鏞亦曾論及之。云：

> 案《二程全書》中，《伊川易傳》止四卷。《東都事略》、《書錄解題》并稱六卷，蓋皆未有〈繫辭解〉之本。《郡齋讀書志》則作十卷，與《宋史·藝文志》同；然《宋志》稱「《傳》九卷、〈繫辭解〉一卷」。晁氏斷不及見〈繫辭解〉，其所稱十卷者，蓋別是一本。〔註29〕

愚案：〈繫辭解〉原載於伊川《經說》卷一中，《經說》一書宋時已有版行。清人吳廷棟重校《二程全書》，其〈凡例〉云：「《遺書》、《外書》、《經說》、《文集》，

出版社，1983 年。

〔註27〕《鐵琴銅劍樓藏書目錄》另有《程朱二先生周易傳義》十卷，此語出自其《解題》，頁 70。

〔註28〕同前注，頁 68。

〔註29〕同注 16。

在宋時版行，號《程氏四書》。」〔註30〕據此，可知〈繫辭解〉原無附於《伊川易解》之中。宋時既已版行《程氏四書》，晁氏是否及見，無資料佐證，不敢遽下定論；瞿氏亦但云「蓋別是一本」而已。然《宋志》作「《傳》九卷、〈繫辭解〉一卷」，則「《傳》九卷」必有所據；如據《通考》之載，則《通考》《伊川易傳》亦為「《傳》九卷、〈繫辭解〉一卷」也。而瞿氏所藏之本，自云「《傳》八卷，〈繫辭解〉二卷」，可知當時尚有八卷本之《伊川易傳》矣。

綜合論之，程頤之後，其《易傳》流傳，蓋有十卷本、九卷本、八卷本、六卷本及四卷本五種。而考其祖本，應如《解題》、《東都事略》所云「六卷本」也。程頤長子端中為《伊川先生文集》作序，後附言「先生有《易傳》六卷」之語，此乃鐵證，則《易傳》原作六卷無疑矣。而今坊間所見，僅存《古逸叢書》所收之六卷本，與《二程全書》、《四庫》之四卷本。愚嘗詳加比較三書異同，成《易程傳集校》一書，收入台北花木蘭文化出版社《古典文獻研究輯刊》七編。三書內容大抵無別，文辭稍有異同而已。由是知四卷本乃併六卷本而成也；乃分卷之異，非內容有所參差。茲表列對照其分卷目錄，以辨其異同如下：

《伊川易傳》六卷本與四卷本對照表

		六　　卷　　本		四　　卷　　本
上 經	卷一	乾、坤、屯、蒙、需、訟、師、比、小畜、履	卷一	乾、坤、屯、蒙、需、訟、師、比、小畜、履、泰、否、同人、大有
	卷二	泰、否、同人、大有、謙、豫、隨、蠱		
	卷三	臨、觀、噬嗑、賁、剝、復、无妄、大畜、頤、大過、習坎、離	卷二	謙、豫、隨、蠱、臨、觀、噬嗑、賁、剝、復、无妄、大畜、頤、大過、習坎、離
下 經	卷四	咸、恒、遯、大壯、晉、明夷、家人、睽、蹇、解	卷三	咸、恒、遯、大壯、晉、明夷、家人、睽、蹇、解、損、益、夬、姤、萃、升
	卷五	損、益、夬、姤、萃、升、困、井、革、鼎		
	卷六	震、艮、漸、歸妹、豐、旅、巽、兌、渙、節、中孚、小過、既濟、未濟	卷四	困、井、革、鼎、震、艮、漸、歸妹、豐、旅、巽、兌、渙、節、中孚、小過、既濟、未濟

〔註30〕《二程集》：〈重校《二程全書》凡例〉。

> 六卷本：將《周易》上、下經各分爲三卷。上經卷一自〈乾〉卦至〈履〉；卷二自〈泰〉
> 卦至〈蠱〉；卷三自〈臨〉卦至〈離〉。下經卷四自〈咸〉卦至〈解〉；卷五
> 自〈損〉卦至〈鼎〉；卷五自〈震〉卦至〈未濟〉。
>
> 四卷本：仍分《周易》爲上、下經。惟上、下經又各分爲二卷。上經卷一自〈乾〉卦
> 至〈大有〉；卷二自〈謙〉卦至〈離〉；下經卷三自〈咸〉卦至〈升〉；卷四
> 自〈困〉卦至〈未濟〉。

第三節　體例論

《四庫總目・伊川易傳提要》云：

> 其書但解上、下經，及〈彖〉、〈象〉、〈文言〉，用王弼注本；以〈序
> 卦〉分置諸卦之首，用李鼎祚《周易集解》例。惟〈繫辭傳〉、〈說
> 卦傳〉、〈雜卦傳〉無注。董眞卿謂亦從王弼。今考程頤〈與金堂謝
> 湜書〉謂：「《易》當先讀王弼、胡瑗、王安石三家。」謂程頤有取
> 於弼，不爲無據；謂不注〈繫辭〉、〈說卦〉、〈雜卦〉以擬王弼，則
> 似未盡然；當以楊時「草具未成」之說爲是也。〔註31〕

此節乃論《程傳》之體例也。《程傳》體例，《解題》已首發之，謂「伊川止
解六十四卦，不解〈大傳〉，而以〈序卦〉分置諸卦之首，蓋唐李鼎祚《集解》
亦然。」以〈序卦〉分置諸卦之首，乃襲李鼎祚《集解》體例；而「止解六
十四卦，不解〈大傳〉」，《解題》則未明其源委。董眞卿曰：「《程傳》正文，
只據王弼本，亦只有六十四卦，〈繫〉、〈序〉、〈傳〉有及卦爻者，掇入《傳》
中，故無〈繫辭〉以後。」〔註32〕董氏明白道出只解六十四卦之例乃源於王
弼；然《提要》卻未盡然其說，認爲程頤傳《易》，「有取於弼，不爲無據」；
但何以「不注〈繫辭〉、〈說卦〉、〈雜卦〉」？《提要》以爲「當以楊時『草具
未成』之說爲是也」。不取董氏「擬王」之說。愚意以爲，《提要》誤解楊時
語，其論未爲覈實也。再考〈答張閎中書〉云：

> 《易傳》未傳，自量精力未衰，尚覬有少進爾。然亦不必直待身後，
> 覺耄則傳矣。書雖未出，學未嘗不傳也，第患無受之者爾。（已見前
> 引）

前云「《易傳》未傳」者，乃未公開其書以傳授門人，非書未成也。後云「書
雖未出」者，意謂該書雖尙未出版公開，其內容於講授時已有傳予弟子矣。

〔註31〕同注 24。
〔註32〕同注 13。

由此可知，程頤所藏乃其手稿，而於《語錄》中所見程頤《易》說，部分爲其晚年講學之資料。再考楊時《粹言》之語云：

> 子爲《易傳》成，門人再三請傳，終不可。問其故，子曰：「尚不祈
> 有少進也乎？」時已七十餘矣。（已見前引）

此條已明言《程傳》已成，程頤時年七十餘，而仍未公開也。朱熹亦曰：「伊川《易傳》卻只管修改，晚年方出。」〔註33〕所謂「晚年」，已於程頤病危之際矣。近人王鐵以爲楊時「草具未成」之語「不是事實」。云：「程頤卒時，《易傳》書稿早已完成，只是程頤尚希望能有所改進。」〔註34〕王氏此言仍有語病，亦誤解「草具未成」之語。既云「卒時」，何以仍能「希望能有所改進」？此其語病也。所謂「草具」者，乃書稿已具之意；「未成」者，蓋指《易傳》書稿尚未版印成書也。故事實上，楊時之意，「草具」即謂書稿已完成；「未成」者，唯未版印成書爾。唯有此解，方與《粹言》之「子爲《易傳》成」一語相協諧也。程頤亦嘗言：「某於《易傳》，殺曾下工夫。如學者見問，盡可有商量；書則未欲出之也。」〔註35〕「商量」者，謂可取閱瀏覽，或傳授其中義理；而書則未欲出版公開。既明前人之意，再回觀《易傳》體例問題。體例爲一書之骨架，先定體例，再行撰寫，乃著書之不二法門；豈有人已晚年，書將定稿，而尚有翻修體例者哉？近人朱伯崑嘗云：「此書（按：即《程傳》一書）大概是仿王弼《周易注》，只注解《周易》經文和〈彖〉、〈象〉、〈文言〉三傳，對〈繫辭〉以下等傳皆無注解。」〔註36〕程頤解《易》，大抵仿王弼注，以義埋爲重，而輕象數；故其不解〈繫辭〉以下，蓋亦有所本焉。詳考《程傳》內容，其〈繫辭〉解實已掇入《傳》中，誠如董眞卿之言也。姑舉二例以明之：

〈同人〉九五爻辭曰：「同人，先號咷而後笑。大師克，相遇。」《程傳》引〈繫辭〉曰：「君子之道，或出或處，或默或語。二人同心，其利斷金。」云：

> 中誠所同，出處語默无不同，天下莫能間也。同者，一也。一不可
> 分，分乃二也。一可以通金石、冒水火，无所不能入，故云「其利
> 斷金」。其理至微，故聖人贊之曰：「同心之言，其臭如蘭。」謂其
> 言意味深長也。（卷第二）

〔註33〕語見〔南宋〕朱鑑《文公易說》卷十九。（《四庫全書》）
〔註34〕語見《宋代易學》第四章第七節「程頤的《易傳》」，頁146。
〔註35〕《程氏外書》卷第五，《二程集》頁374。
〔註36〕語見《易學哲學史》第二卷，頁202。

〈大有〉卦上九〈象〉曰：「大有上吉，自天祐也。」《程傳》曰：

> 大有之上，有極當變。由其所爲順天合道，故天祐助之，所以吉也。
> 君子滿而不溢，乃天祐也。〈繫辭〉復申之云：天之所助者，順也；
> 人之所助者，信也。履信思乎順，又以尚賢也；是以自天祐之，吉
> 无不利也。

> 履信，謂履五。五虛中，信也。思順，謂謙退不居。尚賢，謂志從
> 於五。大有之世，不可以盈豐；而復處盈焉，非所宜也。六爻之中，
> 皆樂據權位，唯初、上不處其位，故初九无咎，上九无不利。上九
> 在上，履信思順，故在上而得吉，蓋自天祐也。（卷第二）

案：〈同人〉卦九五所引〈繫辭〉，爲〈上繫〉第八章之文；而〈大有〉卦上
九所引，則爲〈上繫〉第十二章之文。《程傳》並爲之闡述義理，非徒注釋而
已。〈繫辭〉之內容，既有筮術之說明，復有儒門義理之闡發。程頤但申義理，
不及筮術，如全面注釋〈繫辭〉，筮術部分必無可避免，故其不注〈繫辭〉，
於情理可以理解也。《程氏經說》中有〈繫辭解〉一卷，只解〈上繫〉前十章，
涉筮術部分即不與焉。而程頤之解，乃申每章義理，非逐一章句注釋也。〈說
卦〉、〈雜卦〉部分，亦有與〈繫辭〉之相同問題，故程頤亦不擬爲之作注。
由此可見，程頤不注〈繫辭〉、〈說卦〉、〈雜卦〉，非如《提要》所謂「因草具
未成」之故也。

第四節　傳授論

　　所謂「傳授」，一爲教授，一爲授與；今所論傳授乃指後者。程頤臨終之
際，將《易傳》授與門弟子，蓋有二說。楊時〈後序〉謂，程頤授與門人張
繹；而朱熹《伊川年譜》卻云：「五年（案：徽宗崇寧五年也，西元 1106 年），
復宣義郎，致仕。時《易傳》成書已久，學者莫得傳授，或以爲請。先生曰：
『自量精力未衰，尚覬有少進耳。』其後寢疾，始以授尹焞、張繹。大觀元
年（案：翌年即改元大觀，西元 1107 年也）九月庚午卒於家，年七十有五。」
〔註 37〕據此，程頤將《易傳》授與尹焞、張繹二人，而非楊時所謂一人也。
究係一人抑是二人？南宋以來無有論辯之者，近人姜海軍始提出討論。姜氏
認爲《易傳》應授二人，而「楊時的看法并不準確」，理由有二，其一云：

〔註 37〕同注 7。

因爲在當時朝廷黨爭及程頤病危之際，他已經南行，并不在程頤身邊，更不可能得到程頤的眞傳，所以他自己曾經也有「不及親受旨意」的話。故楊時對程頤將其《易傳》傳授給哪一位弟子，他是不清楚的，自然道聽途説，得出張繹傳程頤《易傳》的結論。〔註38〕

其二云：

程頤傳《易傳》于張繹和尹焞二人的事實，這也可以從其它文獻中得到佐證。如《程氏外書》記載：「崇寧初，范致虛言：『程頤以邪説詖行，惑亂眾聽，尹焞、張繹爲之羽翼。』遂下河南府體究。」當時朝廷黨爭的結果，洛黨處于下風，黨魁程頤成爲政治迫害的對象，而此時只有尹焞和張繹始終在他身邊，《宋史》也記載：「頤嘗言『吾晚得二士』，謂繹與尹焞也。」這些都可以證明，程頤最終會將其《易傳》傳給尹焞、張繹。

姜氏之言，所謂「佐證」云者，亦非直接證據，乃就相關史事而推論之耳；然其推論有待商榷。姜氏對北宋黨爭之瞭解似未深入。崇寧之初已是蔡京當道，所謂新黨、舊黨，洛、蜀、朔云云，一律遭其擯斥，非獨程頤也。至於其推論，愚亦有兩點疑之：其一、以「不在程頤身邊」，而推論楊時「道聽途説」，理由難以服人。蓋楊時爲伊川及門第子，伊川病危之際雖已南行，猶去之未遠；朱熹爲楊時四傳弟子，其時已入南宋中期，其「道聽途説」更有可能，何故捨近而求遠？故知「道聽途説」之理由爲難通。其二、程頤川病危之際，繹、焞二人因「始終在他身邊」，故推定程頤必「最終會將其《易傳》傳給」二人。但細味「草具未成」之語，前已考之，蓋指《易傳》尚未版行也。既未版行，書稿止一，又何得以同授二人邪？雖二人「始終在他身邊」，亦僅有一人能獲得手稿。或謂，書稿雖止一本，而二人同時在場，尹焞於事後抄之成二，亦未可知；此所以朱熹謂授與二人也。其說可通；然考諸《年譜》，伊川時坐黨禁，「言者論其著書非毀朝政，於是有旨追毀出身以來文字；其所著書，令監官覺察」。〔註39〕此乃《易傳》雖成多時，而程頤仍不肯示人之主因也；所謂「自量精力未衰，尚覬有少進」，藉辭而已。後因知大限將至，又已「復宣義郎致仕」，情勢稍緩，始肯將書稿授與門人；然門人亦豈敢造次版行？尹焞曰：「先生之葬，洛人畏入黨，無敢送者；故祭文惟張繹、范域、

〔註38〕引文轉錄自姜海軍《程氏易傳》的成書及流傳考〉一文。《周易研究》第五期，頁 67。2007 年 10 月。
〔註39〕同注 7。

孟厚及煒四人。」〔註40〕其時勢凶險，可見一斑。張繹得其書稿，想必亦匿藏之；煒縱有抄錄，亦恐未全；全，亦必不肯示人。未幾繹卒，故其書散亡。後爲門人謝顯道得之於京師，以贈楊時；但已「錯亂重複，幾不可讀」。其書流傳所遇風險，波折可知。楊時得顯道之贈，「乃始校定」，遂有定本。按《龜山年譜》記載，時乃於政和四年（1115）徙居毗陵（今蘇州省鎮江市東南），次年而書成。〔註41〕

尹煒既無所受，縱有抄本亦不得傳。考之《宋史》，《道學傳二‧程氏門人》於尹煒條曰：

> 次年（案：靖康二年也，北宋滅祚之年，西元 1127），金人陷洛，煒闔門被害，煒死復蘇，門人舁置山谷中而免。劉豫命僞帥趙斌以禮聘煒，不從，則以兵恐之。煒自商州奔蜀，至閬，得程頤《易傳》十卦于其門人呂稽中，又得全本于其婿邢純，拜而受之。紹興四年，止於涪。涪，頤讀《易》地也，辟三畏齋以居，邦人不識其面。侍讀范沖舉煒自代，授左宣教郎，充崇政殿說書，以疾辭。范沖奏給五百金爲行資，遣漕臣奉詔至涪親遣。六年，始就道，作文祭頤而後行。〔註42〕

據此，尹煒曾遭滅門之禍，縱有抄本恐亦毀於烽火；所傳之本乃得之於其婿邢純，其時已遞南宋高宗紹興年間矣（紹興元年爲1131）。然尹煒所得《易傳》，是否即楊時所定本，則未可知。煒於紹興四年至六年間，於涪「辟三畏齋」隱居，不爲人知，想必於此時閉門研讀乃師之作也。呂祖謙曾謂家藏《易傳》，乃「出尹和靖（案：據《宋史》載，靖康元年，欽宗賜煒號「和靖處士」）先生家，標注皆和靖親筆」。〔註43〕由此可推論之也。祖謙又謂：「近復得朱元晦所訂，讎校精甚，遂合尹氏書，與一、二同志手自參定，其同異兩存之」，

〔註40〕語見張繹〈祭文〉，《二程集》頁 347。

〔註41〕于浩：《宋明理學家年譜》。見〔清〕毛念恃《龜山年譜》。毛氏將校正與作序繫於同年（政和四年），誤。北京：北京圖書館，2005 年。

〔註42〕引文見《宋史》卷四百二十八，《列傳》第一百八十七《道學二‧程氏門人》。

〔註43〕〈呂東萊跋語〉云：「伊川先生遺言見于世者，獨《易傳》爲成書。傳摹浸舛，失其本眞，學者病之。某舊所藏本，出尹和靖先生家，標注皆和靖親筆。近復得新安朱元晦所訂，讎校精甚；遂合尹氏、朱氏書，與一、二同志，手自參定，其同異兩存之，以待知者。既又從小學家是正其文字，雖未敢謂無遺恨，視諸本亦或庶幾焉。會稽周汝能堯夫、鄮山樓鍔景山，方職教東陽，迺取刊諸學宮。」

並刊之學宮。今坊間所見積德書堂覆刻元至正之《易程傳》，正是「同異兩存」
之本，其取之於是邪？

第五節　〈易序〉之作者問題

　　《程傳》於南宋時已有單行，楊時、尹焞、朱熹、呂祖謙等先後亦有校
本問世。明以來所刻《程傳》，據云均以〈易傳序〉、〈易序〉及〈上下篇義〉
三文冠於其首；後二文之錄，南宋已然。〔註44〕元人嘗疑之。董眞卿云：「〈易
序〉及〈上下篇義〉或以不載《伊川文集》爲疑。」〔註45〕積德書堂本《易
程傳》即不載二篇；元人已疑〈易序〉及〈上下篇義〉非程頤作矣。元人譚
善心所輯《程頤遺書》采宋人熊節《性理群書》〈易序〉之錄，列爲程頤遺文。
然《四庫》所收《性理群書》，於〈易序〉下署名「文公」，即認爲係朱熹之
作也。朱熹之前，有周行己者，嘗爲程頤弟子；其《浮沚集》載有〈易講義
序〉，文字與〈易序〉大同而小異。程頤之作歟？行己之作歟？朱熹之作歟？
　　〈易序〉全文見「附錄一」。
　　觀其內容，首段言《易》之所由作；次段言《易》之道；三段言《易》
之用；四段言知《易》之要；末段宕開一筆，揭示《易》道本無形未見之旨。
明顯爲論《易》者，非題《易傳》也；置於《程傳》之前，實屬不宜，無怪
乎啓後人之疑竇也。
　　朱伯崑嘗比較〈易序〉與〈易傳序〉，其言曰：

> 　　〈易序〉是講解《周易》的序言，統論《周易》一書的大義。〈易傳
> 序〉是程氏爲自己寫的《易傳》所作的序，不同于〈易序〉的體例。
> 二序相比，其內容有相同者，也有不同者。引起人們爭議的是〈易
> 序〉中解說〈太極圖說〉中的一段話。如果承認程氏易學受過周敦
> 頤的影響，後來又揚棄了周的太極說，〈易序〉作爲程氏較早的作品，
> 是可以理解的。〔註46〕

朱氏視〈易序〉爲程頤早年之作，認爲其嘗學於周敦頤，故解說〈太極圖說〉

〔註44〕《宋代易學》，頁 147。
〔註45〕董眞卿《周易會通》云：「〈易序〉及〈上下篇義〉，或以不載《伊川文集》爲
　　　　疑。然世俗相傳已久，玩其辭義，非程夫子亦不能及此也。」（《四庫全書》）
　　　　董氏亦信二篇爲程頤之作。
〔註46〕《易學哲學史》，頁 205。

之語可理解也。〈易序〉云：「太極，無極也。萬物之生，負陰而抱陽，莫不有太極，莫不有兩儀；絪縕交感，變化不窮。」周敦頤〈太極圖說〉云：「太極本無極也。」又云：「分陰分陽，兩儀立焉。」又云：「二氣交感，化生萬物。萬物生生，而變化無窮。」〔註47〕前後之言如出一轍，謂〈易序〉本於周敦頤，信無疑者，其師承之跡至顯。然王鐵則不以朱說爲然，斷定〈易序〉非程頤作。其論點摘之如下：〔註48〕

一、《天祿琳瑯書目後編》所著錄宋本《易傳》，刻于光宗紹熙以前，雖有〈上下篇義〉而無〈易序〉；董楷《周易傳義附錄》也只收〈上下篇義〉而無〈易序〉。

二、《易傳》既自有序，程頤不會再作一序。

三、南宋《二程文集》並無此序。元人譚善心所刻《二程文集》方從南宋熊節《性理群書》采錄；但國家圖書館所藏元刻本《性理群書集解》正文各篇均署撰人，唯〈易序〉、〈禮序〉無，但注「伊川先生述」。

四、程頤弟子周行己《浮沚集》收入一篇與〈易序〉相同之文字，題作〈易講義序〉。

五、而《浮沚集》中《經解》部分，釋〈繫辭〉「仁者見之謂之仁」等語，其內容思想與〈易序〉相通，文字相近。

六、程頤喜言易爲天地之道；行己《經解》則說易爲陰陽之道，〈易序〉亦言易爲陰陽之道。《經解》與〈易序〉觀點一致而與程頤別也。

七、程頤於〈答張閎中書〉中明確反對「易之義起於數」，而〈易序〉則言象由數而得。此乃二者重要之差異也。

由是，王鐵所得之結論爲：〈易序〉作者非程頤而爲行己也；原名〈易講義序〉，熊節、譚善心等人誤采之耳。其論據充分，較之朱氏爲詳，似可探信。

考行己，北宋永嘉（浙江溫州）人也，《宋史》無傳。陳振孫《直齋書錄解題》卷十七著錄有《浮沚先生集》十六卷、《後集》三卷。《解題》於該條曰：

祕書省正字永嘉周行己恭叔撰。十七歲入太學，有盛名。師事程伊

〔註47〕《周敦頤集》頁4至5。
〔註48〕《宋代易學》，頁147至148。

川。元祐六年進士。爲博士太學，以親老歸，教授其鄉，再入爲館
職，復出作縣。永嘉學問所從出也。鄉人至今稱周博士。

據此，知行己嘗師事程頤非誣也。考《宋元學案》亦列之爲伊川門人。《四庫
全書總目》於「《浮沚集》八卷」條云：「行己早從伊川程頤游，傳其緒論，
實開永嘉學派之先。」〔註49〕行己與程頤既有師徒關係，後人誤采入集，或
以爲師作，或以爲徒作，亦屬常理。然《程傳》與《周易》之義理判然二途，
行己未尊師訓，仍採舊說，豈能便稱及門哉！《提要》又謂：「行己之學，雖
出程氏，而與曾鞏、黃庭堅、晁說之、秦觀、李之儀、左譽諸人，皆相倡和。……
於蘇軾亦極傾倒，絕不立洛蜀門戶之見。」其學不純，無怪乎《宋史·道學
傳》不列焉。

　　然愚前節嘗言，觀振孫《解題》於《伊川易解》條云：「伊川平生著述，
惟《易傳》爲深，而亦不解〈大傳〉。」謂程頤似有二《易》書也。振孫所
錄，疑即爲程頤早年解《易》講義，「講義」有序，亦理所當然。程頤講學
出道甚早，二十四歲游太學時，即爲胡瑗賞識，處以學職，〔註50〕是年呂希
哲即拜以爲師。希哲，宰輔呂公著子也，於《宋史》有傳。程頤講學數十年
間，豈能但憑口述而無「講義」耶？於理亦難通。考哲宗紹聖四年（1097），
程頤以六十五歲高齡遭黨論之累，編管涪州，朝廷並追毀其出身以來文字，
其舊作《易講義》或可能於此時被毀，唯私家藏書倖存爾。振孫爲行己之外
曾孫，〔註51〕藏其外曾祖父早年師事程頤時所得之《易講義》，乃極有可能
之事。楊時得友人謝顯道所贈《程傳》，「錯亂重複」，日後居家校正，而必
有《易講義》作爲校閱之資，方可校定也。蓋《易講義》必爲《程傳》之前
身，程頤不可能於編管涪州之際憑空撰寫《易傳》也。如此推論，振孫之語
始可理解，而朱氏謂〈易序〉可能爲程頤早年之作，亦有脈絡可循矣。

　　朱氏又謂，行己《浮沚集》載有〈易講義序〉，與〈易序〉文字大同而小

〔註49〕《四庫全書總目提要》卷一百五十五，集部八、別集類八，總頁3269。
〔註50〕程頤游太學事，朱熹《伊川先生年譜》列於十八歲。時胡瑗尚未於太學任職，
　　　　故朱說未安。茲據清人池生春等所編年譜之意見與盧連章《程顥、程頤評傳》
　　　　中之〈二程學行繫年〉所載。南京：南京大學，2001年。
〔註51〕陳振孫《解題》於「《浮沚先生集》十六卷條」下云：「先祖妣，先生之第三
　　　　女，先君子其自出也。」《四庫全書總目》於「《浮沚集》八卷條」下云：「考
　　　　振孫之祖母，即行己之第三女。」何師亦謂：「行己乃振孫之外曾祖父。」何
　　　　師語見《陳振孫之經學及其直齋書錄解題經錄考證》第三章《陳振孫之經學》，
　　　　頁28。

異。何師廣棪著《陳振孫之經學及其直齋書錄解題經錄考證》第三章〈陳振孫之經學〉全錄行己序文,兩相較之,愚疑行己乃襲程頤之作也。理由如下:

一、〈易講義序〉首段摻入之跡至顯:

〈易序〉:「《易》之爲書,卦、爻、彖、象之義備,而天地萬物之情見。」

〈易講義序〉:「《易》之爲書,伏羲始作八卦,文王因而重之,孔子繫之以辭,於是卦、爻、彖、象之義備,而天地萬物之情見。」

比較二文,〈易講義序〉於「《易》之爲書」後,摻入「伏羲始作八卦,文王因而重之,孔子繫之以辭,於是」等二十字。然「《易》之爲書」接「伏羲始作八卦」,讀來文理欠暢,不若原文之簡潔也。

二、《程傳》論八卦與重卦不著撰人。其解「〈乾〉:元亨利貞」云:「上古聖人始畫八卦,三才之道備矣。因而重之,以盡天下之變,故六畫而成卦。」程頤但云「上古聖人」,未同伏羲舊說;畫卦與重卦直以爲同「上古聖人」,而非文王也。愚疑「伏羲」等二十字爲行己所加,此之所以〈易講義序〉有別於「伊川先生述」之〈易序〉也。前節謂《程傳》非解《周易》,於此亦可得一旁證矣。

三、〈易序〉云:「散之在理,則有萬殊。」〈易講義序〉云:「散而在野,則有萬殊。」其中易「理」爲「野」,尤值得注意。前者分明爲程頤「理一分殊」之概念,可推知爲程頤作也。後者易「理」爲「野」,盡失原意。摻者未悟,強以「野」字別之,局於荒郊一意,未若「理」字之涵攝無遺也。

四、兩文皆有「是故極其數以定天下之象,著其象以定天下之吉凶」語,王氏以此爲鑑別非程頤作之重要依據:蓋程頤不論「數」也。考「極其數以定天下之象」,此乃論筮法成卦之過程,其言本於〈上繫〉第五章:「極數知來之謂占。」〔註52〕占即統言筮法過程,由數而得象也。程頤論「《易》之爲書」耳,非贊其數也。《易》本卜筮之書,程頤論《易》書,未嘗排斥占筮,從〈易傳序〉引〈繫辭〉「《易》有聖人之道四焉」,並未避諱「以卜筮者尚其占」之語可見。《程傳》不解《周易》,故未嘗言數,故〈易傳序〉但云「象與占在其中矣」。而〈易序〉既爲程頤早期作品,受敦頤之影響自是難免;其內容論述之對象爲《易》書,涉及筮法亦屬常理。然亦止就舊說一筆帶過而已。〈易序〉乃論《易》書,〈易傳序〉乃論其〈易傳〉,對象不同,言語間即

〔註52〕章節次第據朱熹《周易本義》。

見其差異也。

〈易序〉為程頤早年作品，本文較同意朱氏之說。文後「附錄二」為周行己〈易講義序〉，請參酌比較二篇之異同，或有更多領會。

第六節 〈上下篇義〉之作者問題

再論〈上下篇義〉。

〈上下篇義〉，王鐵亦以為非程頤作。其就內容問題列出理由凡四：

一、《周易》本經有上下篇之分。程頤推重〈序卦〉，分列諸卦之首，以為卦序之安排應如〈序卦〉之說，不論分上下篇之義；而〈上下篇義〉則以陰盛、陽盛之論，為分上下篇之依據。前後立場矛盾。

二、程頤解經偏重人事，論陰陽者少；〈上下篇義〉則以陰陽為說，不涉人事，風格不同。

三、〈上下篇義〉於卦義闡述，有與《程傳》牴牾者。如〈未濟〉，〈上下篇義〉謂其為「坎、離之合」。然《程傳》云：「為卦，離上坎下，火在水上，不相為用，故為未濟。」

四、〈上下篇義〉既以陰盛、陽盛為分上下篇之準繩，例外者則多方飾說，流於牽強瑣碎，非大家之風範也。

由是，土氏斷言：「是否程頤作品可以立判。」朱氏之態度則存疑，不予「立判」，較王氏謹慎。

前論〈易序〉之作者，王氏否定為程頤作。其第一點理由為：「《天祿琳瑯書目後編》所著錄宋本《易傳》，刻于光宗紹熙以前，雖有〈上下篇義〉而無〈易序〉；董楷《周易傳義附錄》也只收〈上下篇義〉而無〈易序〉。」既以兩書均收錄〈上下篇義〉而不收錄〈易序〉為由否定程頤之作〈易序〉，則據其邏輯反思，〈上下篇義〉均收入二書，必為程頤作矣。然作者又否定此說，自相矛盾。如肯定〈上下篇義〉亦非程頤作，則其第一點理由即不能成立。董真卿雖云元人嘗疑之，而其本人卻謂：「玩其辭義，非程夫子亦不能及此也」。「程夫子」能否及此，乃能力問題，非態度問題；能力及此而不及，如孟子所謂「為長者折枝」，「是不為也，非不能也」。〔註53〕觀董氏之

〔註53〕語見《孟子·梁惠王上》

語可知其亦未見真章，推重前修之辭而已。

　　考〈上下篇義〉內容，乃論《周易》六十四卦分上下篇之故。上篇以〈乾〉、〈坤〉爲首，以〈坎〉、〈離〉終焉；下篇以〈咸〉、〈恒〉爲首，以〈既濟〉、〈未濟〉終焉。何以如此安排？漢儒首論其義。《周易正義‧序》引《易緯‧乾鑿度》云：

> 孔子曰：「陽三陰四，位之正也。」故《易》卦六十四分爲上下而象陰陽也。夫陽道純而奇，故上篇三十，所以象陽也；陰道不純而偶，故下篇三十四，所以法陰也。〈乾〉、〈坤〉者，陰陽之本始，萬物之祖宗，故爲上篇之始而尊之也。〈離〉爲日，〈坎〉爲月，日月之道，陰陽之經，所以始終萬物，故以〈坎〉、〈離〉爲上篇之終也。〈咸〉、〈恒〉者，男女之始，夫婦之道也。人道之興，必由夫婦，所以奉承祖宗，爲天地之主，故爲下篇之始而貴之也。〈既濟〉、〈未濟〉爲最終者，所以明戒慎而存王道也。〔註54〕

《乾鑿度》爲緯書，大抵爲漢儒所造，已有公論。上引文雖云「孔子曰」，亦未必是夫子之辭也。夫子老而好《易》，韋編三絕，嘗受子貢質疑。子曰：「予非安亓（其）用也，予樂亓辤（辭）也。」〔註55〕與程頤好《易》之態度一致。故「陰陽」之論，點到即止，不致穿鑿。《乾鑿度》所謂「陽三陰四」，不知何據？或以爲「三」爲上篇「三十」之簡，「四」爲下篇「三十四」之簡。故黃沛榮云：「三十象陽，三十四法陰。」〔註56〕但黃氏繼之謂，此說「虛無難信」，愚亦以爲然也。觀「位之正也」一語，愚疑「三」實乃一、三、五之三，取中以代全；一、三、五爲陽爻之正位也。「四」爲二、四、六之四，亦取中以代全；二、四、六爲陰爻之正位也。故《乾鑿度》云「位之正」。然此「正」而非彼「正」，作者截取其辭而去其本意，以論「上下而象陰陽」，可見其穿鑿之意。「陽道純」、「陰道不純」之說，亦莫名其妙，不可理解。至於「王道」一詞，雖始見於《周書‧洪範》，〔註57〕但夫子《論語》中未嘗言，馬王堆帛書所載諸文亦未見。蓋戰國之世，諸侯僭稱王號，

〔註54〕《十三經注疏》本頁3。

〔註55〕引文據廖名春《帛書《周易》論集》附錄〈帛書《要》釋文〉頁388。上海：上海古籍出版社，2008年。

〔註56〕語見《易學乾坤‧周易卦序探微》頁6。台北：大安出版社，1998年。

〔註57〕《周書‧洪範》：「無偏無黨，王道蕩蕩；無黨無偏，王道平平；無反無側，王道正直。」

孟子遂因勢利導，以「王道」新說以籲諸侯行仁政。孟子所謂「王道」者，行「王政」也，非復《周書》之原意。齊宣王嘗問王政於孟子，孟子對曰：「昔者文王之治岐也，耕者九一，仕者世祿，關市譏而不征，澤梁無禁。罪人不孥。老而無妻曰鰥，老而無夫曰寡，老而無子曰獨，幼而無父曰孤，此四者，天下之窮民而無告者。文王發政施仁，必先斯四者。」（〈梁惠王下〉）以關懷弱勢為先，故王政實即仁政。墨子亦嘗引〈洪範〉之語以論其「兼愛」之道。〔註58〕則王道以愛民為宗旨，乃戰國時代儒、墨之共同主張。「愛民」，即夫子告樊遲「愛人」之意也。而《乾鑿度》引夫子之言「王道」卻並無此意，止是人道之規律倫序，可知非夫子之語，而實乃漢儒假託之辭爾。

〈上下篇義〉云：「〈乾〉、〈坤〉，天地之道，陰陽之本，故為上篇之首。〈坎〉、〈離〉，陰陽之成質，故為上篇之終。〈咸〉、〈恒〉，夫婦之道，生育之本，故為下篇之首。〈未濟〉，〈坎〉、〈離〉之合；〈既濟〉，〈坎〉、〈離〉之交。合而交則生物，陰陽之成功也，故為下篇之終。」〈乾〉、〈坤〉，為陰陽之本，大抵為漢儒語，可以確定。其論「〈未濟〉，〈坎〉、〈離〉之合」一語則不知從何而出？考之《程傳》，〈未濟〉之為卦，「離上坎下，火在水上，不相為用，故為未濟」。既「不相為用」，則〈上下篇義〉云「〈坎〉、〈離〉之合」，乃相牴牾，非程頤之言也。蓋程頤亦嘗論上下篇義，載於《程傳》之〈咸〉卦。其言曰：

> 天地，萬物之本；夫婦，人倫之始。所以上經首〈乾〉、〈坤〉，下經首〈咸〉，繼以〈恒〉也。天地二物，故二卦分為天地之道。男女交合而成夫婦，故〈咸〉與〈恒〉皆二體合為夫婦之義。（卷第四）

觀此數語，程頤止言上下篇首之卦序，並無終篇卦序之論。於卦序，程頤以〈乾〉、〈坤〉為天地，萬物之本；〈咸〉、〈恒〉為夫婦，人倫之始，其偏重人事，可以概見。程頤無陰陽之語，故〈上下篇義〉之作者問題實大有可疑。

〈上下篇義〉論其餘六十卦之所以分上下篇，列出幾項原則：

一、二篇之卦既分，而後推其義以為之次，〈序卦〉是也。

二、陽盛者居上，陰盛者居下。

三、卦有〈乾〉者居上篇，有〈坤〉者居下篇。

〔註58〕說見張純一《墨子集解》卷四，〈兼愛〉中，頁 164。台灣：文史哲出版社，1971 年。

四、卦二陽者，有〈坤〉則居下篇。

五、卦三陰三陽者，敵也，則以義爲勝。

其第一原則既以〈序卦〉之義爲準，則其餘以「陽盛」、「陰盛」之論上下篇便無必要。〈序卦〉與陰陽爲兩套不同之標準，只能擇一，不能同時應用。此爲其最大之矛盾。至於以陰陽爲據部分，既定「陽盛者居上，陰盛者居下」，但其後又補充云：「或以卦，或以爻，卦與爻取義有不同。」意即有例外者，則或以卦體言，或以爻義言也。如〈剝〉卦，爲一陽爻在上，五陰爻在下，乃陰盛之卦，宜居下篇，卻分置於上篇。如以爻義言之，「一陽爲眾陰主」，故仍置上篇。又如〈大壯〉卦，二陰在上，四陽在下，陽盛，宜在上篇，卻分置於下篇，原因是「陰盛於上」。此乃自圓其說，由是以知其技窮也。其餘三項原則亦有例外者，作者亦多方飾說，誠如王鐵之說，流於「牽強瑣碎」，不似大家風範。綜而論之，王鐵判定爲非程頤作，愚亦以爲可信也。

《程傳》外緣六大問題已考論如上。總結而言，《程傳》書名雖多，愚以爲不宜冠「周」，以其非解《周易》故也。《程傳》原應爲六卷本，後有四卷本、八卷本、九卷本與十卷本之異，而現以《二程全書》之四卷本與積德書堂覆刻元至正《易程傳》之六卷本爲普及。《程傳》用王弼注本，仿弼之意，不注〈繫辭〉、〈說卦〉、〈雜卦〉，而體例依李鼎祚《周易集解》，以〈序卦〉冠其首。程頤臨終所授《易傳》稿本，爲張繹得之；尹焞或有抄錄，而隨其遭滅門之禍，而不復見於世矣。楊時曾校閱《程傳》，尹焞後得《程傳》，亦閉門標注。今傳之六卷本，爲朱熹與呂祖謙合二書參定而成，異同兩存。〈易序〉疑爲程頤早年作品，其徒周行己摻入己意以爲〈易講義序〉。至於〈上下篇義〉則非程頤作，可以確信也。以上所論，雖未必皆可成爲定案，然歸納而深究之，期能有補《程傳》於萬一，亦不失探微之意旨也。

附錄一　〈易序〉

《易》之爲書，卦、爻、彖、象之義備，而天地萬物之情見。聖人之憂天下來世其至矣！先天下而開其物，後天下而成其務。是故極其數以定天下之象，著其象以定天下之吉凶；六十四卦、三百八十四爻，皆所以順性命之理，盡變化之道也。

散之在理，則有萬殊；統之在道，則無二致。所以易有太極，是生兩儀。

太極者，道也；兩儀者，陰陽也。陰陽，一道也。太極，無極也。萬物之生，負陰而抱陽，莫不有太極，莫不有兩儀；絪縕交感，變化不窮。形一受其生，神一發其知；情僞出焉，萬緒起焉。

易所以定吉凶而生大業。故易者，陰陽之道也；卦者，陰陽之物也；爻者，陰陽之動也。卦雖不同，所同者奇耦；爻雖不同，所同者九六。是以六十四卦爲其體，三百八十四爻互爲其用。遠在六合之外，近在一身之中，暫於瞬息，微於動靜，莫不有卦之象焉，莫不有爻之義焉。

至哉易乎！其道至大而無不包，其用至神而無不存，時固未始有一，而卦亦未始有定象；事固未始有窮，而爻亦未始有定位。以一時而索卦，則拘於無變，非易也；以一事而明爻，則窒而不通，非易也；知所謂卦、爻、彖、象之義，而不知所謂卦、爻、彖、象之用，亦非易也。故得之於精神之運，心術之動，與天地合其德，與日月合其明，與四時合其序，與鬼神合其吉凶，然後可以謂之知易也。

雖然，易之有卦，易之已然者也；卦之有爻，卦之已見者也。已形已見者，可以言知；未形未見者，不可以名求。則所謂易者，果何如哉？此學者所以當知也。

（本文以《二程集》爲本）

附錄二　〈易講義序〉

《易》之爲書，伏羲始作八卦，文王因而重之，孔子繫之以辭，于是卦、爻、彖、象之義備，而天地萬物之情見。聖人之憂天下來世其至矣！先天下而開其物，後天下而成其務。是故極其數以定天下之象，著其象以定天下之吉凶；六十四卦、三百八十四爻，皆所以順性命之理，盡變化之道也。

散而在野，則有萬殊；統之在道，則無二致。所以易有太極，是生兩儀。太極者，道也；兩儀者，陰陽也。陰陽，一道也。太極，無極也。萬物之生，負陰而抱陽，莫不有太極，莫不有兩儀；絪縕交感，變化無窮。形則受其生，神則發其知；情僞出焉，萬緒起焉。

易之所以定吉凶，生大業也。故易者，陰陽之道也；卦者，陰陽之物也；爻者，陰陽之動也。卦雖不同，所同者奇耦；爻雖不同，所同者九六。是以六十四卦互爲其體，三百八十四爻互爲其用。遠在八荒之外，近在一身之中，

暫于瞬息，微于動靜，莫不有卦之象焉，莫不有爻之義焉。

至哉易乎！其道至大而無所繫，其用至神而無不存，時固未始有一，而卦亦未始有定象；事固未始有窮，而爻亦未始有定位。以一時而索卦，則拘而無變，非易也；以一事而明爻，則窒而不通，非易也；知所謂卦、爻、彖、象之義，而不知所謂卦、爻、彖、象之用，亦未爲知易也。由是得之，于精神之動，心術之運，與天地同其德，與日月合其明，與四時合其序，與鬼神合其吉凶，然後可以謂之知易也。

雖然，易之有卦，易之已然者也；卦之有爻，卦之已見者也。已形已見者，可以言知；未形未見者，不可以名求。則所謂易者，果何如哉？此學者所以當知也。

（本文以《四庫》本《浮沚集》爲底本，而校以何師《陳振孫之經學及其直齋書錄解題經錄考證》所錄）

附錄三　〈上下篇義〉

〈乾〉、〈坤〉，天地之道，陰陽之本，故爲上篇之首。〈坎〉、〈離〉，陰陽之成質，故爲上篇之終。〈咸〉、〈恒〉，夫婦之道，生育之本，故爲下篇之首。〈未濟〉，〈坎〉、〈離〉之合；〈既濟〉，〈坎〉、〈離〉之交。合而交則生物，陰陽之成功也，故爲下篇之終。二篇之卦既分，而後推其義以爲之次，〈序卦〉是也。

卦之分，則以陰陽。陽盛者居上，陰盛者居下。所謂盛者，或以卦，或以爻。卦與爻取義有不同，如〈剝〉，以卦言，則陰長陽剝也；以爻言，則陽極於上，又一陽爲眾陰主也。如〈大壯〉，以卦言，則陽長而壯；以爻言，則陰盛於上。用各於其所，不相害也。

〈乾〉，父也，莫亢焉。〈坤〉，母也，非〈乾〉无與爲敵也。故卦有〈乾〉者居上篇，有〈坤〉者居下篇。而〈復〉，陽生；〈臨〉，陽長；〈觀〉，陽盛；〈剝〉，陽極，則雖有〈坤〉而居上。〈姤〉，陰生；〈遯〉，陰長；〈大壯〉，陰盛；〈夬〉陰極，則雖有〈乾〉而居下。其餘有〈乾〉者，皆在上篇。〈泰〉、〈否〉、〈需〉、〈訟〉、〈小畜〉、〈履〉、〈同人〉、〈大有〉、〈无妄〉、〈大畜〉也。

有〈坤〉而在上篇，皆一陽之卦也。卦五陰而一陽，則一陽爲之主，故一陽之卦皆在上篇，〈師〉、〈謙〉、〈豫〉、〈比〉、〈復〉、〈剝〉也。其餘有〈坤〉

者皆在下篇，〈晉〉、〈明夷〉、〈萃〉、〈升〉也。卦一陰五陽者，皆有〈乾〉也。又陽眾而盛也，雖眾陽說於一陰，說之而已，非如一陽爲眾陰主也。王弼云：「一陰爲之主。」非也。故一陰之卦，皆在上篇，〈小畜〉、〈履〉、〈同人〉、〈大有〉也。

卦二陽者，有〈坤〉則居下篇。〈小過〉雖無〈坤〉，陰過之卦也，亦在下篇。其餘二陽之卦，皆一陽生於下而達於上。又二體皆陽，陽之盛也，皆在上篇，〈屯〉、〈蒙〉、〈頤〉、〈習坎〉也。陽生於下，謂〈震〉、〈坎〉在下。〈震〉，生於下也；〈坎〉始於中也。達於上，謂一陽至上，或得正位也。生於下而上達，陽暢之盛也。陽生於下而不達於上，又陰眾而陽寡，復失正位，陽之弱也，〈震〉也，〈解〉也。上有陽而下无陽，无本也，〈艮〉也，〈蹇〉也。〈震〉、〈坎〉、〈艮〉，以卦言則陽也；以爻言則皆始變，微也。而〈震〉之上〈艮〉之下无陽，〈坎〉則陽陷，皆非盛也。惟〈習坎〉則陽上達矣，故爲盛卦。

二陰者，有〈乾〉則陽盛可知，〈需〉、〈訟〉、〈大畜〉、〈无妄〉也。无〈乾〉而爲盛者，〈大過〉也，〈離〉也。〈大過〉，陽盛於中，上下之陰弱矣。陽居上下，則綱紀於陰，〈頤〉是也。陰居上下，不能主制於陽而反弱也，必上下各二陰，中唯兩陽，然後爲勝，〈小過〉是也。〈大過〉、〈小過〉之名可見也。〈離〉則二體上下皆陽，陰實麗焉，陽之盛也。其餘二陰之卦，二體俱陰，陰盛也，皆在下篇，〈家人〉、〈睽〉、〈革〉、〈鼎〉、〈巽〉、〈兌〉、〈中孚〉也。

卦三陰三陽者，敵也，則以義爲勝。陰陽尊卑之義，男女長少之序，天地之大經也。陽少於陰而居上，則爲勝。〈蠱〉，少陽居長陰上；〈賁〉，少男在中女上，皆陽盛也。〈坎〉雖陽卦，而陽爲陰所陷，弱也；又與陰卦重，陰盛也。故陰陽敵而有〈坎〉者，皆在下篇，〈困〉、〈井〉、〈渙〉、〈節〉、〈既濟〉、〈未濟〉也。

或曰：「一體有〈坎〉，尚爲陽陷，二體皆〈坎〉，反爲陽盛，何也？」曰：「一體有〈坎〉，陽爲陰所陷，又重於陰也。二體皆〈坎〉，陽生於下而達於上；又二體皆陽，可謂盛矣。」

男在女上，乃理之常，未爲盛也。若失正位，而陰反居尊，則弱也。故〈恒〉、〈損〉、〈歸妹〉、〈豐〉，皆在下篇。女在男上，陰之勝；凡女居上者，皆在下篇，〈咸〉、〈益〉、〈漸〉、〈旅〉、〈困〉、〈渙〉、〈未濟〉也。唯〈隨〉與〈噬嗑〉，則男下女，非女勝男也。故〈隨〉之〈象〉曰：「剛來而下柔。」〈噬

嗑〉,〈象〉曰:「柔得中而上行。」長陽非少陰可敵,以長男下中少女,故爲下之。若長少敵,勢力侔,則陰在上爲陵,陽在下爲弱,〈咸〉、〈益〉之類是也。〈咸〉亦有下女之象,非以長下女也,乃二少相感以相與,所以致陵也,故有利貞之戒。〈困〉,雖女少於男,乃陽陷,而爲陰揜,無相下之義也。

「〈小過〉,二陽居四陰之中,則爲陰盛。〈中孚〉二陰居四陽之中,而不爲陽盛,何也?」曰:「陽體實,〈中孚〉陽虛也。」「然則〈頤〉中四陰不爲虛乎?」曰:「〈頤〉二體皆陽卦,而本末皆陽,盛之至也。〈中孚〉二體皆陰卦,上下各二陽,不成本末之象,以其中虛,故爲〈中孚〉,陰盛可知矣。」

(本文以《四庫》本《周易會通》爲底本,而校以《二程集》。二本如有出入者,則斷以己意,而省略校文)

第四章 《程傳》方法論
——以《十翼》之法解易理

　　《易》本筮書，功在決疑；揲蓍求卦，以爻變爲占，所謂解《易》者，乃觀卦爻之變化，而助決疑者也。《左》、《國》之載，猶存古法；然觀其筮例，筮者對卦爻象之解讀，因人而異，並無定法者也。及孔子晚而好《易》，韋編三絕，《易》遂一變而爲義理之學。秦火以後，《易》幸以筮書而存。漢武獨尊儒術，立五經博士，以爲孔子之學，魚躍龍門，《易》遂升格，儼然成爲經書矣。古文經學家更推之爲群經之首，哲理之源。經乃聖人之學，然孟喜、京房之徒，不以解經爲務，不傳聖人之旨，而喜言陰陽災異，踵事增華，附以卦氣、納甲等說，經書又淪爲機祥之術。魏之王弼，盡掃兩漢象數之荒誕，復歸於義理之淵海，其注《周易》，體用兼備，《易》又一變而爲道德之學。然王弼所謂「道」者，乃老莊之道，非孔孟之道也。以「无」釋本體，以「有」爲現象，故《易》學之再變，卒流爲玄理清談之書矣。二程嘗評之曰：「王弼注《易》，元不見道，但卻以老莊之意解說而已。」〔註1〕

　　《程傳》本名《易解》，程頤屢經更訂，晚年正名《易傳》。一字之別，意義非凡。「解」爲講師之作，「傳」是賢者之辭。「傳」釋「經」義，道統相承。可謂一字之別，差之毫釐，謬以千里。愚於前章嘗論辨《程傳》非解《周易》，故未冠以「周」名。程頤視《十翼》爲孔子所作，藉以發揮《十翼》之義理而施諸人事，此意前賢已有論及。朱彝尊《經義考》引明人何喬新曰：「蓋程子之《易》，發揮孔子之《十翼》者也。」〔註2〕其言固是，然此語尚嫌籠

〔註1〕　《程氏遺書》卷第一，《二程集》頁8。
〔註2〕　《經義考》卷二十，頁457。台北：中央研究院中國文哲研究所點校本，第一冊，1999年。

統，未爲周全。蓋《十翼》內容，非純言義理者，兼及象數，程頤只傳其義理而已，不及象數也。〔註3〕程頤以儒者自居，自謂傳聖人之學，故其解《易》，胸中自有一番意趣，其傳《易》之時，亦自有一番取捨工夫也。本章即論其吸收《十翼》解《易》之法，以明其取捨，別其淵源。程頤傳《易》，要在明理。嘗言曰：「即事盡天理，便是『易』也。」〔註4〕可見程頤之《易》觀，已大異於前矣。觀念乃行爲之指導，亦爲踐履之樞機，解其樞機，方可登堂入室。故欲明程頤如何以《十翼》之法解《易》，則須先論其《易》觀，以見其易學之大方向也。

第一節　程頤易觀析論

一、《易》之作者觀

　　《易》乃叢書，非一人而可幾也。要之，其書分本經與《十翼》兩部。逐一言之，先論本經之作者，再論《十翼》。

　　本經之作者，唐孔穎達嘗歸納先儒之說而論曰：

　　　　〈繫辭〉云：「河出圖，洛出書，聖人則之。」又《禮緯・含文嘉》曰：「伏犧德合上下，天應以鳥獸、文章，地應以《河圖》、《洛書》，伏犧則而象之，乃作八卦。」故孔安國、馬融、王肅、姚信等並云：「伏犧得《河圖》而作《易》。」是則伏犧雖得《河圖》，復須仰觀俯察，以相參正，然後畫卦。伏犧初畫八卦，萬物之象皆在其中，故〈繫辭〉曰：「八卦成列，象在其中矣。」是也。雖有萬物之象，其萬物變通之理猶自未備，故因其八卦而更重之。卦有六爻，遂重爲六十四卦也。〈繫辭〉曰：「因而重之，爻在其中矣。」是也。然重卦之人，諸儒不同，凡有四說：王輔嗣等以爲伏犧畫卦；鄭玄之徒以爲神農重卦；孫盛以爲夏禹重卦；史遷等以爲文王重卦。……〔註5〕

　　觀穎達之說，《易》本經之作者，先儒之意莫衷一是，大抵亦無鑿據。〈下繫〉但謂伏犧「始作八卦」（第二章）而已；而「《易》之興也，其當殷之末世，周之盛德邪？當文王與紂之事邪？」（第十一章）亦但云《易》興

〔註3〕「不及象數」之義，非不論及「象數」，乃不論《易》之占筮，詳下節之論述。
〔註4〕《程氏遺書》卷第二上，《二程集》頁31。
〔註5〕《周易正義》卷第一，頁4至5，《十三經注疏》本。

起之時代，未明言其作者爲誰也。「八卦」與六十四卦之《易》非同時所作，則可以斷言。而〈上繫〉但謂「河出圖，洛出書，聖人則之」，亦未明言「聖人」爲誰，所「則」是圖是書，而安國之徒即斷言爲「伏犧得《河圖》而作《易》」，「洛書」則無與焉。其說似想當然爾。公案懸疑千載，無人疑問。其時帛書尙未出土，諸多問題可疑，故《程傳》對《易》本經之作者未嘗贊一辭，但云：「上古聖人，始畫八卦，三才之道備矣。因而重之，以盡天下之變，故六畫而成卦。」（卷第一）作者問題僅一筆帶過，不予論辨；未有明確證據以前，亦難以論辨也。此一嚴謹之態度，亦與當時疑經之學風有關，論程頤之疑經而不及此，豈謂周全。〔註6〕

至於《十翼》之作者，相傳爲孔子所作。穎達「論夫子《十翼》」云：「其〈彖〉、〈象〉等《十翼》之辭，以爲孔子所作，先儒更无異論。」〔註7〕既「无異論」，故程頤信之。歐陽修雖嘗疑〈繫辭〉非孔子作，亦未能動搖其信念也。〔註8〕《程傳》中，「聖人」、「夫子」二辭屢見，交互使用，茲僅錄其二三例證如下，以窺程頤篤信《十翼》之作者爲孔子而無疑也。

（一）〈乾‧彖〉（䷀）曰：「大哉乾元……。」

　　　　《程傳》：「卦下之辭爲〈彖〉；夫子從而釋之，通謂之〈彖〉。」
　　　　（卷第一）

案：慶萱師云：「在《周易》中，『彖』一名而二義。本指卦辭，〈繫辭上〉：『彖，言乎象者也。』所說的『彖』即卦辭。又爲〈彖傳〉之省稱。此處『彖曰』，

〔註6〕 近人楊新勛著《宋代疑經研究》，於程頤疑經部分未及此事，故有是言。該書頁 143 至 145。北京：中華書局，2007 年。

〔註7〕 同注5，頁7。

〔註8〕 歐陽修《居士集》有〈易或問〉三首、〈明用〉等四篇文字；《居士外集》有〈易或問〉、〈易童子問〉等兩篇文字，爲修論《易》之著。修以爲《易》爲文王作，〈彖〉、〈象〉爲孔子作（《居士集‧易或問》）；而〈繫辭〉則爲講師之傳，「其源蓋出於孔子，而相傳於《易》師也」（《居士外集‧易或問》）。《歐陽修全集》，台北：河洛圖書出版社，1975 年。

　　　 案：修既謂〈繫辭〉源出孔子，則統稱孔子所作，亦未爲過也。師徒相承，而名歸乃師，是尊師之意，傳統觀念如此，故亦未可疑也。如欲細分，則部分爲孔子之言（如「子曰」論德義之事），部分爲後學之言（如論卜筮技術之事），可爲定論。孔子與〈繫辭〉之關係，歷來學者論之甚詳，或疑或同，然自 1973 年帛書《周易》及相關文獻出土後，眞相大白於天下，孔子與〈繫辭〉之關係密切，再無懷疑矣。下詳。

即〈彖傳〉的省稱。」〔註9〕故《程傳》所謂「卦下之辭爲〈彖〉」，指卦辭；卦辭屬本經部分。「夫子從而釋之，通謂之〈彖〉」，此語之「彖」字，乃〈彖傳〉之省稱；〈彖傳〉爲《十翼》之一。釋卦辭部分，亦謂之「彖」，則〈彖傳〉之作者，程頤直指爲夫子，其信而不疑可見矣。

　　（二）〈坤・彖〉（䷁）曰：「至哉坤元……。」

　　　　《程傳》：「資生之道，可謂大矣。〈乾〉既稱『大』，故〈坤〉稱『至』。
　　　　　　　　　『至』義差緩，不若『大』之盛也。聖人於尊卑之辨，謹
　　　　　　　　　嚴如此。」（卷第一）

案：《程傳》中所言及之「聖人」，一爲泛稱，如「上古聖人」之類是也。一指帝舜，如〈乾・九二〉爻辭：「見龍在田，利見大人。」《程傳》：「以聖人言之，舜之田漁時也。」三稱聖王，如〈豫〉卦辭，《程傳》：「聖人以順動，故經正而民興於善，刑罰清簡，而萬民服也。」四稱孔子。程頤既以爲孔子作〈彖〉，此謂「聖人於尊卑之辨，謹嚴如此」，即以聖人稱孔子。

　　（三）〈乾・象〉（䷀）曰：「天行健，君子以自強不息。」

　　　　《程傳》：「卦下〈象〉，解卦之象；爻下〈象〉，解一爻之象。
　　　　　　　　　諸卦皆取象以爲法。乾道覆育之象至大，非聖人莫
　　　　　　　　　能體。」（卷第一）

　　　　〈坤・六三・象〉（䷁）曰：「含章可貞，以時發也。」

　　　　《程傳》：「夫子懼人之守文而不達義也，又從而明之。」（卷
　　　　　　　　　第一）

案：〈象〉有大小之分。慶萱師云：「〈大象〉說明一卦的現象，〈小象〉說明一爻的現象。」〔註10〕《程傳》既統言卦爻之〈象〉，則〈乾・象〉之「聖人」，即〈坤・六三・象〉之夫子。前者爲〈大象〉之文，後者爲〈小象〉之文也。

　　（四）〈解・上六〉（䷧）：「公用射隼，于高墉之上獲之，无不利。」

　　　　《程傳》：「夫子於〈繫辭〉復伸其義曰：『隼者，禽也。弓矢
　　　　　　　　　者，器也。射之者，人也。君子藏器於身，待時而

〔註 9〕語見《周易讀本》，頁8。台北：三民書局，1980年。
〔註10〕同前揭書，頁 10。

動，何不利之有？動而不括，是以出而有獲，語成
器而動者也。』」（卷第四）

案：《程傳》所引〈繫辭〉之文，見〈下繫〉第五章。以夫子稱之，明道〈繫
辭〉乃孔子所作矣。於《易》本經之作者，程頤疑而不論；於《十翼》，則闡
發其義理而不遺餘力，以其皆夫子所作也。由是觀之，程頤篤信《十翼》之
作者爲孔子；而其闡揚聖意，用意深遠，直以孔子之代言人自居也。

　　自歐陽修後，《十翼》之作者即備受懷疑；然歐陽修仍信〈彖〉、〈象〉
之作者爲孔子。戴師璉璋根據各篇之文字風格與思想內涵，並參酌前人意
見，〔註11〕定出各篇成篇之時代先後：〈彖〉、〈象〉最早，約於戰國中期；〈文
言〉、〈繫辭〉次之，約於戰國晚期；而〈說卦〉、〈序卦〉、〈雜卦〉則較晚，
約於秦漢之際。要之，《十翼》非一人一時之作，然出自儒者之手則並無可
疑；程頤據之而發揮儒門義理，通歸之孔子，以學統言之，亦未嘗爲失當也。

二、《易》之性質觀

　　〈上繫〉云：「《易》有聖人之道四焉：以言者尚其辭，以動者尚其變，
以制器者尚其象，以卜筮者尚其占。」（第十章）辭、變、象、占，乃《易》
之四種特性。本論文於第二章第五節〈今人研究成果略論〉，謂朱伯崑《易學
哲學史》以爲程頤視《周易》之性質，爲「講事物變易法則的書」，乃僅就其
哲理部分（變）言爾，非其性質也。朱氏以「哲學」之視野解讀《易》經，
故有是言。而就書之性質論，《易》本筮事之紀錄，故實爲一筮書矣。占筮之
作用，在於決疑，源於古代之巫術，後經孔子闡明其義理，轉化其作用，後
儒又繫之以《十翼》，故其性質一變，而爲「聖人教戒之書」，非僅占筮之紀
錄矣。此意，程頤於〈易傳序〉中已點明，云：「吉凶消長之理，進退存亡之
道，備於辭；推辭考卦，可以知變，象與占在其中矣。」又云：「聖人之憂患
後世，可謂至矣。」《易》之辭，以爲聖人教戒之作也。

　　《易》本筮書，而孔子晚年喜之，韋編三絕，占筮之書遂變爲道德之教。
然子貢嘗質疑乃師所爲，令其迷惑：倚占筮之書而爲道德之教，可乎？其事

〔註11〕戴璉璋：《易傳之形成及其思想》，〈第一章‧作者的考察〉，頁 1 至 14。台北：
文津出版社，1989 年。
　　案：璉璋師所參酌之學者，計有錢穆、馮友蘭、顧頡剛、李鏡池、高亨、戴
君仁等。

載於帛書〈要〉篇。其言曰：

> 夫子老而好《易》，居則在席，行則在囊。子貢曰：「夫子它日教此
> 弟子曰：『德行亡者，神靈之趨；知謀遠者，卜筮之祭。』賜以此爲
> 然矣。以此言取之，賜緡行之爲也。夫子何以老而好之乎？」

> 夫子曰：「君子言以榘方也，前祥而至者，弗祥而巧也。察其要者，
> 不詭其德。《尚書》多閱矣，《周易》未失也。且有古之遺言焉。予
> 非安其用也，予樂其辭也。予何尤於此乎？」

> 子貢曰：「如是，則君子已重過矣。賜聞諸夫子曰：『遜正而行義，
> 則人不惑矣。』夫子今不安其用而樂其辭，則是用倚於人也，而可
> 乎？」

> 子曰：「狡哉！賜，吾告女：《易》之道，良〔筮而善占〕，此百姓之
> 道〔也，非〕《易》也。夫《易》，剛者使知懼，柔者使知剛；愚人
> 爲而不忘，漸人爲而去詐。文王仁，不得其志，以成其慮。紂乃无
> 道，文王作，諱而避咎，然後《易》始興也。予樂其知之。〔非文王〕
> 之〔自作《易》〕，予何〔知其〕事紂乎？」

> 子貢曰：「夫子亦信其筮乎？」

> 子曰：「吾百占而七十當之，唯周梁山之占也，亦必從其多者而已
> 矣。」

> 子曰：「《易》，我後其祝卜矣，我觀其德義也。幽贊而達乎數，明數
> 而達乎德，又仁〔守〕者而義行之耳。贊而不達於數，則其爲之巫；
> 數而不達於德，則其爲之史。史巫之筮，鄉之而未也，好之而非也。
> 後世之士疑丘者，或以《易》乎？吾求其德而已，吾與史巫同塗而
> 殊歸者也。君子德行焉求福，故祭祀而寡也：仁義焉求吉，故卜筮
> 而希也。祝巫卜筮其後乎？」〔註12〕

　　帛書乃1973年出土於長沙馬王堆三號漢墓之文獻，沉埋二千餘年，漢以
後學者未嘗目睹。錢穆等人嘗否定孔子學《易》之事，彼等如能及見帛書之

〔註12〕廖名春《帛書周易論集》六，〈要〉釋文，頁388至389。上海：上海古籍出
　　　　版社，2008年。
　　　案：帛書文字古奧，爲遷就電腦用字，一律改以今字讀之。〔〕中字，乃帛書
　　　　所缺之字，今據廖氏之意補足。

重現天日，其疑當可冰釋矣。〔註13〕上錄〈要〉篇之文字，內容重點有四：
一、孔子肯定占筮之《易》爲文王所作；〔註14〕二、孔子未嘗排斥占筮，從
其多者而已；三、孔子之所以樂而玩者，乃卦辭中之「德義」，而後其占筮；
四、《易》之道亦「百姓之道」，其功用可「剛者使知懼，柔者使知剛；愚人
爲而不忘，漸人爲而去詐」。由後二點，可知占筮之《易》已被孔子轉化爲「德
義」之《易》矣。由於帛書之出土，遂能確定孔子學《易》無疑，則義理《易》
學乃源自孔子，更無可疑矣。由此亦能確定〈繫辭〉之內容，所謂「子曰」
云者，應爲孔子之意，故程頤以《易》爲「聖人教戒之書」，不謂無稽。只惜
自秦以下，兩漢《易》學入於機祥，流於占驗；而王弼注又說以老莊，聖人
之道遂沉寂千載，無人聞問。趙宋重儒學，儒家經典遂得以重新爲儒者審視。
而程頤嘗謂所傳者乃聖人之道，千載不傳之學，實非無根之語、狂妄之言也。
《程傳》不厭其煩，經常提示《易》爲聖人之言，有如父母之耳提面命，叮
嚀再三。茲引數例如下，以見一斑：

（一）䷁〈坤・初六〉：「履霜，堅冰至。」

《程傳》：「聖人於陰之始生，以其將長，則爲之戒。」（卷第一）

（二）䷂〈屯・象〉：「天造草昧，宜建侯而不寧。」

《程傳》：「雖建侯自輔，又當憂勤兢畏，不遑寧處，聖人之深戒也。」
　　　　（同前）

（三）䷆〈師・初六〉：「師出以律：否臧，凶。」

《程傳》：「制師无法，幸而不敗且勝者，時有之矣，聖人之所戒也。」
　　　　（同前）

（四）䷋〈否・九五〉：「休否，大人吉。其亡其亡，繫于苞桑。」

《程傳》：「苞，謂叢生者，其固尤甚，聖人之戒深矣。」（卷第二）

〔註13〕　早年胡適、顧頡剛、錢穆、李鏡池等人爲文論辯《十翼》非孔子作，詳見《古
　　　　史辨》第三冊。《十翼》固非孔子所親筆，亦雜有象數之事，然爲孔子後學所
　　　　記，則可確信而無疑也。〈繫辭〉中凡「子曰」之處，皆孔子之意，經帛書出
　　　　土之後，比較文獻異同，孔子學《易》之疑應可冰釋矣。

〔註14〕　孔子肯定文王作《易》之說，尚有可疑。蓋廖名春帛書〈要〉篇釋文，「〔非
　　　　文王〕之〔自作《易》〕」一語，〔非文王〕與〔自作《易》〕均爲闕文，
　　　　廖氏之補足是否即符合原闕文字，尚無資料確證，姑先從其說而已。

（五）䷏〈豫‧九四〉：「由豫，大有得，勿疑，朋盍簪。」

《程傳》：「四以陽剛迫近君位，而專主乎豫，聖人宜爲之戒。」（同
前）

三、《易》之取義觀

《周易》之「易」字，其義主要有三說。《周易正義》引鄭玄《易贊》及
《易論》云：「易，一名而含三義：易簡，一也；變易，二也；不易，三也。」
〔註15〕此說本於《易緯‧乾鑿度》。其云：「易，一名而含三義：所謂易也，
變易也，不易也。」〔註16〕鄭玄於「所謂易也」一語增一「簡」字耳。易簡、
變易、不易三義，其源亦可再上溯自〈繫辭〉。〈上繫〉云：「乾以易知，坤以
簡能……易簡，而天下之理得矣。」（第一章）〔註17〕此爲「易簡」義之所本
也。〈下繫〉云：「爲道也屢遷，變動不居，周流六虛，上下无常，剛柔相易，
不可爲典要，唯變所適。」（第八章）此爲「變易」義之所本也。〈上繫〉云：
「天尊地卑，乾坤定矣。卑高以陳，貴賤位矣。動靜有常，剛柔斷矣。物以
群分，吉凶生矣。」（第一章）此爲「不易」義之所本也。然〈易傳序〉開宗
明義即謂：「易，變易也。」不採「易簡」、「不易」之說，誠如朱氏所謂，以
《易》爲「講事物變易法則的書」。程頤對「易」義之取捨，已奠定其立說之
旨趣矣。〈易傳序〉繼之又謂：「隨時變易以從道也。」此乃就人事言，已非
「事物變易」之法則，而是人事如何隨時之變易以「從道」之原則矣。郭忠
孝未諳其義，嘗以之詢問乃師，《程氏外書》記之曰：

郭忠孝議〈易傳序〉曰：「易即道也，又何從道？」或以問伊川。伊

川曰：「人隨時變易爲何？爲從道也。」〔註18〕

忠孝未明「隨時變易以從道」之旨，乃針對人事而言，故有是問。此句意爲：
由「時」之變，而致「事」之變，故變易乃時之更替，其「爲道也屢遷」，即
更替之意。時既更替，道亦因之而變。而就人事言之，時變則事變，如寒則
加衣，飢則覓食，其理至顯。程頤欲明如何「從道」之理，以抉發聖人之旨
趣，故其嘗言所學者，爲聖人之學也；所傳者，爲聖人之辭也。程頤雖無自

〔註15〕《周易正義》卷第一，「論《易》之三名」，頁3。
〔註16〕同前注。
〔註17〕〈繫辭〉分章，以朱熹《周易本義》爲據。
〔註18〕《程氏外書》卷第十一，《二程集》頁410。

比聖人之意，然其行事皆以爲自聖人出，爲聖人之所爲，希聖之意至顯。

　　程頤以「變易」取義，而不採鄭玄之說，蓋源於乃師胡瑗。胡瑗《周易口義》，即以「變易」而釋「易」也。其《周易口義‧發題》云：

> 夫《易》者，伏羲、文王、周公、孔子所以垂萬世之大法，三才變易之書也。……按《乾鑿度》云：「《易》一名而含三義：簡易也，不易也，變易也。」故穎達作疏，泊崔覲、劉正簡皆取其說。然謂不易、簡易者，於聖人之經繆妄殆甚。且仲尼曰：「名不正則言不順，言不順則事不成。」是言凡興作之事，先須正名，名正則事方可成。
>
> 況聖人作《易》，爲萬世之大法，豈復有二三之義乎？〔註19〕

胡瑗開宗明義，即斬釘截鐵，直取「變易」之義以爲《易》書之旨；又以孔子正名之觀念，否定《乾鑿度》之說，可謂不苟同漢儒矣。儒者應以是爲是，以非爲非；同一事，豈有二三義皆通之理？胡瑗此舉，可謂卓識，洞悉漢儒之謬，其態度無疑爲夫子斥「鄉愿」之旨趣也。緯書乃漢儒陋作，實不足以衡經旨，故程頤亦不取其說，而直承乃師之意。夫「變易」者，乃「天道」之特性；四時更替，變易存焉。蓋程頤視「易道」即「天道」也。

四、易之天道觀

　　《易》本筮書，與天道何涉？然程頤曰：

> 上天之載，無聲無臭之可聞，其體則謂之易，其理則謂之道，其命在人則謂之性，其用無窮則謂之神，一而已矣。〔註20〕

　　程頤以「易」爲天之「體」，以「道」爲天之「理」，以「性」爲天之「命在人」者，以「神」爲天之「用無窮」，「一而已矣」，正是「體用一源，顯微無間」之謂也。此語乃程頤易學之精髓，亦爲道學之大本也。所謂「體」，非指有形之物體，乃指無形之理體也。物體有形可見，理體無形可覩。無形之體，老子稱之爲「无」；「无」亦有其作用，世人不解，故老子辨之。然「无」既有作用，即非「虛」非「空」，而乃「實有」。「空」爲釋氏之世界觀，非程頤所樂道；「无」是老子之洞見，惟既「實有」其作用，則不能謂之「无」也。故程頤亦棄用其說。「虛」爲張載語，張載以「太虛」形容天道，程頤

〔註19〕《周易口義》爲胡瑗弟子倪天隱所述。引文據《四庫全書》本。
〔註20〕《程氏粹言》卷第一，《二程集》頁1170。
　　　案：此語於《二程集》中亦載於明道語，二程易學見解大致相同也。

亦不以為然。《粹言》記其言曰：

> 或謂：「惟太虛為虛。」子曰：「無非理也，惟理為實。」或曰：「莫
> 大於太虛。」曰：「有形則有小大，太虛何小大之可言。」〔註21〕
> 子曰：「子厚以清虛一大名天道，是以器言，非形而上者。」〔註22〕

張載認為，「太虛無形，氣之本體。」〔註23〕即「氣」之本體為「太虛」
之意；惟「太虛無形」，非目力所及，此語似謂「太虛」為形而上之道。然
張載又云：「知虛空即氣。」「氣之聚散於太虛，猶冰釋於水，知太虛即氣。」
〔註24〕此語卻謂「太虛」等同於「氣」，以「冰釋於水」比況「氣之聚散」，
則「氣」為物矣，「太虛」亦為物矣。物乃「器」之屬，故其所謂「太虛」，
實為形而下者也。張載所謂「本體」，非哲學上「本體論」之「本體」，乃物
體之體，惟此體可聚可散，而無形可視而已。故程頤駁之，謂其「清虛一大」，
「是以器言」。「器」有「小大」之別，「太虛」如為形而上者，則遍及萬有，
無所謂「小大」也。

程頤以「易」為天之「體」，則「易」等同於「天體」矣。天體無形，易
體亦為無形也。其「道」謂之「理」，則「天道」又等同於「天理」，「易道」
又與「天理」為齊一矣。可知程頤之所謂「體」，乃形而上之「體」，非物體
之體也，其哲學高度又凌駕於張載之上矣。《程氏外書》嘗記張載撤虎皮之事，
以見二程與張載識見之高下，茲錄之以供參考：

> 橫渠昔在京師，坐虎皮，說《周易》，聽從甚眾。一夕，二程先生至，
> 論《易》。次日，橫渠撤去虎皮，曰：「吾平生為諸公說者，皆亂道。
> 有二程近到，深明易道，吾所弗及，汝輩可師之。」〔註25〕

橫渠者，張載之號也。此節語錄雖有門戶之偏，然二程識見高於張載，
也是事實，以其「太虛即氣」可知也。程顥雖謂「天理」一詞為自創，〔註26〕
然二程將《易》書之義理提高至與天等同，實有所本；蓋亦本於〈繫辭〉之

〔註21〕同前揭書，頁1169。
〔註22〕同前揭書，頁1174。
　　　　案：程顥亦有此語。《程氏遺書》卷第十一〈明道先生語一〉云：「『形而上者
　　　　謂之道，形而下者謂之器。』若如或者以清虛一大為天道，則乃以器言，
　　　　而非道也。」《二程集》上冊，頁118。
〔註23〕《正蒙・太和篇》。見《張載集》頁7。台北：漢京文化事業有限公司，2004
　　　　年。
〔註24〕同前揭書，頁8。
〔註25〕《程氏外書》卷第十二，《二程集》頁436至437。
〔註26〕同前揭書，頁424。

意也。〈上繫〉曰：

> 易與天地準，故能彌綸天地之道。……與天地相似，故不違；知周
> 乎萬物而道濟天下，故不過。……範圍天地之化而不過，曲成萬物
> 而不遺；通乎晝夜之道而知，故神无方而易无體。（第四章）

〈繫辭〉但云《易》書與天地「準」與「似」而已，其「範圍天地」與「曲
成萬物」，變化神妙，其道無有形體，而程頤則直接以「易」為「天道」，推
「易」至與「天」等同，較〈繫辭〉尤有進者，已非原文之意矣。程頤〈繫
辭說〉曰：

> 聖人作《易》，以準則天地之道。「易」之義，天地之道也，故能彌
> 綸天地之道。〔註27〕

《遺書》又言曰：

> 易是個甚？易又不只是這部書，是易之道也。不要將易又是一箇事，
> 即事盡天理，便是易也。〔註28〕

　　程頤深化《易》書之哲學內涵，取其義為「天地之道」，而人「即事盡天
理，便是易也」，更企圖擺脫世人「《易》為筮書」之刻板認知，其用心良苦，
實與夫子等同；然誰又知之？學者有謂知程頤最深者莫如朱熹，然朱熹刻刻
以恢復《易》之古經為念，又作《周易本義》申明其所謂「本義」，復其筮書
之原貌，可謂不遺餘力，與程頤背道而馳矣，又豈是深知程頤者？雖未必與
之為敵，亦失孔門之大義也。〔註29〕程朱之異，乃在於朱熹道學問，泥於講
師；程頤則論治道，以平天下為念也。

〔註27〕《程氏經說》卷第一，《二程集》頁1028。

〔註28〕《程氏遺書》卷第二上，《二程集》頁31。

〔註29〕近代學者有程、朱為敵派之說。姜海軍《程頤易學思想研究》嘗引周予同
　　　　之言曰：「朱熹之《易》喜言太極无極，先天後天，其繼承陳摶、邵雍象數
　　　　之學無可諱言。在熹之本意，或以為程頤《易傳》偏於義理，或濟以象數，
　　　　以維持其哲學上之調和統一的態度；殊不知學術上絕不能調和統一者，於
　　　　是程、朱之《易》學陷於敵派之嫌，此實非朱熹初意所及料也。」該書頁
　　　　270。
　　　　案：「學術上絕不能調和統一」，應指不同性質與旨趣之領域而言。《易》之性
　　　　質本為占筮之書，其功用乃在於占驗，而程頤既已易其性質為「聖人教
　　　　戒之書」，並謂其理與「天道」等齊，則已非占筮之原義，故不能再與筮
　　　　術《易》「調和統一」矣。強為之調和統一，則與「鄉愿」之心態無異。
　　　　此乃俗儒之陋，非孔門之遺教也。程頤之懷抱與識見實高於朱熹，由此
　　　　可見也。

五、易之體用觀

體用之說，本於佛家，中國古無有也。然所謂無有者，乃無有其名，非無有其實。孔子五十而知天命，天命即為其體，言行即為其用也。天命靡常，又非實體，難以言說，故夫子罕言之，〔註30〕但云「天何言哉？四時行焉，百物生焉。」（《論語·陽貨》）夫子之知天命，乃其人生歷練之體悟，故前賢嘗論其「知」乃「證知」之「知」，非一般知識之知也。歷練體悟，人各不同；感受深淺，亦異其趣，固非言說可以盡道。孔子罕言抽象之義理，而重視實際之人事作為，乃有深意存焉。夫子嘗言曰：「富與貴，是人之所欲也，不以其道得之，不處也；貧與賤，是人之所惡也，不以其道得之，不去也。君子去仁，惡乎成名？君子無終食之間違仁，顛沛必於是，造次必於是。」（《論語·里仁》）夫子言「道」與去就之誼，兩者之間即為體用關係。仁者，乃「道」之內容，與體為一。殆及戰國，心性之論興，名實之辨起，遂開啟辨明析理之風尚。《墨辯》非偶然而作也；孟子好辯，亦不得已也。《荀子》三十三篇，可謂篇篇皆辯。荀子論天，以為「天行有常，不為堯存，不為桀亡。」（〈天論〉）人天兩隔，以知識之知而論辨其理，剔透分明，固非有錯；然鑿鑿於現象界事理之追究，卻心無所感，體無所悟，則與孔孟之人生境界相去遠矣。程頤云：「聖人之氣象，不可只於名上理會，如此只是講論文字。」〔註31〕良有以也。荀子雖不知體用之學，然其辨明析理之性格，追根究柢之精神，卻能風及兩漢。唯兩漢學術，只恨流於章句之辨義，餖訂之考據；而大《易》之旨又黯然不明，淪為機祥之術，孔孟之道更晦而不彰矣。

《十翼》頗富體用思想。如〈上繫〉云：「《易》，無思也，無為也；寂然不動，感而遂通。」（第十章）此以寂（靜）、動言體用，以「感」貫通之。又云：「易有太極，是生兩儀；兩儀生四象，四象生八卦；八卦定吉凶，吉凶生大業。」（第十一章）此以生成之關係言體用，太極為體，兩儀為用。用又生用，層層遞進，揭其自然演化之理。又云：「形而上者謂之道，形而下者謂之器。」（第十二章）此以「道」、「器」言體用，然兩者之關係如何確立則無與焉。〈乾·彖〉曰：「大哉乾元，萬物資始。」「乾元」即「道」，「萬物」即「器」，道為體而器為用，名異而實同。其明生生之理，可補〈繫辭〉言「道」、

〔註30〕世知夫子罕言天道。廣義言之，天命即天道；狹義言之，天命有針對性、個別性。孔子之知天命，乃知天命之在我（夫子），故有針對性義。天命可泛指天之法則，即與天道等同，是廣義之天命。

〔註31〕《程氏遺書》卷第十五，《二程集》頁158。

「器」之不足。諸如〈文言〉、〈象傳〉、〈序卦〉、〈說卦〉等，皆以物象、人事言體用也。夫子重人事，故多言用而略言體，實則無體無用，言用即及於體。及王弼注《易》，大談老子无有之學，以无為體而有為用，以為「无不可以无明，必因於有；故常於有物之極，而必明其所由之宗也。」〔註32〕王弼取老子之意，認為有因无來，亦猶器因道生，萬物因乾元而始作也。王弼以无釋道體，孔穎達承此思路，遂有「有從无出，理則包无」、「有形者生於无形」（《周易正義·序》）之說。然此種種說，僅言體用之因果關係或生成關係，未明其即體即用之微妙大旨。即體即用之旨，有待於佛家之闡述而始暢。

　　佛家體用之說，本於大乘教義。天竺高僧鳩摩羅什於東晉孝武之世來華後，譯經三百餘卷，大乘教義遂廣傳中國。〔註33〕羅什高徒僧肇闡發教義，以老莊之說明體用之學。湯用彤謂：「其所作論已談至『有無』、『體用』問題之最高峰，後出諸公已難乎其繼也。」〔註34〕唐世華嚴宗之法藏（賢首）亦以體用論弘法。其《華嚴一乘教義分齊章》釋「相即」、「相入」門云：

> 以用攝體，更無別體故，唯是相入。以體攝用，無別用故，唯是相
> 即。（卷第四）〔註35〕

法藏以體用互攝，相入、相即明緣起法之一即多、多即一之義。一切法皆緣成，一緣生眾緣並生，一緣滅眾緣皆滅。同一緣起法，其體自具眾緣之德，〔註36〕體用之關係是「並生」者，體生用即存焉，並無時間先後生成之序。及至澄觀（清涼），即以「體用」疏《華嚴》。其《華嚴經行願品疏》釋「彰果德嚴」云：

> ……果有二種：一者依果，即佛淨土謂無形真極，自他受用華藏剎
> 海等；二者正果，謂佛十身通智通斷，有體有用。〔註37〕

《華嚴經行願品疏鈔》論「性起、繁興、法爾」云：

〔註32〕韓康伯《繫辭注》「大衍之數五十」引王弼語。見樓宇烈《王弼集校釋》，頁548。

〔註33〕鳩摩羅什於東晉孝武帝太元十年（385）前後來華。姚秦弘始三年（401）冬至長安，十五年（413）遷化。於長安期間，翻譯佛典，推廣大乘教義。詳見湯用彤《漢魏兩晉南北朝佛教史》頁278至314。

〔註34〕《漢魏兩晉南北朝佛教史》頁339。

〔註35〕《大藏經》第45冊，頁503中。日本東京大藏經刊行會影本。

〔註36〕本節參酌牟宗三《佛性與般若》第六章第三節，頁517至525。台北：學生書局，1977年。

〔註37〕澄觀《華嚴經行願品疏》卷第一，頁238下。《續藏經》第七冊。台北：中國佛教會影本。

……依體起用，名爲性起；起應萬差，故曰繁興；今古常然，名爲法爾。〔註38〕

《華嚴法界玄鏡》釋「法界」云：

法，分體相用。〔註39〕

案：〔唐〕綿州刺史裴休云：「法界者，一切眾生身心之本體也。」〔註40〕「身心之本體」，簡言「心體」。從作用言即爲心體，萬法皆由心生；從尚未作用言即爲「性體」。故慧能云：「不悟，即佛是眾生；一念悟時，眾生是佛，故知萬法盡在自心。何不從自心中頓見眞如本性？」〔註41〕心體能起作用，如不作用時，亦爲本體也。實則一體兩面，非有等差。

慧能又以體用言「定慧」。云：

大眾勿迷，言定慧別。定慧一體，不是二。定是慧體，慧是定用。即慧之時定在慧；即定之時慧在定。若識此義，即是定慧等學。〔註42〕

「定慧等學」，慧能又以「燈光」喻之：

定慧猶如何等？猶如燈光。有燈即光，無燈即暗。燈是光之體，光是燈之用。名雖有二，體本同一。此定慧法，亦復如是。〔註43〕

隋、唐義疏之學，源於佛經疏鈔之風。梁啓超云：「隋、唐義疏之學，在經學界中有特別價值，此人所共知矣！而此種學問，實與佛典疏鈔之學同時發生。吾固不敢逕指此爲翻譯文學之產物，然最少必有彼此相互之影響。」〔註44〕翻譯佛典，疏釋經義，爲隋、唐佛教史上之盛事，帝王所重，下必風從。其時儒者亦多修習佛典，目染所及，受其影響，可謂順理而成章，即佛氏「一緣生，眾緣並生」之理也。

《五經》含藏天人「體用」之學者，首推《周易》；以「體用」疏釋經書，亦當以孔穎達《周易正義》爲最早。穎達疏〈乾〉卦辭云：

天者，定體之名；乾者，體用之稱。故〈說卦〉云：「乾，健也。」

〔註38〕澄觀《華嚴經行願品疏鈔》卷第一，頁399上。《續藏經》第七冊。台北：中國佛教會影本。

〔註39〕澄觀《華嚴法界玄鏡》卷上，頁672上。《大藏經》第45冊。

〔註40〕語見裴休《注華嚴法界觀門・序》。

〔註41〕語見〔清〕丁福保《六祖壇經箋註・般若品第二》，頁32。天華出版社，1979年。

〔註42〕同前揭書，〈定慧品第四〉，頁44。

〔註43〕同前注，頁45。

〔註44〕梁啓超《飲冰室專集》之五十九，〈翻譯文學與佛典〉，頁29。《飲冰室合集》第十四冊。上海：中華書局，1936年。

言天之體，以健爲用。（卷一）〔註45〕

流風已成，宋儒體用之說大盛。程頤之師胡瑗，亦嘗倡「明體達用」以振興儒學。余敦康論之曰：

其（胡瑗）所謂「體」，是指「仁義禮樂，萬世不可變者」；其所謂
「用」，是指「舉而措之天下，能潤澤斯民，歸於皇極者」。〔註46〕

案：孔穎達與胡瑗之所謂「體用」，已非佛家所言之體用矣。穎達以「天」爲體，以「健」爲用；胡瑗則以「仁義禮樂」爲體，「舉而措之」爲用。一爲宇宙本體之建構，一爲價值本體之確立。兩者立論雖不同調，然同匯入於程頤易學之中，遂有「體用一源，顯微無間」之說。

「體用一源，顯微無間」，語出於程頤〈易傳序〉，其辭詳曰：

至微者，理也；至著者，象也。體用一源，顯微無間。觀會通以行
其典禮，則辭無所不備。

程頤所傳者，《易》之「辭」也，並謂《易》之辭無所不備。然辭乃釋「象」者，故須上溯「象」意。而「象」由「理」出，故傳「象」又必及於「理」，層層推至極處，由顯入微。考究程頤上述之意，以「理」爲易道之內容，以「象」爲易道之作用。理者，易理也；易理即天理，與穎達之意實同。象者，卦象也；六十四卦之象，各具其理，理一而分殊，同源於天，即所謂「體用一源」也。理至微而難睹，象至顯而易見；然既同源而出，則兩者並無間隔，實爲一體之兩面，即所謂「顯微無間」也。觀其「一源」之道，察其「無間」之理，融會貫通，施之於人事作爲，成之於政典制度，則人事合於天理矣。由是而推，人事與天道亦一源矣。程頤企圖以人類道德與禮法制度之價值根源統歸之於天理，故其「體用一源，顯微無間」之說，實乃程頤天人合德之總綱也。體用之說雖始自佛典，然至程頤內涵已異，不得同日而語矣。由是觀之，謂程頤之語襲取佛典，實屬皮相之言。

第二節　《程傳》「不及象數」辨

前人嘗謂程頤解《易》，不及象數。然《程傳》既是發揮《十翼》之意，

〔註45〕王弼注〈乾・象〉「以御天」云：「天也者，形之名也；健也者，用形者也。」
形，體之表也。體爲實爲裡，形爲實之外貌。以形用爲之說，與體用尚隔一層。
〔註46〕語見《漢宋易學解讀》頁395。北京：華夏出版社，2006年。
案：余氏所引體用之說，見於《宋元學案》卷一〈安定學案〉。

而《十翼》內容，象數與義理皆備，故「發揮《十翼》」云云，尚待商榷。程頤解《易》不及象數，首張其說者爲晁公武。其《郡齋讀書志》云：

考正叔之解，不及象數。〔註47〕

此論既出，後之學者遂紛紜其意。如朱熹繼之亦曰：「《程易》言理甚備，象數卻欠在。」〔註48〕〔明〕郝敬云：「程正叔《易傳》，大抵因王輔嗣之舊，廓而充之，於象數闊略，徒執君子、小人治亂生解，其於三極之道，殊覺偏枯。」〔註49〕《四庫全書總目提要》亦謂：「宋儒若胡瑗、程頤，其言理精粹，自非晉、唐諸儒所可及，然於象數亦多有闕略。」〔註50〕所謂「欠在」、「闊略」、「闕略」諸語，皆謂《程傳》「不及象數」也。然考《程傳》內容，其論象數甚夥，實不闕焉。如論〈乾〉卦（䷀）云：「〈乾〉以龍爲象。」（卷第一）論〈坤〉卦（䷁）云：「取牝爲象者，以其柔順而健行。」（同前）此類論物象也。又論〈屯〉卦（䷂）云：「以二象言之，雲雷之興，陰陽始交也。」（同前）此類論卦象也。《程傳》中每卦必論其象，已爲其書之體例矣，豈無涉象耶？又論〈頤〉卦（䷚）云：「卦上《艮》下《震》。上下二陽爻，中含四陰；上止而下動，外實而中虛，人頤頷之象也。」（卷第三）論〈鼎・初六〉（䷱）云：「六在鼎下，趾之象也。」（卷第五）此類論爻象也。論〈臨〉卦（䷒）「至於八月」云：「陽始生於復，自〈復〉至〈遯〉，凡八月，自建子至建未也。」（卷第三）此取漢儒十二消息卦爲之說。〔註51〕論〈乾・初九〉（䷀）云：「九，陽數之盛，故以名陽爻。」（卷第一）論〈坤・初六〉（䷁）云：「陰爻稱六，陰之盛也；八則陽生矣，非純盛也。」（同前）此論陽之九，陰之八、六，皆數也。程頤嘗釋「六爲純陰」，而引劉牧《河圖》之數證之，云：「過

〔註47〕 王先謙《郡齋讀書志》校刊本卷第一，廣文書局《書目續篇》頁 327。
〔註48〕 《文公易說》卷十九。語見《通志堂經解》本，總頁 2353。台北：大通書局。
〔註49〕 同注 2。
〔註50〕 《四庫全書總目》卷三，「《周易窺餘》十五卷條」提要。
〔註51〕 十二消息卦之論，參屈萬里《先秦漢魏易例述評》卷下，頁 78 至 82。台北：學生書局，1969 年。
　　　案：十二消息卦相傳爲西漢初孟喜所創，其著已佚。屈萬里據〔唐〕李鼎祚《周易集解》引虞翻、干寶二家之說，歸納出以十二卦配十二月之名。即〈復〉爲十一月，〈臨〉爲十二月，〈泰〉爲正月，〈大壯〉爲二月，〈夬〉爲三月，〈乾〉爲四月，〈姤〉爲五月，〈遯〉爲六月，〈否〉爲七月，〈觀〉爲八月，〈剝〉爲九月，〈坤〉爲十月。消者，虞翻曰：「陰消乾」；息者，「陽息坤」。陰長而陽消，陽長而陰息之意也。四時循環，周而復始。

六則一陽生，至八便不是純陰。」〔註52〕由是觀之，《程傳》解《易》，非不及象數也，故胡自逢乃駁之曰：

> 或謂《程傳》略於象數，是不然。蓋盈虛消長之理，終始反復即數也；承乘比應之義，不越卦爻，亦即象也。非必飛伏、互體，始謂之象；先天後天，《河圖》、《洛書》，乃足以名數也。《易》之根本在畫，有畫則有象；三才、六爻之位，象也，而數即寓焉。《易》因畫而見象，見象而後繫辭，聖人之情見乎辭，辭因乎象，象本於畫。伊川所傳之辭，乃畫之辭，亦即象之辭，安在其略於象數也。〔註53〕

胡氏之意，以「盈虛、消長」、「終始、反復」爲數，其說本於《程傳》；以「承、乘、比、應」、「三才、六爻之位」爲象，其說本於王弼《周易略例》。言之鑿鑿，不謂無據。然則諸賢之論，豈非誣耶？朱熹爲《易》學大家，自謂傳程頤之學，知之最深，論之最翔，其言亦有失當耶？愚嘗終日思之，反覆推敲古人之意，究其說之異同，期能辨明箇中關節所在。後以二學切入，推想古人遣詞之慣例，得其道理，遂豁然開朗。蓋諸賢之論非無理也，究其癥結，乃在於「象數」一詞之解讀；破其解讀，則諸賢之說無扞格矣。

　　蓋古人用詞，言簡意賅。若一詞而能統合眾意者，則只用一詞，而以繁蕪爲病也。以修辭學之觀點言之，諸賢「象數」一詞之使用，可視之爲「借代」法。借代者，以他名代替本名之謂。據慶萱師《修辭學》一書言之，借代之法凡八種，其一爲「以事物的特徵或標幟代替事物」。〔註54〕《易》本占筮之書，以決疑爲能事；而卦由數起，象由卦示。故〈上繫〉曰：「極其數，遂定天下之象。」（第十章）〈下繫〉曰：「八卦成列，象在其中矣。」（第一章）象、數爲《易》之特徵，固已甚明；而其作用乃在於「占筮決疑」，以「象數」代稱「占筮決疑」之事，即所謂借代法之使用也。又漢儒易學，孟喜、京房之徒，喜言陰陽災異之變，踵事增華，遂創卦氣、納甲、十二消息、八宮、飛伏、互體、爻變、世應、游魂、歸魂等等諸例，擴爲推步之學，《易》

〔註52〕《程氏遺書》卷第十九，《二程集》頁250。
〔註53〕見《程伊川易學述評・自序》，頁2。
〔註54〕《修辭學》第十三章，頁251至286。台北：三民書局，1975年。
　　　案：借代八法分別爲：一、以事物的特徵或標幟代替事物；二、以事物的所在所屬代替事物；以事物的作者或產地代替事物；四、以事物的資料或工具代替事物；五、部分和全體相代；六、特定和普通相代；七、具體與抽象相代；八、原因和結果相代。

遂一變而爲機祥之術。入宋以後，陳搏、劉牧、邵雍等人，復增先天、後天之說，以先天爲《河圖》，後天爲《洛書》，《易》又一變而爲圖書之學。《易》之功用，由決疑而衍爲預測吉凶禍福，極其鬼神萬變之能事。然尋流逐末，乃術家之事，非儒者之務也。故程頤非之，傳《易》僅止以「執君子、小人治亂生解」，不及其占驗推步之事，故郝敬謂其「三極之道，殊覺偏枯」。三極者，天、地、人也。謂天人相感之事，亦意指占驗推步。「三極」一詞，郝敬亦使用借代法。由是觀之，諸賢謂《程傳》不及「象數」，或「欠在」、或「闊略」、或「闕略」云云者，乃概言之，謂程頤之書，不言決疑功用之事，不及兩漢機祥之學，不涉時人先天、後天之論也。朱熹嘗言：「已前解《易》，多只說象數。自程門以後，人方都作道理說了。」〔註 55〕「象數」即指占驗推步相關之事。又云：「《易》本是卜筮之書，卦辭、爻辭無所不包，看人如何用。程先生只說得一理。」〔註 56〕亦謂程頤止以理說《易》也。而就文法學言之，諸賢所言之「象數」，乃一合義複詞，非兩單詞（象與數）之平行聯繫。又卜筮之術，揲著成卦，皆以數起，其技術在於推數（即〈繫辭〉所謂之「極其數」），故或單言一「數」字，以概括其術。如朱熹論邵雍《易》云：「《易》中只有箇奇耦之數是自然底，『大衍之數』卻是用以揲著底。康節盡歸之數，所以二程不肯問他學。」〔註 57〕又云：「或指一樹問康節曰：『此樹有數可推否？』康節曰：『亦可推也；但須待其動爾。』頃之，一葉落，便從此推去。此樹甚年生，甚年當死。」〔註 58〕邵雍《易》數，據朱熹之意，謂其合奇耦自然之數（即天一、地二）與大衍之數（即五十之數）而爲一，然其目的乃在於推步占驗，故二程不肯學。其「數」，亦古之卜筮之意也。單言之爲「數」，複言之爲「象數」；但其重點在「數」而不在「象」，則「象數」一詞，又屬偏義複詞矣。總而言之，諸賢謂「數」或「象數」，皆指占驗推步之術，非分言象與數也。

占驗推步之術，二程不肯學，見於《程氏外書》，其記之云：

〔註 55〕《朱子語類》卷第六十七，頁 1649。北京：中華書局，2004 年。
　　　案：朱熹此語未洽史實。自王弼注《周易》，即以道理說《易》。王弼以老子之「无」釋本體，以儒家之「名教」釋作用，未能體認孔孟所「證知」之「天命」，故程頤謂其「元不見道」；然其「得意忘象」之論，豈非將《易》作「道理」之說耶？
〔註 56〕同前揭書，頁 1651。
〔註 57〕同前揭書，頁 1649。
〔註 58〕同前注。

堯夫《易》數甚精。自來推長曆（曆）者，至久必差，惟堯夫不然，
指一二近事，當面可驗。明道云：「待要傳與某兄弟，某兄弟那得工
夫！要學，須是二十年工夫。」〔註59〕

要學堯夫之《易》數，須得二十年工夫，故明道不學。然程頤則非因學習費
時而不學也，乃輕重有等差之故。《外書》繼之又云：

伊川謂堯夫：「知《易》數爲知天？知《易》理爲知天？」堯夫云：
「須還知《易》理爲知天。」

程頤重「《易》理」，因知「《易》理」而可知天理也；堯夫亦以爲然。故程頤
不學堯夫之《易》數，蓋輕重有等差之故。知天理爲知要，數乃末技爾。程
頤〈答張閎中書〉又云：

來書云：「《易》之義本起於數。」謂義起於數則非也。有理而後有
象，有象而後有數。《易》因象以明理，由象而知數。得其義，則象
數在其中矣。必欲窮象之隱微，盡數之毫忽，乃尋流逐末，術家之
所尚，非儒者之所慕也。管輅、郭璞之徒是也。〔註60〕

〈繫辭〉但云「象由數定」，未嘗言「義」亦由數定也。故張閎中書謂「易之
義本起於數」，而程頤非之。審視閎中語意，實未夠明確。所謂「易之義」究
何所指？指「易」之定義，抑指占筮之技術也？如就「易」之定義說，古謂
一名而含三義，易簡、變易、不易也。其三義皆無起於數之說。如就占筮之
技術言，則由數以求卦，由卦以顯象，而義在象中。此指某卦之義，非全《易》
也。閎中之意，似指後者而言，故程頤亦針對後者之意回示。然程頤先以「有
理而後有象，有象而後有數」之宇宙生成論爲之說，以明萬物生成之過程。「有
理而後有象」，象者，蓋指物也，非卦象也。有生物之原理，始生一物。一物
既成，又演爲萬物，故「有象而後有數」，其生成之序不能本末倒置。此「數」
乃數目之數，非推步之數也。故〈上繫〉云：「生生之謂易。」（第五章）程
頤亦云：「有一便有二，纔有一二，便有一二之間，便是三，已往更無窮。老
子亦言三生萬物，此是生生之謂易。」〔註61〕此部分既屬宇宙萬物生成之實
質問題，亦爲一哲學問題，非占筮之技術也。而就占筮之技術言之，程頤一
言而否決之，認爲象數爲末技，以數求卦，「窮象之隱微，盡數之毫忽」，乃
術家所尚，不爲儒者之所慕也。

〔註59〕《程氏外書》卷第十三，《二程集》頁428。
〔註60〕《程氏文集》卷第九，《二程集》頁615。
〔註61〕《程氏遺書》卷第十八，《二程集》頁225至226。

　　夫《易》本占筮之書，以卦爻之象顯其幽微之理，以卦爻之辭明其吉凶悔吝。而卦以數起，象以辭示；無數則不能成卦，無卦亦不能有象，無象更不能示意，無辭亦不能達意也。辭者，達其意而已矣。而所謂意，即其義理，義理既達，立可決疑，又何勞占筮之術哉？然《易》書賅括象數，象數猶如骨幹，卦爻辭則爲其作用，四者不能偏廢；廢一則非全《易》矣。而義理猶如人之精神，未見無精神而能行走之人也。故《易》無義理，猶如枯屍，作用廢矣。程頤嘗言所傳者，辭也；所謂「傳辭」，釋其義理而已矣。《易》之精神由辭而顯，學者苟得其義理，則可以忘其象數，捨筏登岸，而成正覺。王弼「得意忘象」之論，〔註62〕盡掃兩漢以來象數占驗之學，復歸於義理之淵海，其意亦不外如是。《程傳》非關象與數也，乃不言占筮之事爾。程頤曰：

　　　古者卜筮，將以決疑也。今之卜筮則不然，計其命之窮通，校其身

　　　之達否而已矣。噫！亦惑矣。〔註63〕

　　程頤未嘗否定卜筮之功能，在於「決疑」。然今之人以一己之窮通命達爲務，而求之於卜筮，已失卻孔子「不以其道」與孟子「立命」之旨趣，迷惑於術數之中而不能自拔，與孔孟之道相去遠矣，實非儒者之事也。故程頤傳《易》之辭，而卜筮占驗之術數不予論焉。然《易》書既以象、數爲其骨幹，骨幹之學則不得不涉及之也；否則無以見易道，亦無以見《程傳》矣。數爲成卦之末技，程頤不談推步之術，故尙可不論。然義由象顯，故不得不涉及焉。今述《程傳》之方法論，梳其淵源，別其取捨，庶幾可以知程頤易學矣。

第三節　以〈象傳〉之法解易理

　　《程傳》以《十翼》發揮孔子之意，乃何喬新之說。《十翼》者，孔穎達曰：「〈上象〉一、〈下象〉二、〈上象〉三、〈下象〉四、〈上繫〉五、〈下繫〉六、〈文言〉七、〈說卦〉八、〈序卦〉九、〈雜卦〉十。」〔註64〕《十翼》原附於經後，〈漢志〉錄「《易經》十二篇」條，〔唐〕顏師古注曰：「上、下經及《十翼》，故十二篇。」〔註65〕王弼以後，割裂傳文，除〈繫辭〉、〈說卦〉、

〔註62〕語見王弼《周易略例・明象》。樓宇烈《王弼集校釋》，頁609。

〔註63〕《程氏遺書》卷第二十五，《二程集》頁326。

〔註64〕《周易正義》卷之一，第六論夫子《十翼》，頁7上。

〔註65〕《漢書補注》二，頁874下。

〈序卦〉、〈雜卦〉外，餘皆以傳附經。〔註66〕孔穎達修《五經正義》，《易》取王弼注，今本《周易》遂成定式。〈彖〉乃統論六十四卦卦名、卦辭之意義，分佈於上下二經之中，故〈彖〉分上下，其性質實同。〈象〉釋卦爻之象，又分大小；〈大象〉明一卦之象，〈小象〉明一爻之象，亦分佈於上下二經之中，故亦稱上下，不稱大小。〈繫辭〉內容博雜，有夫子之語，亦有作者之意；有義理之辭，亦有占筮之術，編次並無章法可尋，蓋以其文長之故，而分上下篇爾，合之亦爲一類。據朱熹《周易本義》，〈序卦〉亦分兩篇，因經分上下故也。如不以上下分篇，就其性質與作用觀之，則《十翼》實只七篇，即〈彖〉、〈象〉、〈繫辭〉、〈文言〉、〈說卦〉、〈序卦〉、〈雜卦〉。千年來既成定說，姑仍從舊，通稱之爲《十翼》。

朱鑑記朱熹之言曰：「程先生《易傳》，義理精，字數足，無一毫欠闕；只是於本義不相合。」〔註67〕又云：「《易傳》不看本文，亦自成一書。」〔註68〕所謂「於本義不相合」者，與《周易》本經之文義不相合也。所謂「不看本文」者，不看《周易》本經之文字也。若抽離《周易》本經文字，《程傳》亦能自成一書，其言可謂卓見。由是知之，《程傳》原非漢儒章句餖飣之屬，故前章嘗謂程頤非解《周易》也，誠如何喬新說，乃發揮夫子之意。夫子之意，在於儒理，《十翼》即發揮夫子儒理者也，本章即以方法論之角度，探討《程傳》之取捨。《十翼》之文，程頤非照單全收者，乃有所揀擇，選其可用者而用之，不可用者而略之也。《十翼》之中，〈彖〉、〈象〉先出，故先探討二傳。程頤將〈序卦〉分置諸卦之首，其重視之意可以想見，故次之。或謂《程傳》不解〈繫辭〉，前章已辨明矣，不贅。《程傳》引入〈繫辭〉之語頗多，本章只論其引入之法，義理部分留後討論。《程傳》申易之法有取於〈文言〉者雖少，亦不得不論，置於壓軸。至於〈說卦〉、〈雜卦〉二傳，

〔註66〕《十翼》原皆單行，列於經後，不與經文相雜。今本《周易》，〈彖〉、〈象〉皆分置於六十四卦；〈文言〉分置於〈乾〉、〈坤〉兩卦；餘篇仍獨立於經後。此種編排，或曰「始於東漢鄭玄」（《三國志・魏志・高貴鄉公傳》）；或曰「始於西漢費直」（《漢志》顏師古注），莫衷一是。近人林麗貞統合眾說，認爲漢初費直只是以《十翼》講經，尚未更動古本。及至漢末鄭玄，始將〈彖〉、〈象〉附於經文之後。王弼又變本加厲，將〈文言〉分附於〈乾〉、〈坤〉二卦之後，且將〈彖〉與〈大象〉割裂，分附於各卦卦辭之後，將〈小象〉割裂，分附於各爻爻辭之後。其說見於〈易傳附經的起源問題〉一文，《孔孟月刊》卷17，第三期，頁25至28。（1978）又見其《王弼》一書，頁89。台灣：東大圖書公司，1988年。

〔註67〕同注48。

〔註68〕同前揭書。

《程傳》擷取其義理而融入傳注之中，流於瑣碎，不克單章論列也。

象者，何也？王弼曰：「統論一卦之體，明其所由之主者也。」〔註69〕《正義》疏之曰：「夫子所作〈彖辭〉，統論一卦之義。或說其卦之德，或說其卦之義，或說其卦之名。……案：褚氏、莊氏並云：『彖，斷也；斷定一卦之義，所以名爲彖也。』」〔註70〕〔唐〕李鼎祚《周易集解》引劉瓛之語亦曰：「彖者，斷也；斷一卦之才也。」（卷第一）《程傳》云：「卦下之辭爲『彖』；夫子從而釋之，通謂之『彖』。彖者，言一卦之義；故知者觀其〈彖辭〉，則思過半矣。」（卷第一）程頤之意，「彖」分兩類，卦辭爲彖，夫子釋義之辭亦爲彖也。〔註71〕而程頤乃釋夫子之「彖」，非釋卦辭之彖者，故胡自逢云：「伊川以理說經，本之〈彖傳〉，〈彖傳〉善於推理，曲盡天人之蘊，實開義理之先河。」〔註72〕〈彖傳〉既重「義理」，故程頤亦特重〈彖傳〉。〈彖傳〉之內容，約分三層，《正義》謂或說卦之德，或說卦之義，或說卦之名。「德」、「義」爲一體之兩面，難以切割分論，茲以戴師璉璋之說，分釋卦名、釋卦辭、申論卦義三者，並以〈豫〉卦之例明之：〔註73〕

☷《坤》下《震》上

〈豫〉：「利建侯行師。」

〔註69〕《周易略例・明象》，《王弼集校釋》，頁591。
〔註70〕《周易正義》卷一，頁10下。
〔註71〕〈上繫〉云：「彖者，言乎象者也。爻者，言乎變者也。」（第三章）「彖」、「爻」對舉，故知此「彖」字乃指卦辭而言。參見注9。
〔註72〕語見《程伊川易學述評》，〈第一章・導論〉，頁15。
　　　　案：胡氏謂〈彖傳〉「開義理之先河」，似非史實。《左傳》所載，如「僖公十五年（西元前645）筮例」，韓簡論晉獻公之敗德，不以《周易》卦象爲說，《易》學已有象數與義理分途之跡象。「襄公九年（西元前564）筮例」，穆姜薨於東宮，始筮得〈隨〉卦，卦辭曰：「隨，元亨利貞，无咎。」史官建議「速出」，即可「无咎」。然穆姜曰：「元，體之長也；亨，嘉之會也；利，義之和也；貞，事之幹也。體仁足以長人，嘉德足以合禮，利物足以和義，貞固足以幹事。然，故不可誣也，是以雖隨无咎。今我婦人而與於亂，固在下位而不仁，不可謂『元』；不靖國家，不可謂『亨』；作而害身，不可謂『利』；棄位而姣，不可謂『貞』。有四德者，隨而无咎；我皆無之，豈隨也哉？我則取惡，能无咎乎？必死於此，弗得出矣。」穆姜以義理說〈隨〉之「元亨利貞」，乃《左傳》著名筮例。如云「開義理之先河」者，應首推此例。而儒門《易》學「開義理之先河」者，以帛書之〈要〉篇觀之，不得不謂濫觴於孔子也。
〔註73〕《易傳之形成及其思想》，〈第三章・各篇內容的分析〉，頁71。

〈彖〉曰：「豫，剛應而志行，順以動，豫。（1）

豫順以動，故天地如之，而況『建侯行師』乎？（2）

天地以順動，故日月不過，而四時不忒；聖人以順動，則刑罰清而

民服。豫之時義大矣哉！」（3）

案：〈豫〉之卦辭爲「利建侯行師」。〈彖傳〉先釋卦名，（1）即釋卦名，述其卦名之由來也。《程傳》補其義云：「豫者，安和說樂之義。」（卷第二）〈豫〉之第四爻爲陽爻，意象爲「剛」；初爻爲陰爻，意象爲「柔」。四爻與初爻剛柔相應，故〈彖〉云「剛應而志行」。〔註74〕又：坤爲地，象徵「順」。震爲雷，象徵「動」。順動而行，故得「安和說樂」，所謂「豫」也。（2）釋卦義，論卦辭何以謂「利建侯行師」也。「順以動」，「天地」亦不外「如」是，況人事乎？人事之安排，亦應「順以動」，始應天地之道，故《程傳》申言之曰：「夫建侯樹屏，所以共安天下。諸侯和順，則萬民說服；兵師之興，眾心和說，則順從而有功。故說豫之道，利於建侯行師也。」（3）爲申論卦義，以天象明人事。「日月」爲晝夜，「四時」爲春、夏、秋、冬，各自運行不息，無過無失。究其原因，皆以「順動」故；適「時」而行即「順動」也。故〈彖〉讚嘆「時義」之大，喻「聖人」治國之道，如「順以動」，則必「刑罰清」；「刑罰清而民服」也。〈彖〉申論卦義以明聖王治國之道，應以民意爲先，安民爲本。《尚書》云：「天視自我民視，天聽自我民聽。」〔註75〕此之謂也。孔孟之教，亦不外如是。《程傳》既傳聖人之學，深知治國以安民爲本之理，故云程頤特重〈彖傳〉。細觀〈彖〉辭，則《程傳》之義理亦可「思過半矣」！

　　〈彖傳〉以天象明人事，其法有三：一、直接發揮卦象之義理；二、以訓詁方法釋經；三、活用卦、爻之象、位觀點。茲析論如下：

一、直接發揮卦象之義理

　　卦象爲《周易》之特質，即《程傳》所謂「上古聖人，始畫八卦，三才之道備矣。因而重之，以盡天下之變，故六畫而成卦」者也。古稱八卦爲經卦，重卦爲別卦。《周禮·春官·大卜》「掌三易之法」條云：「一曰《連山》，

〔註74〕如以王弼「主爻説」觀之，〈豫〉一陽而五陰，陽爲之主，則五陰皆應也。剛得眾陰之應，其志得行，故卦名爲「豫」。《程傳》亦曰：「九四爲動之主，上下群陰所共應也。」（卷第二）

〔註75〕《尚書》卷第十一《周書·泰誓》。《十三經注疏》本，頁155下。

二曰《歸藏》，三曰《周易》。其經卦皆八，其別皆六十有四。」〔註 76〕經卦爲單卦，各具基本之象，互重而成六十四別卦。別卦又稱重卦，重卦後即生一象。茲以《左傳》、《國語》所見，歸納八經卦之基本象意，列表如下：〔註 77〕

《左傳》、《國語》所見八卦象徵表

卦　名	卦　象		
	物　　象	人　事　之　象	德性之象
☰ 乾	天、玉	天子、君、父	
☷ 坤	地（土）、馬、帛	母	順
☳ 震	雷、足、車	長男、兄、姪	
☴ 巽	風	女	
☵ 坎	水（泉、川）	夫、眾	勞
☲ 離	火、日、牛	臣、公、子、言	
☶ 艮	山	男	
☱ 兌	澤	妻、姑	弱

由上表可知，春秋時代，八經卦已發展出基本之象徵含意，而皆取自然物象爲基礎，再引申出人事之象。八經卦以自然物象推人事之法，其時已具雛形。〈象傳〉即以此爲據而再加以發揮，遂成一套完整之儒門義理易學。〈象傳〉繼承而發揮之象徵含意，列表如下，以見與《左》、《國》之傳承關係：（標示「＊」者爲《左》、《國》已有之象）

〈象傳〉所見八卦象徵表

卦　名	卦　象		
	物　　象	人　事　之　象	德　性　之　象
☰ 乾	天＊	君子、居上位者	健、剛、陽
☷ 坤	地＊	小人、居下位者	順＊、柔、陰

〔註 76〕《周禮注疏》卷第二十四，頁 370。
〔註 77〕本表係採璉璋師之研究成果，略加改良而成。師分卦象爲兩欄，別「事物象徵」與「德性象徵」。本表則將「事物象徵」再分二欄，區隔「物象」與「人事」。見《易傳之形成及其思想》，頁 31。

☳	震	雷*		動、剛
☴	巽	風*、木	命（教令）	入、柔、巽（遜）
☵	坎	水*、雨		險、剛
☲	離	火*、明（日*）、電	臣*、公*、子*、言*	麗、柔、文、明。文明、聰明
☶	艮	山*	男*、賢人	止、剛、篤實
☱	兌	澤*、水	女	說（悅）、柔

　　〈彖傳〉之於八經卦之自然物象，可謂照單全收，全部繼承，其他物象則棄而不用，而新增「木」（《巽》）、「雨」（《坎》）、「明」、「電」（《離》）與「水」（《兌》）等五物象。人事之象則以《乾》爲君子、爲在位者；《坤》爲小人、爲居下位者。《巽》之物象爲風，風吹草偃，則風可引申爲命令或教令。《艮》爲山，其靜止之象又引申爲賢人。至於德性之象，〈彖傳〉之發展更爲繁富，各經卦皆有新說。茲據上表之意，以〈乾〉卦爲例，析論〈彖傳〉如何利用卦象直接發揮義理：

　　☰《乾》上《乾》下〔註78〕

　　〈乾〉：元亨利貞。

　　〈彖〉曰：「大哉乾元！萬物資始，乃統天。雲行雨施，品物流形。
　　大明終始，六位時成。時乘六龍以御天。乾道變化，各正性命，保
　　合大和，乃利貞。首出庶物，萬國咸寧。」

案：〈乾〉之卦象爲「天」，重卦後其象不變。〈彖〉釋卦辭「元亨利貞」，以「萬物資始，乃統天」釋「元」，以「雲行雨施，品物流形」釋「亨」，以「各正性命，保合大和」釋「利貞」，以「首出庶物，萬國咸寧」總結卦義。整段文字，只取乾爲天之象而發揮義理，並未假借卦象以外之因素立說，即直接發揮一卦之義理者也。同用此法者，尚有〈坤〉、〈頤〉、〈遯〉、〈震〉、〈艮〉、〈兌〉等六卦。

二、以訓詁方法釋經

　　我國文字之特色，一字而形、音、義具備，爲他國文字所無。一字既有

〔註78〕經卦爲單卦，別卦爲重卦，本文以《》表經卦，〈〉表別卦。如《乾》，爲八
　　　　經卦之一，〈乾〉爲別卦之首，類推。

本義，亦有引伸義，更可以音同而相假，展衍繁多，故一字又含多義也。〈彖傳〉之作者深明此道，於釋卦名時，施以訓詁之法。或以本義釋之，或以引伸義釋之，或利用音同而相假，藉以發揮人事之義理。舉例如下：

　　䷄　〈需〉，〈彖〉曰：「需，須也。險在前也，剛健而不陷，其義不困窮矣。」

　　䷆　〈師〉，〈彖〉曰：「師，眾也。貞，正也。能以眾正，可以王矣。」

案：〈需〉，〈象〉曰：「雲上於天，需。君子以飲食宴樂。」〈序卦〉曰：「需者，飲食之道也。」〈象傳〉與〈序卦〉釋「需」字，均與「飲食」有關，而〈彖傳〉卻以音同之「須」字相假，「飲食」之義遂轉爲「須待」之義。〈雜卦〉釋爲「不進」，亦爲須待之義也。《程傳》謂：「需者，須待也。以二體言之，乾之剛健，上進而遇險，未能進也，故爲需待之義。」程頤附會〈彖傳〉、〈雜卦〉之說，亦以「須待」釋「需」字。須待即等待，君子具剛健之德性（《乾》象徵剛健之君子），遇前有凶險（《坎》爲水，象徵凶險），雖欲進，卻能自我克制，耐心等待時機，故〈彖〉贊曰「其義不困窮」。〈師〉，其卦辭曰：「貞，丈人吉，无咎。」其辭義本爲：以「丈人」統率「師旅」，乃「吉，无咎」之事。觀六爻之義，師應作爲「師旅」之意。〔註79〕然〈彖〉以「眾」釋之，並以「貞」之引伸義「正」釋「貞」，〔註80〕謂「能以眾正，可以王矣」，以「正」教民眾，可以爲「王」，解釋雖與卦辭不合，然卻是孔孟之王道思想。〈彖傳〉之作者是否爲孔子固屬可議，然其爲儒家思想則無庸置疑也。

　　〈彖傳〉利用我國文字之特色，以訓詁學之方法釋經，尚見於〈比〉、〈大過〉、〈離〉、〈咸〉、〈恆〉、〈大壯〉、〈晉〉、〈蹇〉、〈夬〉、〈姤〉、〈萃〉、〈艮〉、〈漸〉、〈豐〉與〈兌〉等十五卦。

三、活用卦爻之象位觀點

　　《易》本筮書，卦爻象位乃是筮法。八經卦乃由一陽爻（━）與一陰爻

〔註79〕〈師〉初六：師出以律；九二：王三錫命；六三：師或輿屍；六四：師左次；六五：長子帥師；上六：大君有命。六爻皆與師旅有關，故「師」釋爲師旅較能符合卦意。

〔註80〕高亨《周易大傳今注》卷一，釋「貞」爲「占問」，應爲貞字之本義。山東：齊魯書社，1988年，頁53。

　　　　案：《易》本筮書，卦辭判斷吉凶，故高氏之解應爲《周易》本義，「正」乃「貞」之引伸義。

（一）組成，原爲奇耦之數，陽爲奇而陰爲耦。〈象傳〉以陽爻象徵「剛」，陰爻象徵「柔」，遂有陽剛陰柔之說。〔註81〕兩爻由下而上排列，互相組合，以三爻爲一經卦，兩經卦重疊爲一別卦，故別卦有六爻，遂有爻位之稱。第一爻稱「初」，第六爻稱「上」，其餘皆以由下而上之順位稱之，如二、三、四、五等。〈象傳〉之爻位說，璉璋師歸納爲六種：1、上中下位；2、剛柔位；3、同位；4、反轉位；5、比鄰位；6、內外位。其中尙有一「天位」，璉璋師附於「1」中論列。愚謂：「天位」與上中下位之性質有別，宜另爲一目，故別之爲「7」。

此外，八經卦皆有所象，如前表所載，《乾》象天、《坤》象地、《震》象雷、《巽》象風、《坎》象水、《離》象火、《艮》象山、《兌》象澤等，皆自然之物象也。又如《乾》象天子、象君、象父；《坤》象母；《震》象長男、象兄、象姪；《巽》象女；《坎》象夫、象眾；《離》象臣、象公、象子；《艮》象男；《兌》象妻、象姑等，皆人事之象也。又如《乾》象健，《坤》象順，《坎》象勞，《兌》象弱，此德性之象也。春秋占筮之法，揲著求卦，筮人各取所需，以所求得之卦象占人事吉凶，其時卦象之範圍尙少。迨及〈象傳〉，根據前人運用卦象之妙，又擴而充之，致使意象繁衍，物象、人事、德性之象更爲豐富，三者又交互爲用，已達出神入化之境。如《乾》、《震》、《坎》、《艮》四卦，皆象「剛健」；《坤》、《巽》、《離》、《兌》四卦，皆象「柔順」。而《乾》象陽、象君子，《坤》象陰、象小人；又《乾》可象在上位者，《坤》可象在下位者，皆《左》、《國》所無。前引〈需〉卦，〈象〉謂「險在前也，剛健而不陷」，即以《坎》卦象「險」，《乾》卦象「剛」而爲之說。其中所謂「在前」，又涉二經卦重疊後之位置。二經卦重疊，由下而上，兩者之關係，〈象傳〉或謂之上、下，或謂之前、後，或謂之內、外。據高亨之歸納，〈象傳〉卦位分爲六種：1、異卦相重是上下之位；2、異卦相重是內外之位；3、異卦相重是前後之位；4、異卦相重是平列之位；5、同卦相重是重複之位；6、同卦相重而不分其位。〔註82〕璉璋師謂，「6」之卦位不限於同卦，故易之爲「兩卦相重而不分其位」。〔註83〕案此六位之說，尙可商榷。夫位者，所以別上下，辨

〔註81〕據戴璉璋師之分析，〈象傳〉出現「剛」字59次，「柔」字39次；「陰」、「陽」二字分別只出現過2次。可見「剛」、「柔」爲〈象傳〉之主要觀念，而由「陰」、「陽」發展而來。見《易傳之形成及其思想》，頁67。

〔註82〕《周易大傳今注》卷首，〈周易大傳通說〉第二篇第一章，頁15至24。

〔註83〕《易傳之形成及其思想》第三章，頁76至77。

內外，分前後者也。既無所分，何來「位」說？「5」為同卦相重，已無相對之「位」矣。「6」既為「不分其位」，亦即「無位」；既然無位，又何必立「位」說？茲據此六種分類之意，以方法論衡之，亦為七目：1、直接發揮義理者；2、以上下關係取意者；3、以內外關係取意者；4、以前後關係取意者；5、以平行關係取意者；6、以重複關係取意者；7、以卦符之形似取意者。茲分別析論〈象傳〉如何活用卦、爻之象、位觀點如下：

（一）以爻象爻位取意之法

1. 上中下位

經卦三爻，由下而上排列，分別稱下、中、上爻。別卦六爻，則一爻稱初，又稱「本」；六爻稱上，又稱「末」。二爻與五爻位居兩卦之中，同稱「中」。

2. 剛柔（陽陰）位

爻分陰陽。陽爻象剛，陰爻象柔。初、三、五為陽位，亦是剛位；二、四、上為陰位，亦是柔位。陽（剛）居陽（剛）位，陰（柔）居陰（柔）位，是為「得位」、「正位」或「當位」；反之，是為「失位」、「不當位」或「過」。以上1、2爻位之觀念既成，〈象〉即據此釋卦辭之義。舉例如下：

☱ 〈大過〉：棟橈，利有攸往，亨。

　〈彖〉曰：「大過，大者過也。棟橈，本末弱也。過剛而中，巽而說
　　行，利有攸往，亨。」（卷第三）

案：「本末弱」，乃釋「棟橈」之原因。「本末」，指初、上兩爻。兩爻皆陰，象徵「柔弱」；而餘爻皆陽，象徵「剛健」。四剛在中，二柔在初、上，故言「本末弱也」。又云「過剛而中」，言二、四兩爻，本為「陰位」，而陽爻居之；加之三、五爻皆陽，形成一卦四陽在內、二陰在本末之象，故云「過剛」。「中」，言二、五爻也。二、五爻為「中」位。四陽過剛，幸得二陽居中；陽性剛健，宜行。二者配合，故「利有攸往」。然〈象傳〉又以卦象戒之曰：「以巽而說行，則亨也。」巽者，遜也；說者，柔也（見前〈象〉表所示）。以謙遜柔和之態度行事，自會亨通。此卦以上中下位與剛柔位之法綜合取意，以釋卦辭「棟橈」之義，並配合卦象之象徵含意，示人行為之態度，宜「巽而說」。以卦象取意之法，詳見以後分析。

3. 同位

初、四爻分別同居上、下經卦之下位，故稱「同位」。同理，二、五爻分

別同居上、下經卦之中位，三、上爻分別同居上、下經卦之末位，都是「同位」。同位如剛柔互異，稱爲「應」或「相與」；如同剛或同柔，則稱爲「敵應」或「不相與」。舉例如下：

䷞〈咸〉：亨。利貞。取女吉。

〈彖〉曰：「咸，感也。柔上而剛下，二氣感應以相與。」（卷第四）

案：〈咸〉之卦象爲下《艮》上《兌》。《兌》象陰，德性柔，在上；《艮》象陽，德性剛，在下。故云「柔上而剛下」。陽氣上升，陰氣下沉，故云「二氣感應以相與」。此用上、下經卦之卦象取意；然以爻位觀之，初與四、二與五、三與上，爲同位，皆陰陽互異，亦相應與相與之象。

4. 反轉位

六十四卦之排列順序，除〈乾〉與〈坤〉、〈頤〉與〈大過〉、〈坎〉與〈離〉、〈中孚〉與〈小過〉外，其餘五十六卦皆以前後兩卦爲一組，後卦爲前卦符號之「反轉」而來。如〈屯〉卦（䷂），《震》下《坎》上，其符號反轉後即爲〈蒙〉卦（䷃），變成《坎》下《艮》上。〈象傳〉作者深明此道，故以「往來」、「上行」、「下行」等意釋經。舉例如下：

䷅〈訟〉：「有孚，窒惕，中吉。」

〈彖〉曰：「『有孚窒惕中吉』，剛來而得中也。」（卷第一）

案：「有孚窒惕中吉」爲卦辭。〈訟〉卦乃由〈需〉卦（䷄）符號反轉而成，「剛來」，指〈訟〉卦之第二爻，來自〈需〉卦之第五爻。兩爻皆「剛」，同居「中」位，故云「剛來而得中」。「訟」爲爭訟之意，「兩剛」，故能成「訟」。幸而兩剛皆居「中」位，雖然成訟，其結果能得「中吉」。〈象傳〉利用卦象「反轉位」之結構，配合上中下位與剛柔位之觀念取意，以釋卦辭成訟之原因與訟後之結果。

5. 比鄰位

由鄰近之爻所構成，下爻對上爻稱「承」，上爻對下爻稱「乘」，而與鄰爻之關係則爲「比」。承，有順承之意。乘，有凌駕之意。比，有相近之意。相近，如剛柔比鄰亦爲相應，剛剛或柔柔比鄰則爲敵應。舉例如下：

䷵〈歸妹〉：「征凶，无攸利。」

〈彖〉曰：「『无攸利』，柔乘剛也。」（卷第六）

案：「无攸利」爲卦辭。「柔乘剛」，指第三爻在初爻與第二爻之上；又指第五

爻與第六爻在第四爻之上。第三、五、六爻皆陰，爲柔；初爻與第四爻爲陽，故云「柔乘剛」。柔凌駕剛，剛之志不得伸展，故「无攸利」也。

6. 內外位

別卦由二經卦重疊而成，三畫之經卦，以上爻爲外，下爻爲內。別卦六爻，內外之稱凡有二說：一以三、四爻爲內，餘四爻爲外也；二以三、上爻爲外也。舉例如下：

䷼ 〈中孚〉：「豚魚，吉。利涉大川，利貞。」

〈彖〉曰：「〈中孚〉，柔在內而剛得中，說而巽，孚乃化邦也。」（卷第六）

案：三、四爻爲陰爻，象柔，故「柔在內」即指三、四爻言。

7. 天位

天位，爲〈彖傳〉一特殊概念，蓋指別卦之第五爻而言；又稱帝位或尊位。如：

䷄ 〈需〉，〈彖〉曰：「『有孚光亨貞吉』，位乎天位，以正中也。」（卷第一）

䷉ 〈履〉，〈彖〉曰：「剛中正，履帝位而不疚，光明也。」（同前）

䷍ 〈大有〉，〈彖〉曰：「大有，柔得尊位；大中而上下應之，曰大有。」（卷第二）

案：此三卦或言「天位」，或言「帝位」，或言「尊位」，皆指第五爻。第五爻之所以有天位（含帝位與尊位）之觀念，乃由〈乾・九五〉爻辭導出。其辭曰：「飛龍在天，利見大人。」傳統之見解以爲，所謂「三才之道」，乃指初、二爻爲地道，三、四爻爲人道，五、六爻爲天道，〈彖傳〉則無此概念，可知「三才之道」爲後出於〈彖傳〉者。〔註84〕

〔註84〕「三才」爲〈說卦〉語。〈說卦〉第二章云：「昔者，聖人之作《易》也，將以順性命之理，是以立天之道曰陰與陽，立地之道曰柔與剛，立人之道曰仁與義。兼三才而兩之，故《易》六畫而成卦；分陰分陽，迭用柔剛，故《易》六位而成章。」〈說卦〉解釋別卦何以爲六畫之故，「三才」指天道、地道、人道，但並未明言分配於六爻之中，而以初、二爲地道，三、四爲人道，五、上爲天道。「六位」指六爻之位，乃陰、陽、柔、剛、仁、義，非天、地、人之位。故知〈說卦〉之寫成後於〈彖傳〉，而天位、地位、人位之說又後於〈說卦〉也。

以上〈象傳〉爻象、爻位之七位說，分析已了。以下論卦象、卦位之取意方法。

（二）以卦象、卦位取意之法

1. 直接發揮義理者

䷹〈兌〉，〈象〉曰：「兌，說也。」（卷第六）

案：〈兌〉之經卦象女，其德性爲「說」（悅），重卦後意象不變，故〈象傳〉直釋爲「說也」。此即不以卦位之關係取意，直接發揮卦象之義理者。以此法釋卦者，尚有〈乾〉、〈坤〉、〈震〉、〈艮〉四卦。

2. 以上下關係取意者

䷃《坎》下《艮》上

〈蒙〉，〈象〉曰：「蒙，山下有險；險而止，蒙。」（卷第一）

案：《坎》爲水，德性象險，在下；《艮》爲山，德性象止，在上。故〈象〉謂〈蒙〉卦有「山下有險」之象。山爲靜止不動者，故爲「止」象，於是得出「險而止」之意。本卦以上下關係取意，同用此法者尚有〈訟〉、〈比〉、〈泰〉、〈否〉、〈蠱〉、〈咸〉、〈恆〉、〈晉〉、〈明夷〉、〈睽〉、〈損〉、〈益〉、〈井〉、〈升〉、〈渙〉及〈既濟〉等十六卦。

3. 以內外關係取意者

䷊《乾》下《坤》上

〈泰〉，〈象〉曰：「……天地交而萬物通也，上下交而其志同也。內
陽而外陰，內健而外順，內君子而外小人。君子道長，小人道消也。」
（卷第二）

案：《乾》爲天，象君子，德性象陽、象健，在下；《坤》爲地，又象陰、象順、象小人，在上。〈象〉既以上下之關係言，又以內外之關係言。《程傳》釋之曰：「在人，則上下之情交通，以其志意同也。」又云：「君子在內，小人在外；君子道長，小人道消，所以爲泰也。」（卷第二）可見〈象〉論上下卦之關係並無定式，相當活潑，可因論述之對象不同而兼納其他方式以申其說。以內外關係取意者，尚有〈否〉、〈无妄〉、〈明夷〉、〈家人〉及〈渙〉等五卦。其中〈否〉、〈明夷〉及〈渙〉同時亦兼用上下關係而爲說。

4. 以前後關係取意者

☰☵ 《艮》下《坎》上

〈蹇〉，〈彖〉曰：「蹇，難也，險在前也。見險而能止，知矣哉！」
（卷第四）

案：《艮》爲山，德性象止，在下；《坎》爲水，德性象險，在上。重卦之序
先下後上，故〈彖〉以上卦爲前，下卦爲後，遂云「險在前也」。前引〈需〉
卦亦云「險在前也」，與本卦取意之法同。

5. 以平行關係取意者

☳☵ 《震》下《坎》上

〈屯〉，〈彖〉曰：「屯，剛柔始交而難生，動乎險中。大亨貞，雷雨
之動滿盈。」（卷第一）

案：《震》爲雷，其德性象動；《坎》爲水，爲雲、爲雨，其德性象險。〈象〉
曰：「雲雷，屯。」即以《坎》爲雲也。〈屯〉卦係繼〈乾〉、〈坤〉二卦之後，
乾剛坤柔，二者相交，萬物始生，故〈彖〉云「剛柔始交」。「動乎險中」、「雷
雨之動」，動與險，雷與雨，以其平行之關係取意也；無上下、無內外、無前
後之分。同用此法者，尚有〈師〉、〈小畜〉、〈履〉、〈同人〉、〈大有〉、〈豫〉、
〈隨〉、〈蠱〉、〈臨〉、〈觀〉、〈噬嗑〉、〈賁〉、〈剝〉、〈復〉、〈无妄〉、〈大畜〉、
〈大過〉、〈咸〉、〈恆〉、〈大壯〉、〈晉〉、〈睽〉、〈解〉、〈益〉、〈夬〉、〈萃〉、〈升〉、
〈困〉、〈革〉、〈鼎〉、〈漸〉、〈歸妹〉、〈豐〉、〈旅〉、〈節〉及〈中孚〉等三十
六卦。其中〈蠱〉、〈觀〉、〈咸〉、〈恆〉、〈睽〉兼取上下，〈无妄〉則兼取內外。

6. 以重複關係取意者

☵☵ 《坎》上《坎》下

〈習坎〉，〈彖〉曰：「重險也。」（卷第三）

案：《坎》爲水，德性象險，故重疊後有「重險」之象。同卦相重，無上下、
無內外、無前後之分，亦非平列，重複而已。以重複關係取意者，另有〈離〉、
〈巽〉二卦。

7. 以卦符之形似取意者

☳☲ 《震》下《離》上

〈噬嗑〉，〈彖〉曰：「頤中有物，曰噬嗑。」（卷第三）

案：〈頤〉卦之符號為☳☶，第四爻為陰爻。〈噬嗑〉之第四爻為陽爻，餘五爻與〈頤〉卦同。〈象傳〉認為，〈噬嗑〉乃由〈頤〉之第四爻由陰變陽而來，故謂「頤中有物」。此以卦符之形似為法取意。同此法者，尚有〈小過〉、〈鼎〉二卦。

　　綜上所述，〈象傳〉解經之法，或直接發揮卦象之義理、或以訓詁方法釋經、或以卦爻之象位取意，其法多門，不一而足。〈象傳〉之法，程頤大抵援用，而更上層樓，乃程頤易學之根源所在也。程頤直承〈象傳〉解經之法，其作用有二：一、建立儒學義理之體用論；二、訂立君臣之道以致太平。其詳如下：

一、建立儒學義理之體用論

　　體用論之說，固始於佛家，而其啟發北宋理學諸子，以建立儒學體用論為務，則佛家之說，於儒理之開發亦有功焉。程頤建立儒學體用論，主要係利用《易》之〈乾〉、〈坤〉二卦及其〈象傳〉。〈乾〉象天，〈坤〉象地，乃易學之不二法門，自古相傳，再無假借。古人重視天地，視為神聖之物，以為天經地義，而人則之，〔註85〕故天地之屬性與其運作規律，乃為做人處世應當仿效者。然〈繫辭〉既云「形而上者謂之道，形而下者謂之器」，而天、地乃為吾人可目睹而直指之者，故仍屬「器」之範疇，非形而上之「道」也。以體用論言之，天地乃屬「用」，形而上之道方是「體」。〈象〉贊〈乾〉卦，開宗明義即謂曰：「大哉乾元，萬物資始，乃統天。」已隱含體用之意。此「天」字，乃言其用，非言其體；其體，應為「乾元」也。乾元，乾之元也。乾元統天，即天之外尚有一「元」也。高亨注「統」字，據《三國志‧管輅傳》〔晉〕裴松之注所載〈管輅別傳〉，引用〈象傳〉此語曰：「統者，屬也。」故高氏亦曰：「乃統天，謂萬物屬於天。」〔註86〕。萬物既屬於天，則天為主宰一切者，已不能於天之外更立一主宰矣。此一解釋顯然未符〈象傳〉本意。〈象傳〉

〔註85〕　《左傳正義》「昭公二十五年」載，子大叔見趙簡子，簡子問禮。子大叔對曰：「吉也，聞諸先大夫子產曰：『夫禮，天之經也，地之義也，民之行也。天地之經，而民實則之。』」（卷五十一）《十三經注疏》本，頁888下。
〔註86〕　《周易大傳今注》，頁54。

繼之又云：「大明終始，六位時乘；時乘六龍以御天。」「御天」亦「統天」之意，高氏引《周易集解》荀爽曰：「御者，行也。」〔註87〕以「行」釋「御」，亦非。「御」亦「統」也。「統天」、「御天」，即「天」爲「乾元」所統御也。胡瑗《周易口義》云：「乃統天者：夫天者，形之名。今以剛健之德，運行不息，故得天氣常存，是乾元能統領天之形也。」（卷一）應爲正解。管輅爲術數家，其學應尙無法理解形而上之道。裴松之出身世宦，雖精於史，然亦非思想家，以天爲最大，乃傳統之觀念，以之釋「天」亦可理解。然二人所釋，皆非〈象〉之本意，高氏不察，引而用之，未爲覈實之注也。胡瑗雖爲確解，然其以仁義禮樂爲體，不言形而上之道，故有待程頤之出，以哲學之思維解「易」，始明體用之說。

《程傳》釋「乾」曰：

> 乾，天也。天者，天之形體；乾者，天之性情。
>
> 乾，健也；健而无息之謂乾。
>
> 夫天，專言之，則道也，天且弗違是也。分而言之，則以形體謂之天；以主宰謂之帝；以功用謂之鬼神；以妙用謂之神；以性情謂之乾。（卷第一）

此節程頤即以體用論釋「乾」與「天」之關係。「乾，天也」，即「〈乾〉卦乃象天」之意。此「天」爲一形體天，故下云：「天者，天之形體。」又云：「分而言之，則以形體謂之天。」意謂〈乾〉卦之「乾」，乃象天之形體。形體天並無主宰性，只是一「物」象，即爲形而下之「器」，乃吾人頭頂上一片蔚藍，莽莽蒼蒼，而又無窮無盡之天體。如就天體之主宰性言，《程傳》謂：「夫天，專言之，則道也，天且弗違是也。」此語最爲關鍵，乃辨程頤言體用論之所在也。「夫天，專言之，則道也」，此語乃就體用論之「體」言「天」，即言天外尙有一「道」之存在。道無形可見，故以「天」攝「道」，連言則稱

〔註87〕同前注。

案：高氏認爲〈象傳〉「時乘六龍以御天」乃用「日乘六龍」之神話。《初學記・天部》引《淮南子・天文訓》「爰止羲和，爰息六螭，是謂懸車」三句，又引注曰：「日乘車，駕以六龍，羲和御之。」〈象傳〉是否用「日乘六龍」之神話，尙可商榷。〈乾〉六爻爻辭均以「龍」爲喻，〈象傳〉始有「六龍」之辭，可見此「六龍」非彼「六龍」也。而其所引「羲和御之」一語，其中「御」字意爲「駕御」，指羲和駕御六龍之車，「御」非「行」意，故以「行」釋「御」，亦非也。

「天道」。古人言簡意賅，亦常用一「天」字直指天道，故程頤言「夫天，專言之，則道也」。「天且弗違是也」，則就體用論之「用」言「天」。此語言「天」「且弗違」「道」也。「是」，指前之所謂「道」。「且」即尚且之意，爲句中關鍵詞。天既「尚且」「弗違」道，究其意，即明言「天」、「道」二分，而「道」乃「天」之主宰。故知此「天」即爲形體天，並無主宰性。古人所謂「乾」象「天」，乃一綜合性之語，故程頤特意分析言之。以中國傳統之宗教言，視天爲人格神，人格神固具主宰性，而程頤則認爲其主宰性實則乃在於無形之「道」。由此，其言與〈彖傳〉「統天」、「御天」之說相應。程頤既發揮〈彖傳〉之意，亦淡化宗教之色彩。天既攝道，言及有規律性之天道時，程頤以「帝」字形容之；言及天道之功用時，因其無形可睹，遍及萬物，無所不在，程頤以「鬼神」二字形容之；言及天道運作之奧妙時，難測其高深，程頤以「神」字形容之。值得注意者，此處言「帝」、言「鬼神」、言「神」，僅止於比擬，猶修辭學之譬喻也，其本意皆無宗教色彩。〔註 88〕世人以宗教之觀念視天、視鬼神，皆非程頤本意，更非孔孟之本意也。〔註 89〕程頤以哲學之思維高度釋「天」，企圖扭轉世人對《易》占筮迷信之心態，其理念可謂與孔子同也。

　　〈乾〉卦統言象天，但「乾」字則別有所指，即程頤「分而言之」之意。就形體言，稱天；就性情言，稱乾。性情者，謂天道之性格。「乾，健也。」程頤以音訓釋乾。乾與健同屬上古韻十四部，音近而互釋，爲訓詁通例。〔註 90〕

〔註 88〕熊十力以爲，程頤以「帝」稱「天」，乃「程氏尊神道以黜萬物，純是上古宗教之信徒。」說見《乾坤衍》，頁 204，上海：上海書店，2008 年。
　　案：熊氏之說似未深讀《程傳》者。程頤係以「帝」喻天之「規律性」，天之規律恆常不變，非人力可以左右，如有主宰也。程學無宗教色彩，由《遺書》載一則與弟子問答之例可知。弟子曰：「明則有禮樂，幽則有鬼神，何也？」程頤答曰：「鬼神只是一個造化。『天尊地卑，乾坤定矣』，『鼓之以雷霆，潤之以風雨』是也。」所引爲〈上繫〉首章之語，皆自然之象。《程傳》無一語涉及「天神」之宗教色彩，豈能據「以主宰謂之帝」一語，即斷章理解乎？

〔註 89〕孔子嘗言「敬鬼神而遠之」，即暗示其並不否定鬼神之存在，然在處理之態度上，孔子以「遠之」爲戒，以示人與鬼神殊途，各不相涉，其爲理性主義，並無宗教色彩。程頤亦抱此觀念與態度。儒學與宗教之異，其鑑別即在此。儒者對宗教之態度，亦以此語爲一歸依也。

〔註 90〕古人常以音近或音同之字而互用，稱爲「假借」，故於訓釋時亦以音近或音同之字互訓。帛書《周易》「乾」作「鍵」，《廣韻》、《集韻》兩字均注「渠焉切」；

程頤以健訓乾，非自創，乃本於〈乾〉卦〈大象〉與〈說卦〉。〈乾‧象〉云：「天行健，君子以自強不息。」〈說卦〉：「乾，健也。」孔穎達疏「天行健」曰：「健者，強壯之名。萬物壯健皆有衰怠，唯天運動，日過一度，蓋運轉混沒，未曾休息，故云『天行健』。」〔註91〕乾即健，〈乾‧九三〉爻辭已有先例，其言曰：「君子終日乾乾。」即以「乾乾」代「健健」。重兩「乾」（健）字，諭君子應仿效天道之永無休止，而終日勤奮不懈也。乾之性情，無形可覩，唯以理推知，乃形而上之道，故仍屬體用論之體。

　　「大哉乾元，萬物資始」，以「資始」爲說，則此乾之「元」，實可用一「生」字概括，故〈上繫〉云：「生生之謂易。」（第五章）謂易之道生生不息也。「不息」即爲「健」義。前已言之，易道即天道，天道具「生」之功能，〈象〉名之爲「元」；在乾爲「乾元」，在坤則爲「坤元」，二者之「元」實爲一「元」。〈象傳〉贊坤曰：「至哉坤元，萬物資生，乃順承天。坤厚載物，德合无疆。」以「資生」爲說，可知「生」與「始」同義；然就生成之秩序言之，則有先後之別。乾乃發動「生」之作用者，坤則「順承」乾「生」之發動，作出即時反應，而配合無間者。靜，則兩者皆靜；動，則兩者皆動。獨乾不生，獨坤不長；故乾、坤合和，始具生長之意義。〈下繫〉云：「天地之大德曰生。」（第一章）故乾元、坤元所指，乃在「生」義。「生生之謂易」，即涵括乾元、坤元而言也。熊十力亦有「乾坤互含」之說，〔註92〕「乾坤互含」，乃〈象傳〉之基本觀念。然所謂互含，乃指乾有坤象，坤有乾象，非乾坤共體。

「健」，注「渠建切」。以現代國音衡之，「乾」爲二聲，「健」、「鍵」均爲四聲，如不以聲調爲考量，則三字皆同音。蓋古人作書，口耳相傳，各國方言讀音常有異同，作書或紀錄時，倉促間常只考量音同相假，忽略聲調畫一，甚至只考量韻同，略去聲同也，音同或音近互用互訓即由此產生。如帛書《周易》所書八卦之名，皆與現行版本不同，除《乾》作「鍵」外，《坤》作「川」，《艮》作「根」，《兌》作「奪」，《坎》作「贛」，《離》作「羅」，《震》作「辰」，《巽》作「算」。

〔註91〕《周易正義》卷一，頁 11 下。
　　案：孔氏以「運動」釋「行」，高亨據王引之之意，釋「行」爲「道」，「天行」即「天道」。高氏謂「兩解均通，以王說爲長」。
〔註92〕《乾坤衍》，頁 133。
　　案：熊氏「乾坤互含」之說，認爲〈乾〉〈坤〉雖二卦，而不是兩物，〈乾〉卦中有坤象，〈坤〉卦中有乾象。然其解「元」爲「宇宙實體之稱」（頁137），又另一哲學命題矣，與本文取意方向不同，不再作論辯。

　　乾坤互含，故乾之剛健特性，坤亦含之。《程傳》曰：

　　　乾健坤順，坤亦健乎？曰：「非健，何以配乾？未有乾行而坤止也。

　　　其動也剛，不害其爲柔也。柔順而利貞，乃坤德也。」（卷第一）

乾、坤同具「健」之性情，否則難以匹配。「未有乾行而坤止」之理，否則「生
生」之義無矣。「坤亦健」，爲程頤補充〈象傳〉之意見。乾、坤雖然互含，
然分而言之，「乾健坤順」，兩者之性情亦有等差。「坤順」，即謂其順承乾元
發動「生」之功能，以生長萬物也。《程傳》云：

　　　萬物資乾以始，資坤以生，父母之道也。順承天施，以成其功。坤

　　　之厚德，持載萬物，合於乾之无疆也。（卷第一）

「父母之道」，乃譬喻之辭；以父、母分別譬喻乾、坤皆具生育之功能也。「順
承天施，以成其功」，即獨乾不生，獨坤不長之義。乾坤和合，始竟其功。「无
疆」，無窮盡也，謂乾之生生不息無窮無盡。而「坤之厚德，持載萬物，合於
乾之无疆」，即謂坤亦具有生長不息之義。然坤之生長不息，與乾亦有等差。
乾著重「生」之發動，坤則著重「長」之功能。故贊其「厚德」，能「持載萬
物」，長養不息，「合於乾之无疆也」。《程傳》釋〈象傳〉「牝馬地類，行地无
疆」一語云：

　　　〈象〉有三无疆，蓋不同也：德合无疆，天之不已也；應地无疆，

　　　地之无窮也；行地无疆，馬之健行也。（卷第一）

〈象〉贊坤有「无疆」之語凡三見，故程頤有是說：「德合无疆」之「无疆」，
指「天之不已」；「應地无疆」之「无疆」，指「地之无窮」；「行地无疆」之「无
疆」，指「馬之健行」。〈象〉「馬」作「牝馬」，故知《程傳》之「馬」，爲「牝
馬」之省。〈象〉以牝馬喻坤，取其柔順與健行之象。其「健行」之義與乾同，
故程頤發揮是說，以爲「坤亦健」。然其德柔順，又別於乾也。

　　程頤釋乾、坤之道，始終以體用論之「體」言之。「生」、「健」、「順」，
均爲乾坤本體特性之形容。以「用」而言，程頤則別爲「陽」與「陰」。《程
傳》釋〈坤·象〉「先迷失道，後順得常。西南得朋，乃與類行。東北喪朋，
乃終有慶。安貞之吉，應地无疆」云：

　　　乾之用，陽之爲也；坤之用，陰之爲也。形而上曰天地之道，形而

　　　下曰陰陽之功。先迷後得以下，言陰道也。先唱則迷失陰道，後和

　　　則順而得其常理。

　　　西南，陰方；從其類，得朋也。東北，陽方；離其類，喪朋也。離

其類而從陽，則能成生物之功，終有吉慶也。

　　與類行者，本也；從於陽者，用也。陰體柔躁，故從於陽，則能安

貞而吉，應地道之无疆也。陰而不安貞，豈能應地之道？（卷第一）

張載嘗以「太虛即氣」言天道，程頤駁之，謂其「清虛一大」，「是以器言」

（見本章第一節〈程頤之易觀〉第四點）。道、器二分，本於〈上繫〉「形而

上者謂之道，形而下者謂之器」（第十二章），《程傳》謂「形而上曰天地之

道，形而下曰陰陽之功」，亦本於〈繫辭〉之意；則程頤所謂「陰陽」，乃屬

器，非道之本體。器，即為「用」之屬，故《程傳》謂「乾之用，陽之為也；

坤之用，陰之為也」。「陰陽之功」，是由乾坤之道而衍伸，本節乃發揮坤道

「順承」之旨，陰「從於陽」，與陽和合，其功始昌。由此可知，程頤以乾

坤為本體，以陰陽為作用；用詞有別，而體用論則昭然若揭矣。程頤為儒學

之義理建立體用論，其靈感雖為佛家所激發，究其內涵，卻不得謂其襲自佛

典；蓋佛典原無陰陽之功、君臣之義也。程頤建立體用論之目的，在於傳承

乃師胡瑗「明體達用」之旨。所謂用者，乃為君臣之道訂定行事準則，落實

儒家修齊治平之理想也。其意可謂深矣。

二、訂定君臣之道以致太平

　　修齊治平，本乃儒家政治之崇高理想，即《莊子・天下篇》所謂「內聖

外王」者也。此一理想自孔子發其端，孟子承其後，〈大學〉之作者總其成，

遂為儒者行事之定格，知識分子之使命；不執修齊治平之理念者，縱習儒業，

尚難稱儒者之名。漢武雖罷黜百家，獨尊儒術，又立五經博士，以弘其道；

然漢人尊孔，非以修齊治平為念，究其私意，或藉以維護帝主（漢武），或賴

以攫取功名（儒生），故熊十力稱之為偽儒學也。〔註93〕偽儒學興，孔門相傳

之真儒學不復覩矣。所謂師法、家法，皆以維護自身利益為務，非真儒學也。

〔註94〕近人吳龍輝著博士論文《原始儒家考述》，謂司馬遷立志繼承孔子之

道，為「原始儒學的最後一個殉道者」，良有以也。〔註95〕史遷生於漢武之世，

〔註93〕說見熊十力《原儒》上卷，〈原學統〉第二，頁 17。

〔註94〕劉歆於漢哀帝時，請立《左氏春秋》、《毛詩》、逸《禮》與古文《尚書》為博
　　　　士。哀帝令歆與五經博士講論其義，諸博士或不肯對，歆遂移書太常博士
　　　　責難之。歆言辭甚切，諸儒皆怨恨。由是忤逆執政大臣，為眾儒所訕。事見
　　　　《漢書・劉歆傳》。

〔註95〕語見《原始儒家考述》附錄：〈原始儒學的末代傳人司馬遷〉，頁 231 至 282。

親覩漢武之霸道，儒生之無恥，憤而爲書，自謂「藏之名山，傳之其人」（〈報任少卿書〉）。程頤嘗謂所習乃聖人之學，所傳乃千載不傳之術，蓋非誑語，乃有深意存焉；其氣概實與史遷同，觀其《程傳》之深意，則或有過史遷者也。

　　《程傳》修齊治平之學，盡於六十四卦，三百八十四爻之中，可謂卦卦皆理，爻爻皆事，發揮儒學之義蘊，已達淋漓盡致之境域。誠如朱熹所云：「伊川以天下許多道理散入六十四卦中，若作《易》看，即無意味；唯將來作事看，即句句字字有用處。」〔註96〕大抵言之，程頤以〈乾〉、〈坤〉二卦及其〈象傳〉爲綱，餘六十二卦爲目，將儒學義理散入其中，以論君臣修齊治平之道。〈乾〉、〈坤〉既具萬物始生之功能，猶如父母之地位，則萬事之理皆由此出。〈乾〉、〈坤〉爲六十二卦之總綱，故程頤亦利用〈乾〉、〈坤〉二卦立君、臣之大節。《程傳》釋〈乾〉卦曰：

　　　　乾者，萬物之始，故爲天、爲陽、爲父、爲君。（卷第一）

「爲」，即「象徵」之意。乾既象天、象陽、象父、象君，坤則象地、象陰、象母、象臣。此意散見於《程傳》釋〈坤〉卦與〈坤・象〉之中。〈乾〉、〈坤〉既分別象君、臣，則君、臣之道必賴〈乾〉、〈坤〉而顯也。

　　《程傳》訂立君道，主要在於解〈乾・象〉「首出庶物，萬國咸寧」一語。其言曰：

　　　　天爲萬物之祖，王爲萬邦之宗。乾道「首出庶物」而萬彙亨，君道
　　　　尊臨天位而四海從。王者體天之道，則「萬國咸寧」也。（卷第一）

此語六句，可分三節析論。前兩節分別確立「天」與「王」、「乾道」與「君道」之體用關係；後節論王者之道，在於「體天之道」，此語實爲程頤之用心所在。〈乾・象〉釋「乾」，論「乾元」與「天」之體用關係，明「乾元」乃統「天」者。「雲行雨施，品物流形」，乃「乾道」所起之「變化」，萬物因而各以「時乘」，時之所至，便能「各正性命」，此乃「大和」之象也。故「乾元」之功在於「首出庶物」，「乾元」之效則是使萬物「各正性命」，「萬國咸寧」也。程顥有詩云：「萬物靜觀皆自得，四時佳興與人同。」（〈秋日偶成〉二首之二）「萬物皆自得」，即是「各正性命」之意。程頤由此而推演出「天」（乾元）與「王」之體用關係，以明「天」爲體，「王」爲用，將王者之價值根源歸於「天」。一國之君既尊臨「天位」，應效法「天」之「王道」，成爲「萬

<hr>

〔註96〕《朱子語類》卷第六十七，頁 1650。

邦之宗」，使「萬國咸寧」也。如此，方與「王者」相稱。故「王」與「君」，又成爲一體用之關係矣。「王」，是君主之大節，違此大節，即不得稱「王」矣。「王」字之義，既深且遠。

「王」字之義，源於《周書‧洪範》：「天子作民父母，爲天下王。」〔註97〕天子應以父母之心待其人民，始能成爲天下之「王」。自始，王者即成爲儒家心中之理想聖君。孟子嘗慨乎言之曰：

> 王者之跡熄而《詩》亡，《詩》亡然後《春秋》作。（〈離婁下〉）

孟子之意，以爲孔子之世，「王者」已無，《詩》之作用已廢，故云「《詩》亡」。實則《詩》非亡也，其溫柔敦厚之教廢也；其教廢，有等於無，故云「亡」矣。孔子因而作《春秋》，務能警世，使亂臣賊子有所戒懼。孟子又曰：

> 以善服人者，未有能服人者也。以善養人，然後能服天下。天下不心服而王者，未之有也。（〈離婁下〉）

「王」，《說文》曰：「天下所歸往也。」〔註98〕《春秋穀梁傳》「莊公三年」傳：「王者，民之所歸往也。」〔註99〕「王」、「往」疊韻互訓。意謂：能使天下民心所歸往者，始能稱「王」。「王者」之要素，孟子以爲，不但能「以善服人」，還要「以善養人」，使人「心服」。「以善服人」爲修己之事，「修齊」之謂；「以善養人」乃外王之道，「治平」之謂也。《論語》載葉公問政，孔子答以「近者說，遠者來。」（〈子路〉）即是要使天下民心皆服，則能近悅遠來矣。子路嘗問「君子」，孔子答以「修己以安百姓」，《論語》記其言曰：

> 子路問君子。子曰：「修己以敬。」曰：「如斯而已乎？」曰：「修己以安人。」曰：「如斯而已乎？」曰：「修己以安百姓。修己以安百姓，堯、舜其猶病諸！」（〈子路〉）

此章子路所問之「君子」，乃指在位之人。子路一問再問，夫子則層遞漸進以答。「敬」爲修己之工夫，「安百姓」爲修己之最終要目。「修己以安百姓」，猶如〈大學〉之所謂「在明明德，在親民，在止於至善」也。「修己以安百姓」，堯、舜尚且病其不能，可見君主之天職，任重而道遠，責任重大。亦唯其任重道遠，始能稱爲「王者」。程頤籲君主「體天之道」，其用意之深，可謂與

〔註97〕《尚書正義》卷第十二，頁173下。（《十三經注疏》）
〔註98〕《說文解字注》第一卷，頁9下。
〔註99〕《春秋穀梁傳》卷五，頁47上。（《十三經注疏》）

聖人同。然則程頤所謂「體天之道」爲何？《程傳》於〈乾‧象〉並無細說，唯立其綱而已，其詳乃見於餘卦之論述。〔註100〕

至於臣道之大節，乃配合君道，竟成其功。《程傳》釋〈坤〉卦辭「先迷後得，主利」云：

> 主利：利萬物則主於坤。生、成，皆地之功也。臣道亦然。君令臣行，勞於事者，臣之職也。（卷第一）

地具「生」與「成」之功，坤既象臣，臣亦應效法坤道，故「君令臣行」，臣即須全力配合；臣之職分本來如此。《程傳》釋〈坤‧象〉「先迷失道，後順得常」一語云：

> 先迷後得以下，言陰道也。先唱則迷失陰道，後和則順而得其常理。
> （同前）

「陰道」亦即臣道，陰道主「後和」，不能「先唱」；「先唱」即是「迷失陰道」，違反「陰道」之常理。言外之意，即臣道亦應待君道之令行，始能配合；擅作主張，爲其大忌。《程傳》釋〈坤‧象〉「西南得朋，乃與類行。東北喪朋，乃終有慶。安貞之吉，應地无疆」數語云：

> 西南，陰方：從其類，得朋也。東北，陽方：離其類，喪朋也。離其類而從陽，則能成生物之功，終有吉慶也。

> 與類行者，本也；從於陽者，用也。陰體柔躁，故從於陽，則能安貞而吉，應地道之无疆也。（同前）

本節似無論人臣之道者，乃就陰道之性能論「從陽」之理。然陽既爲君，陰既爲臣，則陰從陽即臣從君也，此理至顯，不言而喻。然《程傳》以明君臣之道爲旨，何以於此則隱而不言，大加發揮？愚意以爲，蓋因乃師胡瑗已有解在先，不擬重複之故也。故參酌乃師之作，即可補《程傳》之或缺。〔註101〕此即古人尊師，詳師所略，略師所詳之旨也。《周易口義》云：

> 西南得朋者：西南，致養之地，陰之位也。今坤本陰，以陰之陰，

〔註100〕如《程傳》釋〈无妄‧大象〉「先王以茂對時，育萬物」一語曰：「王者體天之道，養育人民，以至昆蟲草木，使各得其宜，乃對時育物之道也。」（卷第三）

〔註101〕程頤易學本於胡瑗，故其《易傳》亦參酌《周易口義》而成。《程傳》顯引胡氏之說者，凡四處，即解〈觀卦〉卦辭、〈大畜‧上九〉爻辭、〈夬‧九三〉爻辭與〈漸‧上九〉爻辭，胡自逢論伊川易學之淵源已及之矣。而暗用胡氏之語者，詳略互異互補者，《程傳》亦所在多有，故欲明《程傳》之全體，《周易口義》亦須參看，一如欲明朱熹之《周易本義》，亦應與《程傳》參看之道理相同也。

是得其朋類而行；若君子未仕之時，必得明師賢友以相切磋。蓋聖
賢事業尤甚淵博，獨學則不能成，獨見則不能明，固須資於朋類而
後有所至也。故〈伐木詩〉曰：「自天子至庶人，未有不須友以成也。」
是言人必得朋類，而事業可成也。

東北喪朋者：西南為陰位，東北為陽位。今離西南而反之東北，是
以陰之陽，喪失其朋類；如君子之人，與師友講成道德，及其業已
就，其性已明，務行其道，而薦身於朝廷之間，以求致君澤民之事，
是喪失其朋類者也。

安貞吉者：言地體安靜，而永守其正，若天氣降於地，地則承而發
生，是不妄有所發也。如臣之輔君，當常守安靜、貞正之德，待君
倡然後和之，是亦不妄有所動，故得獲其吉也。（卷一）

胡瑗申明人臣之道，在於君子學成之後，「務行其道」，必「薦身於朝廷」，以
求「致君澤民」。然臣之輔君，「當常守安靜、貞正之德，待君倡然後和之」。
人臣之大節，盡於是言矣。乃師「務行其道」之義理，程頤亦嘗發揮於餘卦
之中，〔註102〕於此不言，亦有舉綱之意。君臣之義，詳見下章之論述。

　　《程傳》以〈象傳〉闡述儒家義理之體用論，訂定君臣責任之大節，已
如上述。以下續論以〈象傳〉解易理之法。

第四節　以〈象傳〉之法解易理

　　〈象傳〉有大、小之分。〔註103〕〈大象〉解一卦之象，六十四卦即六十
四條；〈小象〉解一爻之象，三百八十四爻即三百八十四條。其解經之法，與
〈彖傳〉大同而小異。而其名為〈象〉，故特重於卦爻象位之解說。璉璋師曰：
「〈大象〉、〈小象〉的作者，在卦爻象位及義理上，與〈彖傳〉作者觀點大體
相同，但也有差異。」〔註104〕而就方法論言之，〈大象〉乃從卦象取意解卦名，
又以類比之法論君子之道；〈小象〉則常利用爻之象位解爻辭之意，發為道德

〔註102〕如《程傳》釋〈大畜〉「不家食」一語曰：「既道德充積於內，宜在上位，以
　　　　享天祿，施為於天下，則不獨於一身之吉，天下之吉也。若窮處而自食於家，
　　　　道之否也，故不家食則吉。」（卷第三）

〔註103〕《十翼》原分〈上象〉、〈下象〉，乃以上經、下經而分。然就方法論衡之，〈大
　　　　象〉釋卦象，〈小象〉釋爻象，對象不同，方法亦異，故宜取其大小，不宜取
　　　　其上下。

〔註104〕《易傳之形成及其思想》，頁104。

之談。蓋〈象傳〉之作者，道德意識異常強烈，直以爲宇宙萬象皆有道德之
涵義，君子應起而效法，落實道德實踐之工夫。茲析論如下：

一、〈大象〉解經之法

　　〈大象〉解一卦之象，以卦位取意，其法凡五，與〈象〉之七法少二，
無前後關係取意，無卦符之形似取意。而其中以上下關係取意最多，占三十
八卦；以內外關係取意者占十卦；以平行關係取意者占八卦；以重複關係取
意者占六卦；直接發揮義理者占二卦。〔註105〕各舉一例如下：

1. 以上下關係取意

☷ 《坤》下《坎》上

　　〈比〉：「吉。原筮，元永貞，无咎。不寧方來，後夫凶。」

　　〈象〉曰：「地上有水，比。……」（卷第一）

案：〈比卦〉由《坤》下《坎》上重疊而成。坤爲地，坎爲水，故〈大象〉云
「地上有水」。〈大象〉對卦辭毫無著墨，僅以卦象釋卦名，六十四卦皆如此。
然「地上有水」何以爲「比」？〈大象〉並無說明，餘留讀者想像。《程傳》
釋〈比卦〉象云：「以二體言之，水在地上。物之相切比无間，莫如水之在地
上，故爲比也。」（卷第一）又釋〈大象〉云：「夫物相親比而无間者，莫如
水在地上，所以爲比也。」其解前後一致，則親比之義，乃在於水流地上，
二者接合無隙也。此即以上下關係取意者。同用此法者尚有〈蒙〉、〈需〉、〈訟〉、
〈小畜〉、〈履〉、〈泰〉、〈否〉、〈大有〉、〈豫〉、〈蠱〉、〈臨〉、〈觀〉、〈賁〉、〈剝〉、

〔註105〕璉璋師分析〈大象〉取位之法凡四，即「異卦相重是上下之位」，計四十八卦；
　　　　「異卦相重是內外之位」，計八卦；「重卦相重是重復之位」，計六卦；「兩卦
　　　　相重而不分其位」，計兩卦。其中「異卦相重是上下之位」計四十八卦，愚歸
　　　　納之，實得三十八卦。璉璋師多出之十卦爲〈屯〉、〈同人〉、〈噬嗑〉、〈大過〉、
　　　　〈恆〉、〈家人〉、〈解〉、〈益〉、〈困〉、〈豐〉。考之，〈屯〉，〈象〉曰：「雲雷，
　　　　屯。」〈同人〉，〈象〉曰：「天與火，同人。」〈噬嗑〉，〈象〉曰：「雷電，噬
　　　　嗑。」〈大過〉，〈象〉曰：「澤滅木，大過。」〈恆〉，〈象〉曰：「雷風，恆。」
　　　　〈解〉，〈象〉曰：「雷雨作，解。」〈益〉，〈象〉曰：「風雷，益。」〈豐〉，〈象〉
　　　　曰：「雷電皆至，豐。」以上八卦，〈大象〉均無上下取位之意，愚歸之爲「以
　　　　平行關係取意」者。〈困〉，〈象〉曰：「澤无水，困。」〈家人〉，〈象〉曰：「風
　　　　自火出，家人。」水宜在澤中，今澤中「无水」，故以內外關係取意；「風自
　　　　火出」，出入相對，宜亦爲內外之關係。故〈困〉與〈家人〉，均置於「以內
　　　　外關係取意」之目。

〈无妄〉、〈頤〉、〈咸〉、〈遯〉、〈大壯〉、〈晉〉、〈睽〉、〈蹇〉、〈損〉、〈夬〉、〈姤〉、〈萃〉、〈井〉、〈鼎〉、〈漸〉、〈歸妹〉、〈旅〉、〈渙〉、〈節〉、〈中孚〉、〈小過〉、〈既濟〉及〈未濟〉等三十七卦。

2. 以內外關係取意

▤《艮》下《坤》上

〈謙〉,〈象〉曰:「地中有山,謙。……」(卷第二)

案:〈謙〉卦由《艮》下《坤》上重疊而成。坤爲地,地在上;艮爲山,山納於地中,故爲以內外關係取意。《程傳》釋之曰:「地體卑下,山之高大而在地中,外卑下而內蘊高大之象,故爲謙也。」(卷第二)同用此法者尚有〈師〉、〈隨〉、〈復〉、〈大畜〉、〈明夷〉、〈家人〉、〈升〉、〈困〉及〈革〉等九卦。

3. 以平行關係取意

▤《離》下《乾》上

〈同人〉,〈象〉曰:「天與火,同人。……」(卷第三)

案:〈同人〉卦由《離》下《乾》上重疊而成。離爲火,乾爲天,〈大象〉止謂「天與火」,無上下、前後,內外之稱,故爲以平行關係取意。《程傳》曰:「以二象言之,天在上者也,火之性炎上,與天同也,故爲同人。」(卷第二)其解〈大象〉時又補充曰:「不云『火在天下,天下有火』,而云『天與火』者,天在上,火性炎上,火與天同,故爲同人之義。」有上下之分,即有尊卑之別,難與人同矣。同用此法者尚有〈屯〉、〈噬嗑〉、〈大過〉、〈恆〉、〈解〉、〈益〉及〈豐〉等七卦。

4. 以重複關係取意

▤坎下坎上

〈習坎〉,〈象〉曰:「水洊至,習坎。……」(卷第三)

案:〈習坎〉卦由二《坎》重疊而成。《程傳》:「習,謂重習。」(卷第三)故「習坎」即二《坎》重疊之意。〈大象〉解爲「水洊至」,「洊」,《周易集解》引陸績曰:「洊,再;習,重也。」(卷第六)故洊、習二字皆有重複之義。《程傳》又曰:「坎爲水,水流仍洊而至。兩坎相習,水流仍洊之象也。」同用此法者尚有〈離〉、〈震〉、〈艮〉、〈巽〉及〈兌〉等五卦。

5. 直接發揮義理

☷《坤》下《坤》上

〈坤〉，〈象〉曰：「地勢坤，君子以厚德載物。」（卷第一）

案：〈坤〉卦由二《坤》重疊而成。坤爲地，德性象順，故《程傳》曰：「地厚而其勢順傾，故取其順厚之象。」同用此法者爲〈乾〉。璭璋師謂：「〈大象〉作者對於〈乾〉〈坤〉兩卦都認爲其中的單卦已結合成一整體，不再從重復的關係上來說卦位，而是直接說明它的事物象徵與德性象徵。」〔註106〕良有以也。

二、〈小象〉解經之法

〈小象〉乃解一爻之象。爻象以爻位與剛柔組成，〈小象〉之爻象、爻位觀，亦與〈象傳〉大同而小異。〈象傳〉有「反轉位」與「天位」取意之法，則未見於〈小象〉。〈小象〉或不以爻象爲法，直指爻辭內容之事。茲以〈屯〉卦爲例說明，以見其方法之一斑。

☵《震》下《坎》上

〈屯〉，〈象〉曰：「剛柔始交而難生，動乎險中，大亨貞。……」

〈初九〉：「磐桓，利居貞，利建侯。」

〈象〉曰：「雖磐桓，志行正也。以貴下賤，大得民也。」（卷第一一）

案：〈屯〉卦之釋義，〈小象〉係以〈彖〉爲基礎。〈屯〉乃繼〈乾〉〈坤〉而來，故〈彖〉曰「剛柔始交」，〈乾〉之二陽爻入〈坤〉之初、四爻也。「難」，爲險難之意；「始交而難生」，乃事理之必然，故有「動乎險中」之象。《震》爲動，《坎》爲險也。「磐桓」，《集解》引荀爽曰：「動而退也。」（卷二）慶萱師釋之曰：「難進之貌，義同徘徊、徬徨，皆衍聲複詞。」〔註107〕磐桓，爲徘徊、徬徨之音近假借。處〈屯〉之初，遇險而難進，故徘徊不前。〈小象〉曰：「雖磐桓，志行正也。」乃勉辭。言雖徘徊不得進，勉人「志行正也」。蓋初爻爲陽，象徵君子，陽在初，爲正位，故能「志行正」。「以貴下賤，大得民也」：「貴」，指初爻，爲陽，故貴；「賤」，指二爻，爲陰，故賤。「陽尊陰卑」，乃《十翼》之基本觀念。〈乾〉之陽爻以尊貴之質，入處於六二陰爻之下，故爲「以貴下賤」之象。「賤」又象徵「民」，二、三、四爻皆爲陰爻，故有「民眾」之象，故〈小象〉作者，以「大得民也」爲喻，說明君子雖在

〔註106〕《易傳之形成及其思想》，頁108。
〔註107〕《周易讀本》，頁75。

下位，又值屯難之時，徘徊不得進取，如能「以貴下賤」，必「大得民」心，以待來日。〈小象〉釋〈屯〉之初爻，乃利用「上中下位」、「陰陽位」與「比鄰位」等關係取意。

〈六二〉：「屯如邅如，乘馬班如，匪寇婚媾。女子貞，不字；十年乃字。」

〈象〉曰：「六二之難，乘剛也；十年乃字，反常也。」（同前）

案：「六二」指〈屯〉之第二爻，爲陰爻。《易》以九表示陽爻，六表示陰爻。陰象女。「六二之難」，乃由於「乘剛」之故。意謂二之陰爻乘初之陽爻也。陰在陽上，以卑凌尊，故難生。〈小象〉以「比鄰位」釋〈六二〉「難生」之故。《程傳》曰：「〈六二〉居屯之時，而又乘剛，爲剛陽所逼，是其患難也。」（卷第一）「十年乃字」，乃與〈九五〉之陽爻相應之故，同位相應，乃反常道。〈小象〉以「同位」取意，故有「反常」之結論。《程傳》曰：「至於十年，則難久必過矣；乃得反其常，與正應合也。十，數之終也。」所謂「與正應合」，即二與五陰陽相應也。

〈六三〉：「即鹿无虞，惟入于林中。君子幾，不如舍，往吝。」

〈象〉曰：「即鹿无虞，以從禽也；君子舍之，往吝窮也。」（同前）

案：「虞」，官名。《周禮・地官・山虞》：「掌山林之政令。」（卷第十六）古之王室貴族，至山林狩獵，必有虞官嚮導，「无虞」，謂無虞官也。「无虞」而不知止，乃迷於「從禽」故也。《程傳》曰：「事不可而妄動，以從欲也。无虞而即鹿，以貪禽也。」故〈小象〉之作者戒以「君子舍之」，否則「往吝窮也」。〈小象〉直指「即鹿无虞」之非，而戒以「君子舍之」，並無引用爻位之說，而《程傳》補之曰：「〈六三〉以陰柔居剛，柔既不能安屯，居剛而不中正則妄動，雖貪於所求，既不足以自濟，又无應援，將安之乎？如即鹿而无虞人也。」

〈六四〉：「乘馬班如，求婚媾。往吉，无不利。」

〈象〉曰：「求而往，明也。」（同前）

案：「求而往」，指〈六四〉與〈初九〉相應。〈初九〉求〈六四〉，故〈六四〉往之與應，爲同位相應之象，故〈小象〉曰：「明也。」

〈九五〉：「屯其膏，小貞吉，大貞凶。」

〈象〉曰：「屯其膏，施未光也。」（同前）

案：〈小象〉未用爻象釋爻辭，僅就「屯其膏」釋其故。何以「屯其膏」？因「施未光也」。《程傳》補之曰：「五居尊得正，而當屯時，若有剛明之賢爲之輔，則能濟屯矣。以其无臣也，故屯其膏。」又曰：「膏澤不下及，是其德施未能光大也；人君之屯也。」以「天位」明人君之作爲，是程頤之發揮，非〈小象〉之本意。

　　〈上六〉：「乘馬班如，泣血漣如。」

　　〈象〉曰：「泣血漣如，何可長也？」（同前）

案：〈上六〉居一卦之終，屯難之象即將結束，故〈小象〉謂「何可長也」。以爻之末位取意，雖未明言，推理可知。

　　〈小象〉釋爻辭之法，大抵如上。綜合言之，〈大象〉、〈小象〉之觀點一致，以儒家之修齊治平思想爲依歸。其詮釋方法，〈大象〉以卦象爲主，〈小象〉以爻象爲主，乃對象之不同，致方法之異也。〈象傳〉之法，源於〈彖傳〉，兩者之解經方法亦大致相同，皆取卦爻之象位立說。〈彖傳〉尤涉形而上本體之論述，〈象傳〉之解則僅解現象，以類比之法，推儒家之學，而全不涉形而上之道。然兩者同歸於儒理之建立，同爲儒門易學，則無庸置疑也。

　　〈彖〉、〈象〉解經之法分別析論既畢，繼論二〈傳〉所遺留之問題。

　　〈彖〉者，斷也，乃斷一卦之意義。〈象〉者，亦斷也，乃斷一卦之儒理。二〈傳〉之解經，其法多門，固不一而足，要之，乃極盡筮術卦爻象位變化之能事也。然二〈傳〉之論述方式與觀點卻尚有問題，值得討論。二〈傳〉之論述方式，一言以蔽之，曰：「言辭簡略。」言辭簡略，時過境遷，後人讀來費煞工夫，時有不知所云之病。至於觀點問題，二〈傳〉之作者雖同爲儒家弟子，然各說各話，解經或時有扞格，非若合符節者。茲分別析論於後：

一、言辭簡略

　　〈彖〉之作意，在於解釋卦名與卦辭之意義；〈大象〉則以卦象類比人事，發揮儒門德誼之教；〈小象〉乃論斷爻辭內容之因果關係者也。可謂各有旨趣，互不相涉。然其共同之問題乃在於言辭簡略，非後人所能一目而了然者。不諳卦爻象位之說，即不知其所云矣；如霧裡看花，又如俗諺所謂丈

八金剛者也。故解《易》之務，必以卦爻象位爲先。然《易》本筮書，所謂卦爻象位，用在決疑，占驗吉凶，倘無經世之志，研《易》者必被卦爻象位所迷，導向筮術之路，終以機祥爲趨鶩，而棄義理於不顧也。漢代之主流《易》學即如是，毋怪乎王弼慨乎言之：「僞說滋漫，難可紀矣！」〔註108〕蓋漢《易》已淪爲象數之學也。言辭簡略，即爲二〈傳〉之病，故俾後人發揮之空間，盡騁學者想像之能事。魏代玄風方起，王弼以老莊注《易》，雖以名教爲依歸，然值時政之腐敗，世局維艱，有識之士卒以清談玄理爲慕。李唐崇尙佛道，高僧倍出，如澄觀之徒，以《易》弘揚大法，《易》遂流爲佛說空寂之資。〔註109〕趙宋重儒興學，儒道復倡，故《易》又得以恢復儒家氣象。胡瑗、張載之徒，各憑己意，申論儒門體用之學。二程亦各有胸臆，各抒懷抱，儒門易學大明，遂成爲道學之寶典，理學之津梁也。然所謂易理，實乃《十翼》之易理，非兩漢之《易》，更非文王之《易》也。二〈傳〉儒家之義理豐沛，道包三才，理通萬物，〈繫辭〉所謂「範圍天地之化而不過，曲成萬物而不遺」也。然言辭簡略，微言深旨，難得傳人，宜乎沉寂千載，待時而作。而傳辭能否得意，又有待人焉。「時」之義大矣哉！君子之義大矣哉！《程傳》之作，可謂天之未喪斯文也。

二、〈彖〉與〈象〉之扞格問題

自歐陽修疑〈繫辭〉非孔子作後，《十翼》之作者問題即爲學者所關注。歐陽修雖疑〈繫辭〉，仍信〈彖〉、〈象〉之作者爲孔子。近代學者則普遍以爲，〈彖〉、〈象〉非一人之手。此說已成定論。〔註110〕之所以有此定論，蓋主因

〔註108〕《周易略例・明象》，《王弼集校釋》，頁609。

〔註109〕唐代高僧借《易》弘教，以澄觀爲著。其《華嚴經行願品疏・自序》曰：「大哉眞界，萬法資始，包空有而絕相，入言象而無跡。」澄觀於《華嚴經行願品疏鈔》即直言：「『大哉眞界』者，兼下句，借《周易・乾卦》文勢用之。彼〈彖辭〉云：『大哉乾元，萬物資始，乃統天。……』」故與其謂程頤襲佛，無寧謂澄觀學儒也。澄觀出家之前，已精通經典與諸子之學，故其解釋佛義，皆能旁徵博引。讀其《疏鈔》，除《易》外，又嘗引《論語》、《爾雅》、《老子》之文，可見亦爲一博學鴻儒也。

〔註110〕如李鏡池《易傳探源》之論述，已成公論。此文嘗發表於1930年10月燕京大學《史學年報》第二期，後由顧頡剛收入《古史辨》第三冊之上編。璉璋師著《易傳之形成及其思想》，多參考其說。1978年，北京中華書局整理李氏遺文出版，書名爲《周易探源》。

在二〈傳〉之釋義，時有扞格不入者也。如〈比卦〉，〈大象〉曰：「地上有水，比。先王以建萬國，親諸侯。」而〈彖〉釋〈比〉曰：「比，吉也；比，輔也，下順從也。」以爲比之所以「吉」，乃在於「下順從上」，在上位者得下位之人輔助也。〈彖〉以「下順從上」爲比，〈大象〉則以「上親下」爲比。觀點不相類，甚至有矛盾之嫌。又如〈大過〉，〈大象〉曰：「澤滅木，大過。君子以獨立不懼，遯世无悶。」〈大過〉之卦象爲《巽》下《兑》上，〈彖〉以「巽而說」（順而悅）爲解，〈大象〉何以逕改爲「澤滅木」，取象與〈彖〉異？取象既異，主張遂歧：〈大象〉議君子「獨立不懼，遯世无悶」；〈彖〉則以爲「過剛而中，巽而說行」。又如〈習坎〉，〈大象〉曰：「水洊至，習坎；君子以常德行，習教事。」〈彖〉曰：「習坎，重險也。」前者以水之「洊至」，喻君子之常德；後者以「重險」爲意象，闡明君子「行險而不失其信」之義。二〈傳〉之象觀毫不相涉，解釋迴異。由此觀之，二〈傳〉之作者實非同一人也。然程頤既認爲《十翼》爲孔子所作，作〈傳〉之時，必然遇到二〈傳〉解釋不同，甚至互相矛盾之問題。如何彌縫異同，勢成解《易》時所需克服之重要課題矣。

案古人著書之例，注不駁經，疏不駁注。〔註111〕程頤既以爲《易》乃聖人教戒之書，傳其辭以待來者，則必能謹守著書之例；縱有扞格，亦必曲徇經文，以爲迴護。以愚考之，《程傳》運用下列二法，以圖統合之能事。

（一）以二象、二體兼論

《程傳》常用之術語，爲「以二象言之」、「以二體言之」。象者，卦象也；體者，卦體也。卦象乃兩經卦所象徵之自然物象，卦體乃兩經卦之交變。《程傳》以「二象」釋〈大象〉，以「二體」釋〈彖傳〉，而成一家之言。茲以〈屯〉卦例之，《程傳》曰：

> 以二象言之，雲雷之興，陰陽始交也。以二體言之，《震》始交於下，《坎》始交於中，陰陽相交，乃成雲雷。（卷第一）

又曰：

> 以雲雷二象言之，則剛柔始交也。以《坎》、《震》二體言之，動乎險中也。剛柔始交，未能通暢則艱屯，故云「難生」。又：動於險中，爲艱屯之義。（同前）

〔註111〕說見清儒皮錫瑞《經學歷史》，頁 215。台北：藝文印書館，1974 年。

案：〈彖〉與〈大象〉立意不同，取象亦異。〈彖〉曰：「屯，剛柔始交而難生，動乎險中。」「剛柔始交」，指〈屯〉（䷂）繼〈乾〉（䷀）〈坤〉（䷁）之後，〈乾〉之二陽爻進入〈坤〉之初爻與五爻之中，陰陽開始交接，故有「剛柔始交」之象。「剛柔始交」後形成《震》下《坎》上之〈屯卦〉，上《坎》由《坤》來，《坎》（☵）之德性爲險，故象徵「難生」。如婦人之懷胎後即將臨盆分娩之時，其危可知。《震》（☳）之德性爲動，與《坎》互動，正是有「動乎險中」之象。〈彖〉以爻變取象取意也。〈大象〉曰：「雲雷，屯；君子以經綸。」《坎》本象「水」，「雲」乃〈大象〉創意。〈大象〉僅指出《坎》爲雲，《震》爲雷之象，構成〈屯〉卦，卻未解釋「屯」之意義，而即以「君子以經綸」類比，言辭簡略，一時令人難以理解。分析言之：「經綸」，即經營、治理之意。〔註112〕「屯」之字義爲「囤積」，故〈序卦〉曰：「屯，盈也。」囤積必盈，致富之道，亦爲治國之首務，故〈大象〉因「屯」義而說教，勉勵君子（在位者）應以治國爲念，即所謂「立志」也。〈彖〉無立志之勉，僅就卦辭申述其意爾。《程傳》又將「剛柔始交」融入於「二象」之中論述，以「雲」爲「柔」而「震」爲「剛」，由此「剛柔始交而難生」；然已非〈彖〉所謂「難生」之本意矣。《程傳》揉合「二象」、「二體」兼論之法，分進合擊，融會二〈傳〉之解釋，而自成一家之說。其法已成，解卦時即使略去「二象」、「二體」之辭，而法實用之，其例固多，不擬多舉。

（二）發揮隨時變易之義

䷇ 〈比・六三〉：「比之匪人。」

> 《程傳》：「三不中正，而所比皆不中正。四，陰柔而不中；二，有
> 　　　　　應而比初，皆不中正，匪人也。比於匪人，其失可知，悔
> 　　　　　吝不假言也，故可傷。二之中正，而謂之匪人，隨時取義，
> 　　　　　各不同也。」（卷第一）

案：隨時變易之義，原見於〈易傳序〉，其言曰：「易，變易也，隨時變易以從道也。」程頤解《易》之法，亦巧取「隨時變易」之大旨，以盡曲徇經文之能事。〈比〉，〈象〉曰：「輔也，下順從也。」下順從上，爲輔助之意，此乃〈象〉之釋義。〈比・六三〉爻辭爲「比之匪人」，意謂無人比輔，或所輔

〔註112〕《說文》：「經，織從絲也。」（第二十五卷），頁 650 下。「綸，糾青絲綬也。」（同前），頁 660 下。其引申義爲經營、治理。

－196－

非人也。《集解》引虞翻曰：「匪，非也。」（卷三）陰爻居三，不中不正（二爲下卦之中位，三已過中，故爲「不中」。三本爲陽位，而陰居之，故云「不正」），比鄰之爻皆爲陰爻，四爲陰，雖當位，但「不中」（上卦之中位爲五）；二已比於初，不再另比於三，故《程傳》云二、四「皆不中正，匪人也」。然《程傳》解〈六二〉爻時，謂「二與五爲正應，皆得中正，以中正之道相比者也」，何以於此卻謂〈六二〉爲「不中正」？顯爲扞格，程頤亦自知理欠圓通，故解之曰：「二之中正，而謂之匪人，隨時取義，各不同也。」以「隨時取義」一筆帶過，則矛盾便解。其說固然靈活，然其病亦在此也。

又如解〈明夷・六五〉，《程傳》曰：

> 五爲君位，乃常也。然《易》之取義，變動隨時。上六處〈坤〉之
> 上，而明夷之極，陰暗傷明之極者也。五切近之，聖人因以五爲切
> 近至暗之人，以見處之之義，故不專以君位言。（卷第四）

第五爻象徵「君位」，故《程傳》曰「五爲君位，乃常也」。然繼之又曰「《易》之取義，變動隨時」，〈明夷・六五〉不取君位言，疑慮頓釋。由上二例，程頤發揮「隨時變易」之旨，以圖統合二〈傳〉之心意，可見一斑矣。

第五節　以〈序卦〉之法解易理

〈序卦〉，顧名思義，乃解六十四卦序位先後之義理。東晉韓康伯注曰：「凡〈序卦〉所明，非《易》之縕也。蓋因卦之次，託以明義。」〔註113〕程頤駁之，以爲韓說「〈序卦〉非《易》之蘊（縕），此不合道」。〔註114〕蓋韓說以《易》書而言〈序卦〉，程頤則論易道，非論《易》書也。「因卦之次，託以明義」，程頤則未嘗斥之。夫「明義」之舉，乃〈序卦〉本意，亦《程傳》之作意所在也。王弼注《易》，不及〈繫辭〉以下，而康伯補之。《集解》以〈序卦〉分置於諸卦之首，並引唐儒崔憬曰：「此仲尼序文王次卦之意也。」〔註115〕由是，〈序卦〉地位驟升。程頤既以《十翼》爲孔子所作，故傳《易》之時，用《集解》之例，信之而不疑矣。然《集解》與《程傳》處理〈序卦〉

〔註113〕《王弼集校釋》附錄「〈序卦〉韓康伯注」，頁583。
〔註114〕《程氏遺書》卷第六，《二程集》頁89。
〔註115〕《周易集解》卷二。
　　　　案：鼎祚以〈序卦〉分置諸卦之首，乃從〈屯〉卦開始。不置於〈乾〉〈坤〉
　　　　之原因，鼎祚引崔憬曰：「不序〈乾〉〈坤〉之次者，以一生二，二生三，
　　　　三生萬物，則天地之次第可知，而萬物之先後宜序也。」（卷二）

之態度亦異：一、《集解》將〈序卦〉置於卦體之前，《程傳》則置於卦體之後；二、《集解》引諸家之說，未著個人之辭，功在蒐集，《程傳》則極盡申論之能事，發揮一家之言。兩者雖異，然無《集解》則無《程傳》，後學之於前修，相承相悖，各有取捨，亦理之自然也。

　　《易》本筮書，六十四卦之排列，自有其筮術之意義與作用。〈序卦〉為後起，以義理明其卦序先後之意義，然是否即為筮術之本意，已難考究。康伯謂非《易》之蘊，亦無可如何者也。程頤以易為天道，以天道論人事；論易即論人事，人事不出天道之外。天道自有其序，人事何能避免？人事之序亦天道之序也。明天道之序，即明天理；明天理，即明人事之理矣。程頤以為〈序卦〉有其理序之深意，故分置諸卦之首。本節即分四點論述：一、傳統卦序之排列；二、〈序卦〉釋經之法；三、《程傳》申〈序卦〉之義；四、《程傳》申〈序卦〉之法。

一、傳統卦序之排列

　　卦序排列之義，自〈序卦〉以後，兩漢今文易學家並無注意。〈漢志〉謂費直所採經本與古文同，〈儒林傳〉謂其「長於卦筮，亡章句，徒以〈彖〉、〈象〉、〈繫辭〉十篇、〈文言〉解說上、下經。」〔註116〕其學不詳，亦難以考究。王弼注《易》，又作《周易略例》，始明卦序之所以。其言曰：

〔註116〕《漢書補注》，第二冊，頁 1547。

　　　　案：世謂費直為古文家，然考〈漢志〉之意，只謂其所採之經本與古文同，非真古文家也。〈儒林傳〉又謂直「長於卦筮」，則其學《易》之本質，與今文家同。為學不宜以文本分派，故本文不以「古文家」稱費直。

　　　　又：〈儒林傳〉但謂直「徒以〈彖〉、〈象〉、〈繫辭〉十篇、〈文言〉解說上、下經。」觀其語意，「十篇」之謂，乃指〈繫辭〉十篇，非謂《十翼》也。如為《十翼》，當云「徒以《十翼》解說上、下經」。陸德明《經典釋文・序錄》刪「十篇」二字，以為衍文。近人黃沛榮《易學乾坤・讀易卮言》據《史記・孟嘗君列傳》有「之」誤作「文」之例，以為「文言」乃「之言」之訛。德明妄刪史文固為無理，黃氏以旁證推理為斷，亦非鐵論也。就原來史文觀之，費直長於卦筮，雖不習今文易家象數之學，用古文研《易》，然其只取「〈彖〉、〈象〉、〈繫辭〉十篇、〈文言〉解說上、下經」，則知費直並未以〈序卦〉、〈雜卦〉、〈說卦〉等傳解《易》也。「十篇」或為「十章」之意而未可知也。〈繫辭〉共二十四章，既有筮術，亦有儒理，如費直只取筮術部分解《易》而略去儒理，則「十章」之數或可當之。〈文言〉雖以儒理為主，然卦爻之說存焉，費直非必以儒理為務。史云其「長於卦筮」，諒非孔孟之徒也。

夫卦者，時也；爻者，適時之變者也。夫時有否泰，故用有行藏；
卦有大小，故辭有險易。一時之制，可反而用也；一時之吉，可反
而凶也。故卦以反對，而爻亦皆變。（〈明卦適變通爻〉）〔註117〕

「卦以反對」，即爲六十四卦之排列原則，非反即對。〔註118〕孔穎達《周易正
義・序卦》疏曰：

今驗六十四卦，二二相耦，非「覆」即「變」。覆者，表裡視之，遂
成兩卦，〈屯〉、〈蒙〉、〈需〉、〈訟〉、〈師〉、〈比〉之類是也。變者，
反覆唯成一卦，則變以對之，〈乾〉、〈坤〉、〈坎〉、〈離〉、〈大過〉、〈頤〉、
〈中孚〉、〈小過〉之類是也。（卷第九）〔註119〕

「非覆即變」，即王弼之「卦以反對」。「覆」即「反」，「變」即「對」也。以
兩卦爲一組。後卦爲前卦符號之反轉而成，故云「反」或「覆」。覆者，將前
卦之符號倒置。〈象傳〉釋爻象有反轉位之法，即由此來。後卦陰陽之爻位與
前卦相對，以陽對陰，或以陰對陽，故云「對」或「變」。變者，將前卦同位
之爻陰陽互變也。由此「反對」之排列原則，得「反」（覆）者五十六卦，「對」
（變）者八卦。《正義》所列對卦之例，即爲全部矣，餘皆屬於反卦。由此排
列之結果，故王弼云：「爻亦皆變。」〈象〉、〈象〉二傳解《易》，其法即據此
而來。茲將六十四卦之反對關係表列如下以供參：〔註120〕

變		覆		覆		覆	
乾	坤	屯	蒙	需	訟	師	比
覆		覆		覆		覆	
小畜	履	泰	否	同人	大有	謙	豫

〔註117〕《王弼集校釋》，頁 604。
〔註118〕樓宇烈《校釋》解此語爲「卦是相反者爲對」（頁 605），誤。樓氏誤以「反
　　　　對」爲複詞，故其解亦誤。實則「反」與「對」爲並列結構，蓋卦序乃由卦
　　　　體之「反」與「對」構成者也。詳《周易正義》。
〔註119〕《周易正義》，頁 186 下至 187 上。
〔註120〕本表乃參酌黃沛榮〈周易卦序探微〉一文而成。以表列六十四卦反對之序，
　　　　一目了然，勝於千言萬語，其功不可沒也。文見黃著《易學乾坤》頁 2，台
　　　　北：大安出版社，1998 年。

覆	覆	覆	覆
隨　蠱	臨　觀	噬嗑　賁	剝　復

覆	變	變	覆
无妄　大畜	頤　大過	習坎　離	咸　恆

覆	覆	覆	覆
遯　大壯	晉　明夷	家人　睽	蹇　解

覆	覆	覆	覆
損　益	夬　姤	萃　升	困　井

覆	覆	覆	覆
革　鼎	震　艮	漸　歸妹	豐　旅

覆	覆	變	覆
巽　兌	渙　節	中孚　小過	既濟　未濟

二、〈序卦〉解經之法

　　〈序卦〉分上下兩篇，上篇解上經，自〈乾〉至〈離〉三十卦；下篇解下經，自〈咸〉至〈未濟〉三十四卦。〈序卦〉之作者，大抵以卦象、卦名解說六十四卦相次之由。〈乾〉、〈坤〉、〈習坎〉、〈離〉、〈咸〉、〈震〉、〈艮〉、〈巽〉、〈兌〉九卦，取其卦象釋義，餘五十五卦則據其卦名釋義。〈乾〉〈坤〉者，天地之象也，「有天地，然後萬物生焉」，開宗明義，〈序卦〉即揭天地

生萬物之旨，以示〈乾〉〈坤〉首出之理。〈習坎〉於〈大過〉之後，〈離〉卦之前，〈序卦〉曰：「物不可以終過，故受之以〈坎〉。坎者，陷也。」《坎》象水，〈習坎〉之象，〈象傳〉以爲「重險」，而〈序卦〉獨創「陷也」之說。陷者，陷阱之謂。水有險象，陷亦有險象也。〈離〉繼〈習坎〉之後，〈序卦〉曰：「陷必有所麗，故受之以離。離者，麗也。」《程傳》解之曰：「陷於險難之中，則必有所附麗，理自然也，〈離〉所以次〈坎〉也。」〈咸〉在下經之首，《艮》下《兌》上，《兌》象少女，在上；《艮》象少男，在下，爲男女相感之象。〈序卦〉曰：「有男女然後有夫婦，有夫婦然後有父子。」夫婦爲人倫之始，故列於下經之首。〈震〉在〈鼎〉後，《震》象爲長子，重卦後意象不變，故〈序卦〉曰：「主器者，莫若長子，故受之以〈震〉。」〈震〉之象又爲動，〈序卦〉兼取動象，以接〈艮〉卦，以其長子之象與〈艮〉止之象無法銜接故也。〈艮〉在〈震〉後，〈序卦〉曰：「物不可以終動，止之，故受之以〈艮〉。艮者，止也。」《艮》爲山，故有止象。〈巽〉在〈旅〉後〈兌〉前，〈序卦〉曰：「旅而无所容，故受之以〈巽〉。巽者，入也。入而後說之，故受之以〈兌〉。兌者，說也。」《巽》爲風，風無孔不入，故有入象。《兌》爲澤、爲少女。少女能取悅於人，故有說象。說、悅，古今字也。〈序卦〉於八經卦之重卦皆以象取意，雖有涉及音訓如〈坎〉、〈離〉者，〔註121〕其取意乃由象來，故仍歸屬此類。〔註122〕

　　餘五十五卦解經之法，〈序卦〉或解或不解，皆以卦名爲主；釋卦名之義，明相次之由。如〈蒙〉，〈序卦〉曰：「屯者，物之始生也。物生必蒙，故受之以〈蒙〉。蒙者，物之穉（稚）也。」〈蒙〉之所以次〈屯〉，乃因「屯」義爲「物之始生」，而「物之始生必蒙」也。「蒙」之義爲「物之穉」，物始生必穉，故〈蒙〉居〈屯〉後。考〈序卦〉釋名之法，以訓詁之例言之，可分三點論述：（一）以同字爲訓；（二）以疊韻爲訓；（三）以字義爲訓。

〔註121〕「坎」、「陷」二字，段玉裁列上古韻第八部，疊韻爲訓。古文「麗」作「離」，爲同一字。「麗」爲「𠢶」之省文。段玉裁注「十五部」，然其〈六書音韻表二・古十七部諧聲表〉則列「十六部」。「離」，段注「古音在十六部」，然其上表則列「十七部」。又段氏〈六書音韻表四・《詩經》韻分十七部表〉，第十六部有「離」字，自注云：「本音在弟十七部」。則「離」、「麗」二字古音均有二讀。本讀二字不同音（聲調不同），而異讀則兩字通假也。

〔註122〕朱伯崑謂除〈乾〉、〈坤〉爲取象說外，餘六十二卦皆爲取義說。見《易學哲學史》（卷一）頁60。璡璋師則以〈乾〉、〈坤〉、〈咸〉、〈震〉四卦取其卦象，餘六十卦據卦名立說。見《易傳之形成及其思想》頁181。

（一）以同字為訓

訓詁有同字為訓之例，以其字義乃時人通用之共識，不必再以他語為之解讀也。如〈序卦〉釋〈蒙〉曰：「蒙者，蒙也。」取物稺之意。釋〈比〉曰：「比者，比也。」取親附之意。釋〈剝〉曰：「剝者，剝也。」取剝落之意。同字為訓之例，〈序卦〉共計三例。

（二）以疊韻為訓

以疊韻為訓，亦為訓詁之例，前節已有說明。如〈序卦〉釋〈噬嗑〉曰：「嗑者，合也。」取「嗑」字與「合」疊韻為訓；「嗑」亦有「合」義也。釋〈晉〉曰：「晉者，進也。」「晉」、「進」疊韻為訓，「晉」亦有「進」義也。以疊韻為訓，〈序卦〉僅二例。

（三）以字義為訓

以字義為訓之法，〈序卦〉又有二類：一以單詞為訓，如「屯者，盈也」之例，以「盈」解「屯」；一以單句為訓，如「屯者，物之始生也」之例，以「物之始生」解「屯」之本義。〔註123〕〈序卦〉以字義為訓，共二十例，詳見注釋。〔註124〕

以上三法，共計二十五例。尚餘三十卦名皆無釋義，何以故？以其卦名之義即顯，既能銜接上下，其義又無庸置疑故也。如〈序卦〉曰：「飲食必有訟，故受之以〈訟〉；訟必有眾起，故受之以〈師〉。」其中〈訟〉卦之義無解。訟為爭訟之意，其義顯而易明，故從略，餘類同。〈序卦〉釋卦名者少，由此可見，作者非以釋名為宗旨，乃解卦序相次之由也。卦序相次之由，〈序卦〉之說是否盡符原始之義，實難追究，韓康伯謂「非《易》之縕」，乃就筮術言，而「因卦之次，託以明義」，於〈序卦〉則班班可考也。

〔註123〕〈序卦〉義訓又有一特色，即發揮中國文字一字多義之特點，以收上下連接之效。如既訓〈屯〉為「盈」，復訓「物之始生」。「盈」義無法接〈蒙〉，故別為「物之始生」解，因「物之始生必蒙也」。此法尚有一例見於〈震〉，如前所述，〈序卦〉既以〈震〉象「長子」，復以「動」解之，以接〈艮〉故也。此法之例少，又難歸於訓詁之類，僅於注釋說明之。

〔註124〕以字義為訓之例凡二十。上經：〈屯〉、〈需〉、〈師〉、〈泰〉、〈蠱〉、〈臨〉、〈賁〉、〈頤〉；下經：〈恆〉、〈遯〉、〈明夷〉、〈睽〉、〈蹇〉、〈解〉、〈夬〉、〈姤〉、〈萃〉、〈漸〉、〈豐〉、〈渙〉。

三、《程傳》申〈序卦〉之義

　　《程傳》仿《集解》之例，將〈序卦〉分置於諸卦之首，非無因者也。
程頤既以《十翼》爲孔子作，申孔子之義固爲其首務，而觀〈序卦〉之釋義，
卦與卦之銜接，頗有道理存焉。既有時變之道，復有儒教之理，故深洽程頤
之意。程頤以易爲天道，以理爲天道之內涵，人事之理乃天理之延伸，故天
道變，理亦變，人事之理不得不變也。王弼云：「夫卦者，時也；爻者，適時
之變者也。」〔註125〕《程傳》曰：「夫卦者，事也。爻者，事之時也。」（卷
第一）二人對卦爻之釋義似不相同，而實則爲一體之兩面。王弼著重卦之「時」
義，強調「適時」之重要。程頤在此基礎上，申言「時」、「事」之關係。時
亦事也，事之時也。故時變事變，其理則一。如何適時事之變而變，乃二人
所共同關心者。〈易傳序〉開宗明義即云：「易，變易也，隨時變易以從道也。」
「隨時從道」，與弼之意若合符節。然弼不取〈序卦〉以明時變之旨，程頤受
《集解》之啓發，解《易》以卦序爲先，可謂對〈序卦〉之重視矣。茲分兩
點論程頤申〈序卦〉之義：

（一）自然之理

　　自然之理，始於「生生」。乾元、坤元，皆取生義，故〈繫辭〉謂「生生
之謂易」。前「生」字指產生，物象從無至有；後「生」字指產生後之發展；
唯其生生，故能不息，大易之道，自然之理也。〈序卦〉亦首發其旨，云：

　　　　有天地然後萬物生焉。（上篇）

又云：

　　　　有萬物然後有男女。（下篇）

天地生萬物，而男女存焉，皆生生自然之理。就現象之發展言，自然之理亦
有兩端，一爲衍生之理，一爲反轉之理。天地生萬物，男女生子女，自然之
理也，此取衍生爲義。然物極必反，不可以長「極」，故有反轉之理。〈序卦〉
云：「泰者，通也。物不可以終通，故受之以〈否〉。」《程傳》申之曰：「夫
物理往來，通泰之極則必否。」（卷第二）〈序卦〉又曰：「賁者，飾也。致
飾，然後亨則盡矣，故受之以〈剝〉。物不可以終盡剝，窮上反下，故受之
以〈復〉。」《程傳》申之曰：「夫物至於文飾，亨之極也；極則必反。」又
云：「物無剝盡之理，故剝極則復來。」（卷第三）衍生、反轉，乃天理之自

〔註125〕《周易略例・明卦適變通爻》，《王弼集校釋》頁604。

然,一爲發展,一爲循環,周而復始。卦序之安排,既有衍生之義,復有反轉之理,其故在此也。而就現象之物理言,「物始生必蒙。」亦自然之理也,故〈序卦〉以爲〈蒙〉次〈屯〉後。《程傳》申之曰:「物始生穉小,蒙昧未發,〈蒙〉所以次〈屯〉也。」(卷第一)由「穉小」而申其「蒙昧」之意。〈序卦〉曰:「晉者,進也。進必有所傷,〈明夷〉所以次〈晉〉也。」《程傳》申之云:「夫進之不已,必有所傷,理自然也,〈明夷〉所以次〈晉〉也。」(卷第四)事物擴張至極,或內耗而傷,或遭另一相對之事物反彈而傷;自然之理如是,人事之理亦然也。蓋人亦自然之物,人事之理不離自然之外,人事乃自然之延伸故也。

(二)人事之理

推天道以明人事,乃《十翼》之旨趣。王弼雖以老莊解《易》,仍依〈彖〉、〈象〉說以道德,而歸人事一途。故程頤雖薄弼注,謂其元不見道,然勉學者如未讀《易》,必先看三家,弼即其一也。弼注申孔子之義理,茲以〈觀卦〉爲例說明如下:

☷ 《坤》下《巽》上

〈觀〉:「盥而不薦,有孚顒若。」

王注:「王道之可觀者,莫盛乎宗廟;宗廟之可觀者,莫盛於盥也。
至薦,簡略不足復觀,故觀盥而不觀薦也。孔子曰:『禘自
既灌而往者,吾不欲觀之矣。』盡夫觀盛,則下觀而化矣。
故觀至盥,則『有孚顒若』也。」(卷第三)〔註126〕

禮,向爲孔子所重者。「禘自既灌而往者,吾不欲觀之矣。」典出《論語・八佾》。弼注〈觀卦〉,引孔子之言申明王者應愼乎宗廟之禮之理,此一義理非老莊所能道者,可見弼乃申儒,非申道也。愼乎上必風及下,故在下者必「觀而化矣」,亦孔子之意也。孔子亦嘗言:「君子之德,風;小人之德,草。草上之風,必偃。」(《論語・顏淵》)弼注與孔意可謂異曲而同趣。弼又注〈彖傳〉「聖人以神道設教而天下服矣」一語曰:

不見聖人使百姓,而百姓自服也。

上行下效,乃人事事理之自然發展,故人事實非外於自然者也。人事之理,〈序卦〉最多。其言曰:

〔註126〕《周易注》(上經)。《王弼集校釋》頁 315。

飲食必有訟，故受之以〈訟〉。訟必有眾起，故受之以〈師〉。……
眾必有所比，故受之以〈比〉。……比必有所畜，故受之以〈小畜〉。
物畜然後有禮，故受之以〈履〉。（上篇）

蓋人類蒙昧之初，原始社會禮法未成，人類爲求生存，必掠奪食物。爭奪，
即訟之所由起也。聚眾相從，爭奪爲常有之事，禮法由是而立。率眾必以律，
故師出以律爲吉道。有律則不亂，相互親比，以類相從。由是畜者漸聚，復
教之以禮。律以治亂，禮以防亂，文明由是而作也。〈訟〉、〈師〉、〈比〉、〈小
畜〉、〈履〉之相承相接，皆人事發展之自然結果。綜觀六十四卦，論自然之
理者少，論人事之理者多，〔註127〕人事之理尤爲程頤所重視。然人事之理
亦有二端，一爲必然之理，一爲應然之理。必然者，指事情之發展，必爲如
此；應然者，指人事之作爲，應該如此。一爲自然取向，一爲價值取向。〈序
卦〉曰：「家道窮必乖，故受之以〈睽〉。」《程傳》：「家道窮，則睽乖離散，
理必然也；故家人之後，受之以〈睽〉也。」（卷第四）「睽乖離散」，意謂
家人出走，離散在外也。古諺云：「樹倒猢猻散。」此之謂也。〈序卦〉曰：
「物不可窮也，故受之以〈未濟〉終焉。」《程傳》：「既濟矣，物之窮也；
物窮而不變，則无不已之理。易者，變易而不窮也，故〈既濟〉之後，受之
以〈未濟〉而終焉。未濟則未窮也，未窮則有生生之義。」（卷第六）理之
必然，天道如是，人道亦如是。至於應然之理，乃價值之取捨，爲程頤之著
力處，儒家義理即由此發揮。如〈需〉卦，〈序卦〉曰：「蒙者，蒙也，物之
穉也。物穉不可不養也，故受之以〈需〉。需者，飲食之道也。」《程傳》：「夫
物之幼穉，必待養而成；養物之所需者，飲食也，故曰『需者，飲食之道也』。
雲上於天，有蒸潤之象。飲食所以潤益於物，故〈需〉爲飲食之道，所以次
〈蒙〉也。」（卷第一）「物之幼穉，必待養而成」，不養則亡，乃必然之理。
然就人間事象言之，物之幼穉亦可以不養者，養，乃應然之責任，非必然之
發展。孔子之道在修己安民，安民之義首在於養，此所以爲仁也。應然之責
任，爲儒學之本義，故程頤於此發揮義理，大談君道。其解〈需卦〉卦辭「有
孚光亨，貞吉」曰：

〔註127〕六十四卦中，除〈乾〉、〈坤〉二卦爲純自然之象外，餘卦或自然與人事之
　　　　象兩兼，或僅止於人事之象。〈序卦〉釋卦象、卦名，不涉形上之道，全爲
　　　　形下之義，即人、事、物之具體發展，並寓儒理之道德說教，故深爲程頤
　　　　所愛。

> 五居君位，爲〈需〉之主，有剛健中正之德，而誠信充實於中。中
> 實，有孚也；有孚則光明而能亨通，得貞正而吉也。以此而需，何
> 所不濟？（卷第一）

〈需卦〉之第五爻爲陽，得位。五又是「君位」，故爲「〈需〉之主」，「有剛健中正之德，而誠信充實於中」。既有如此之君德，必會負起應然之責任，養育百姓。故《程傳》釋其〈九五〉爻辭云：

> 五以陽剛居中得正，位乎天位，克盡其道矣。以此而需，何需不獲？
> 故宴安酒食以俟之，所需必得也。既得貞正，而所需必遂，可謂吉
> 矣。（同前）

所謂「克盡其道」，即謂能負起應然之責任也。應然如此，否則如彼，〈序卦〉頗多正向之詞。如：

> 履而泰，然後安。（履可以不泰者，不泰即不安矣，故勉其以「泰」
> 履之。）
>
> 有大者不可以盈，故受之以〈謙〉。（有大亦可盈者，盈則驕矣，故
> 不可，勉其以「謙」處「大有」之時也。）
>
> 以喜隨人者，必有事，故受之以〈蠱〉。（喜者，諂媚之意。蠱爲蠱
> 惑之事。以諂媚隨人，必有蠱惑之事。然可不以諂媚隨人者，則蠱
> 惑之事不生矣。）

〈序卦〉蘊含儒家之義理，由此可見一斑。然其限於體例，言簡意賅，無法深入闡明，故有待《程傳》之出。朱熹謂《程傳》「義理精，字數足，無一毫欠闕。」「無一毫欠闕」雖未必是，而「義理精，字數足」，則觀者無不以爲然也。

四、《程傳》申〈序卦〉之法

〈序卦〉釋義之法，以卦名爲本，施以訓詁之例，直接了當，言簡意賅。原附於經末，尚未構成理解上之問題。然一旦置於諸卦之首，與〈彖〉、〈象〉相映，即問題浮現。〈大象〉取一卦之象直論君子之作爲；〈小象〉論一爻之因果關係，與〈序卦〉尚不相干，各說各話而已。惟〈象傳〉論一卦之義理，乃以卦爻象位爲立說之依據，既釋卦名，又釋卦辭，性質與〈序卦〉不同，故對卦名之釋義，兩者時有扞格。程頤既重視〈序卦〉，列之爲首，則彌縫與二傳之異同，乃爲其亟欲解決之課題也。考《程傳》申〈序卦〉之法，計有

以下數端：

（一）釋法

釋法者，訓釋其義也。〈序卦〉解卦名，或取象說，或取義說，僅止於三十四卦，尚餘三十卦之卦名無解者。又〈序卦〉之辭，言簡意賅，雖云已釋卦名之義，然後學仍未能詳其意者，所在多有，故須再予詮釋明白也。程頤既以傳辭爲務，凡有模稜者，豈可再有不知所云之處耶？如〈比卦〉，〈序卦〉曰：「比者，比也。」《程傳》：「比，親輔也。」又如〈剝〉，《程傳》：「剝，剝也，謂剝落也。」又〈小畜〉，〈序卦〉無解，《程傳》：「聚，畜也。」又〈同人〉，〈序卦〉無解，《程傳》：「世之方否，必與人同力，乃能濟。」則所謂「同人」者，「與人同力」之意。程頤以義訓補〈序卦〉訓釋之不足，義理再無含糊之病矣。此朱熹之所以讚其「義理精，字數足」也。

（二）申法

申法者，引申其義也。〈序卦〉之宗旨，乃釋卦與卦相次之由，限於體例，義理雖隱約存乎其間，卻未能暢所欲言。程頤即於此基礎上，將〈序卦〉之意引而申之，發揮儒家之義理。如〈同人〉，《程傳》：「夫同人者，以天下大同之道，則聖賢大公之心也。」（卷第二）與人同力，引申爲「大同之道」，可謂希賢希聖矣。又如〈解〉，〈序卦〉：「解者，緩也。」《程傳》：「物无終難之理，難極則必散；解者，散也，所以次〈蹇〉也。」（卷第四）〈序卦〉以「緩」訓「解」，《程傳》則另作「散」義。「緩」爲舒緩之意，「散」則徹底解除，其義有等差。程頤取後者之意，可視爲「解」之引申義。〔註128〕究程頤之意，此解方能配合卦辭「无所往，其來復」之義。其解曰：「无所往，謂天下之難已解散，无所爲也。」〈序卦〉不論卦辭，只解卦序，故點到即止。《程傳》傳《十翼》之辭，融會變通各〈傳〉之說，故極盡發揮引申之能事。

（三）兼法

兼者，兩可而並存也。〈序卦〉尚有兩解之法，《程傳》豈無兩可之理。

〔註128〕以「散」釋「解」，非程頤自創，〔唐〕郭京《周易舉正》，史徵《周易口義訣》已用之。史徵兼用「緩」義。云：「解利西南者：解，緩也。謂難道解釋，物情舒緩，故謂解也。西南坤位，坤訓衆也。夫散難釋險，利施于衆，即所濟弘大，故曰『利西南』也。无所往，其來復吉者：若難道已散，无難可救，即宜反覆守其靜默，即合于常理也。」（卷四）史徵「緩」、「散」兼用，然其義歸於「靜默」，乃老子之意，固爲程頤所不取也。

如〈需〉，〈序卦〉：「需者，飲食之道也。」《程傳》：「夫物之幼穉，必待養而成；養物之所需者，飲食也，故曰『需者，飲食之道也』。」（卷第一）又曰：「卦之大意，須待之義，〈序卦〉取所須之大者耳。乾健之性，必進者也；乃處坎險之下，險爲之阻，故須待而後進也。」（同前）〈序卦〉訓「需」爲「飲食之道」，〈彖〉則以「須」解「需」，同音爲訓，釋義南轅北轍。程頤爲彌縫二者之別，必須作兩可之訓。云：「〈序卦〉取所須之大者耳。」民以食爲天，飲食之道最大，〈序卦〉取其「大者」，故訓爲飲食之道。兼法至爲靈活，既可使異同並存，復可彌縫參差，隨時取義，此之謂乎？

第六節　以〈繫辭〉之法解易理

　　〈繫辭〉分上下二篇，各十二章。各章之內容並無必然之連貫性，或長或短，或解筮書《易》之性質與功能，或申儒家《易》之義理與大用，爲一綜合性之著作。其儒理部分，主要見於其中十九條爻例之詮釋，皆冠「子曰」二字。歐陽修嘗疑之，以爲如孔子所作，豈有自冠「子曰」之理。要之，〈繫辭〉應爲儒門弟子輯錄之作，非一人之辭也。學界已成定論，不贅。程頤既以《易》爲教戒之書，夫子之辭，其解《易》直以爲傳聖人之學，愼重其事，故對〈繫辭〉之態度，亦甚爲謹愼，凡涉及筮術之內容，皆所不取。程頤嘗著〈繫辭說〉，考其內容，只有解說〈上繫〉，並無〈下繫〉。〈上繫〉第九章論「大衍之數」，程頤解之曰：

> 有理則有氣，有氣則有數。行鬼神者，數也。數，氣之用也。「大衍之數五十」：數始於一，備於五。小衍之而成十，大衍之則爲五十。五十，數之成也。成則不動，故損一以爲用。「天地之數五十有五」，「成變化而行鬼神」者也。變化言功，鬼神言用。顯明於道，而見其功用之神，故可與應對萬變，可贊祐於神道矣，謂合德也。人惟順理以成功，乃贊天地之化育也。〔註129〕

上引文中，「」內爲〈上繫〉之語。「大衍之數五十，其用四十有九」，乃《易》揲著之法，筮術之用也。程頤不以筮術釋之，而以「理」冠其首，說明「理」爲氣、數之端，人惟能「順理」，乃能「贊天地之化育」，即「合德」之謂也。「合德」者，「順理」之行爲。程頤對於「數」之詮釋，未涉筮術之用，僅明

〔註129〕《程氏經說》卷第一〈繫辭說〉，《二程集》頁1030。

其變化必然產生之現象，而歸結於「明道」。「明道」即能「應對萬變」，故氣、數可以不論。程頤〈答張閎中書〉嘗云：「有理而後有象，有象而後有數。《易》因象以明理，由象而知數。得其義，則象數在其中矣。」正與此意相合。

　　程頤對〈繫辭〉之態度既如此，則其不作〈繫辭〉注之原因，可以想見。作注則必涉及筮術，非程頤所樂道也。程頤〈繫辭說〉亦僅申其義理，不及筮術，所謂「〈乾〉之策」、「〈坤〉之策」云云，其辭同在「大衍之數」章中，程頤卻略過不論，其用意可思過半矣。《程傳》之於〈繫辭〉，其態度至為謹慎，亦可見一斑。至於〈繫辭〉引「子曰」者，程頤皆以為夫子之言，引用尤多。計〈繫辭〉上下篇共十九爻例引「子曰」解說，《程傳》轉引十八例，〔註130〕可見其對「子曰」之言情有獨鍾。而就修辭學之視野觀之，〈繫辭〉凡引「子曰」之語，皆為「引用」修辭格。「引用」之法有二，一為明引，一為暗用。明引即道明出處；暗用則略去出處。計《程傳》引〈繫辭〉之例，含〈易傳序〉在內，共二十三條，明引、暗用皆有。茲表列如下，以見一斑：

《程傳》引用〈繫辭〉一覽表

方法	出　　處	《　程　傳　》	〈　繫　辭　〉
暗用	〈易傳序〉	（1）其為書也，廣大悉備，將以順性命之理，通幽明之故，盡事物之情，而示開物成務之道也。	《易》之為書也，廣大悉備……（〈下繫〉第十章） 知幽明之故。（〈上繫〉第四章） 子曰：「夫《易》，何為者也？夫《易》，開物成務，……」（〈上繫〉第十一章） 案：「將以順性命之理」為〈說卦〉語。
		（2）《易》有聖人之道四焉：以言者尚其辭，以動者尚其變，以制器者尚其象，以卜筮者尚其占。	《易》有聖人之道四焉：以言者尚其辭，以動者尚其變，以制器者尚其象，以卜筮者尚其占。（〈上繫〉第十章）
		（3）君子居，則觀其象而玩其辭；動，則觀其變而玩其占。	君子居，則觀其象而玩其辭；動，則觀其變而玩其占。（〈上繫〉第二章）

〔註130〕〈繫辭〉引「子曰」共十九例，〈上繫〉有八例，〈下繫〉有十一例。《程傳》只有〈乾·上九〉一例未嘗引用，餘見列表。

暗用	〈易傳序〉	（4）觀會通以行其典禮。	聖人有以見天下之動，而觀其會通，以行其典禮。（〈上繫〉第八章）
	〈小畜・初九〉	（5）諸爻言无咎者，如是則无咎矣，故云：「无咎者，善補過也。」	无咎者，善補過也。（〈上繫〉第三章）
	〈復・初九〉	（6）顏子无形顯之過，夫子謂其「庶幾」，乃「无祗悔」也。	子曰：「顏氏之子，其殆庶幾乎！有不善未嘗不知，知之未嘗復行也。《易》曰『不遠復，无祗悔，元吉。』」（〈下繫〉第五章）
明引	〈否・九五〉	（7）〈繫辭〉曰：「危者，安其位者也；亡者，保其存者也；亂者，有其治者也。是故君子安而不忘危，存而不忘亡，治而不忘亂，是以身安而國家可保也。」	（〈下繫〉第五章）
	〈同人・九五〉	（8）〈繫辭〉云：「君子之道，或出或處，或默或語。二人同心，其利斷金。」	（〈上繫〉第八章）
	〈大有・上九〉	（9）〈繫辭〉復申之云：「天之所助者，順也；人之所助者，信也。履信思乎順，又以尚賢也；是以自天祐之，吉无不利也。」	（〈下繫〉第十二章）
	〈謙・九三〉	（10）〈繫辭〉云：「勞而不伐，有功而不德，厚之至也，語以其功下人者也。德言盛，禮言恭；謙也者，致恭以存其位者也。」	（〈上繫〉第八章）
	〈豫・六二〉	（11）夫子因二之見幾，而極言知幾之道，曰：「知幾，其神乎！君子上交不諂，下交不瀆，其知幾乎！幾者，動之微，吉之先見者也。君子見幾而作，不俟終日。《易》曰：『介于石，不終日，貞吉。』介如石焉，寧用終日，斷可識矣。君子知微知彰，知柔知剛，萬夫之望。」	（〈下繫〉第五章）
	〈噬嗑・初九〉	（12）〈繫辭〉云：「小懲而大誡，此小人之福也。」	（〈下繫〉第五章）

	〈噬嗑・上九〉	（13）〈繫辭〉所謂「惡積而不可揜，罪大而不可解」者也。	（《下繫》第五章）
	〈大過・初六〉	（14）〈繫辭〉云：「苟措諸地而可矣，藉之用茅，何咎之有？慎之至也。夫茅之爲物，薄而用可重也；慎斯術也以往，其无所失矣。」	（《上繫》第八章）
	〈咸・九四〉	（15）〈繫辭〉曰：「天下何思何慮？天下同歸而殊塗，一致而百慮。天下何思何慮？」「日往則月來，月往則日來，日月相推而明生焉。寒往則暑來，暑往則寒來，寒暑相推而歲成焉。往者，屈也；來者，信也。屈信相感而利生焉。」「尺蠖之屈，以求信也。龍蛇之蟄，以存身也。精義入神，以致用也。利用安身，以崇德也。過此以往，未之或知也。」	（《下繫》第五章）
明引	〈解・六三・象〉	（16）〈繫辭〉明其致寇之道，謂：「作《易》者，其知盜乎？」	（《上繫》第八章）
	〈解・上六〉	（17）夫子於〈繫辭〉復伸其義曰：「隼者，禽也。弓矢者，器也。射之者，人也。君子藏器於身，待時而動，何不利之有？動而不括，是以出而有獲，語成器而動者也。」	（《下繫》第五章）
	〈損・六三〉	（18）夫子又於〈繫辭〉盡其義曰：「天地絪緼，萬物化醇，男女構精，萬物化生。《易》曰：『三人行，則損一人；一人行，則得其友。』言致一也。」	（《下繫》第五章）
	〈益・上九〉	（19）〈繫辭〉曰：「君子安其身而後動，易其心而後語，定其交而後求。君子脩此三者，故全也。危以動，則民不與也；懼以語，則民不應也；无交而求，則民不與也。莫之與，則傷之者至矣。《易》曰：『莫益之，或擊之，立心勿恒，凶。』」	（《下繫》第五章）

	〈困・六三〉	（20）〈繫辭〉曰：「非所困而困焉，名必辱；非所據而據焉，身必危。既辱且危，死期將至，妻其可得見邪？」	（〈下繫〉第五章）
	〈鼎・九四〉	（21）〈繫辭〉曰：「德薄而位尊，知小而謀大，力少而任重，鮮不及矣。」	（〈下繫〉第五章）
明引	〈節・初九〉	（22）〈繫辭〉所解，獨以言者，在人所節，唯言與行。節於言，則行可知，言當在先也。	（〈上繫〉第八章） 案：〈繫辭〉原文是：「亂之所生也，則言語以為階。」
	〈中孚・九二〉	（23）〈繫辭〉云：「善，則千里之外應之；不善，則千里違之。」	（〈上繫〉第八章） 案：〈繫辭〉原文是：「君子居其室，出其言善，則千里之外應之，況其邇者乎？出其言不善，則千里之外違之，況其邇者乎？」

由上表可見，程頤暗用〈繫辭〉之例，〈易傳序〉有四條，爻例二條。明引部分，或稱「〈繫辭〉」，或稱「夫子」，共十七例。於此十七例中，或直引原文，或刪略原文，從對照中皆清晰易見。程頤引夫子之言，其作用有二，一為證成己說者，一為申論夫子之意者。茲各舉一例如下：

一、證成己說者

〈否・九五〉：「休否，大人吉。其亡其亡，繫于苞桑。」

《程傳》：「否既休息，漸將反泰，不可便為安肆：當深慮遠戒，常虞否之復來。曰：『其亡矣！其亡矣！』其係于包桑，謂為安固之道，如維係于苞桑也。桑之為物，其根深固。苞，謂叢生者，其固尤甚，聖人之戒深矣。漢王允、唐李德裕，不知此戒，所以致禍敗也。〈繫辭〉曰：『危者，安其位者也；亡者，保其存者也；亂者，有其治者也。是故君子安而不忘危，存而不忘亡，治而不忘亂，是以身安而國家可保也。』」（卷第二）

案：「否極泰來」，乃理之自然。然不能因泰之將至，便以安肆之態度處之，不作危亡之思。程頤引夫子之言以證成己說，其重點在於「君子安而不忘危，存而不忘亡，治而不忘亂，是以身安而國家可保也」一語，即居安思危之意也。

二、申論夫子之意

〈咸‧九四〉:「貞吉,悔亡。憧憧往來,朋從爾思。」

《程傳》:「憧憧往來,朋從爾思:夫貞一,則所感无不通,若往來憧憧然。用其私心以感物,則思之所及者,有所感而動;所不及者,不能感也。是其朋類,則從其思也。以有係之私心,既主於一隅一事,豈能廓然无所不通乎?〈繫辭〉曰:『天下何思何慮?天下同歸而殊塗,一致而百慮。天下何思何慮?』夫子因〈咸〉極論感通之道。夫以思慮之私心感物,所感狹矣。天下之理一也,途雖殊而其歸則同,慮雖百而其致則一。雖物有萬殊,事有萬變,統之以一,則无能違也。故貞其意,則窮天下无不感通焉。故曰『天下何思何慮』。用其思慮之私心,豈能无所不感也?」(卷第四)

案:〈咸‧九四〉爻辭「憧憧往來,朋從爾思」,「憧憧」,高亨注:「往來不絕貌。」「思」,高亨注:「語氣詞。」句意,高亨云:「憧憧然往來不絕之朋友皆隨從汝。」〔註131〕高氏所釋,應爲爻辭之本義。然孔子因「思」字起興,故有「天下何思何慮」之嘆。程頤引申其意,論感通之道,如能「貞一,則所感无不通」。孔子「一致百慮」之說,未明其所「一致」之意爲何,程頤則因此起興,彰顯其「天下之理一也」之哲思,所謂「雖物有萬殊,事有萬變,統之以一,則无能違也」,即理一分殊,分殊而又復歸理一之意也。程頤於此籲人去「私心」,正是其道學之宗旨。

由以上二例,已可明《程傳》引用〈繫辭〉之用意。程頤以傳孔子之道爲己任,故宣揚孔子之理念不遺餘力。孔子嘗曰:「《周易》未失也,且有古之遺言焉。予非安其用也,予樂其辭也。」(〈要〉)程頤曰:「予生千載之後,悼斯文之湮晦,將俾後人沿流求源,此《傳》所以作也。」又曰:「予所傳者,辭也。」(〈易傳序〉)程頤從未見帛書,而其思維與〈要〉篇若合符節,默識心通,非聖人之徒而誰歟?

第七節　以〈文言〉之法解易理

〈文言〉者,解〈乾〉、〈坤〉二卦者也。孔穎達疏曰:

文言者,是夫子第七翼也。以〈乾〉〈坤〉其《易》之門戶邪?其餘

〔註131〕《周易大傳今注》頁293。

諸卦及爻，皆從〈乾〉〈坤〉而出，義理深奧，故特作〈文言〉以開釋之。莊氏云：「文，謂文飾。以〈乾〉〈坤〉德大，故特文飾以爲〈文言〉。」今謂夫子但贊明《易》道，申說義理，非是文飾華彩，當爲釋二卦之經文，故稱〈文言〉。〔註132〕

《程傳》釋〈乾·文言〉曰：

它卦，〈彖〉、〈象〉而已；獨〈乾〉、〈坤〉更設〈文言〉，以發明其義。推乾之道，施於人事。（卷第一）

〈乾·文言〉「推乾之道，施於人事」；〈坤·文言〉亦推坤之道，施於人事也。〈文言〉大抵以人事說教爲旨趣，並引孔子之言，以明君子立身處世之道。何以「獨〈乾〉、〈坤〉更設〈文言〉」？程頤無解，只是一筆帶過。〈文言〉只解〈乾〉、〈坤〉二卦，分別置於〈乾象〉、〈坤象〉之後，承〈彖〉、〈象〉之意發揮義理。考其內容，〈乾·文言〉反覆申論卦爻之義，似爲輯錄之文。朱熹《本義》抽出本文，改附於經後，分爲六節，眉目於是大明。以其反覆申言卦爻辭之情況言之，〈乾·文言〉實非一人之作，乃眾人之辭。其內容係於〈彖〉、〈象〉之基礎上引申，發揮義理。〈坤·文言〉即無反覆申論之現象，成於一人之手，可以定論。李鏡池謂，〈乾·文言〉「第四說與〈坤〉卦一說同出於一個作者」〔註133〕，璉璋師以爲可信，愚亦以爲可信也。

就〈文言〉之方法論言之，仍承〈彖〉、〈象〉解經之法，以卦爻象位立說。如〈乾·文言〉第六節解〈九三〉、〈九四〉爻辭云：「重剛而不中。」即謂爻位未處於二、五，而其三、四爻皆剛也。〈坤·文言〉曰：「坤至柔，而動也剛。」取〈坤〉象之「柔」，〈乾〉象之「剛」。程頤謂坤亦健，其動也剛，蓋有所本焉。〈文言〉之觀點與〈彖〉、〈象〉同，取法亦同。至於他法，有兩點值得討論者：一、〈文言〉取《左傳》穆姜之例申論義理，間接用史，直接發揮，予儒者無限想像空間；二、以問答體補前解之不足，《程傳》亦步亦趨，以堵他人之疑慮。以下分別言之：

〔註132〕《周易正義》卷第一，頁12下。
〔註133〕《周易探源·易傳探源》頁319。
　　案：李氏所謂「第四說」，即朱熹所分之第五、六兩節。就行文之形式觀之，〈乾·文言〉第四說與〈坤·文言〉之說十分相同；而就內容觀之，〈乾·文言〉之第五節乃發揮〈乾·象〉，〈坤·文言〉之第一段乃發揮〈坤·象〉，李氏以爲皆襲〈象傳〉。而愚意以爲，作者可能爲同一人，只因輯錄之故，編次於不同位置而已。

一、《左傳》穆姜筮例

穆姜事例，見於《左傳》襄公九年（公元前 564），其事如下：

> 穆姜薨於東宮。始，往而筮之，遇〈艮〉之八 ䷳。史曰：「是謂〈艮〉
> 之〈隨〉 ䷐。隨其出也，君必速出！」姜曰：「亡！是於《周易》
> 曰：『〈隨〉：元、亨、利、貞，無咎。』元，體之長也；亨，嘉之會
> 也；利，義之和也；貞，事之幹也。體仁足以長人，嘉德足以合禮，
> 利物足以和義，貞固足以幹事。然，故不可誣也，是以雖隨無咎。
> 今我婦人而與於亂。固在下位而有不仁，不可謂元；不靖國家，不
> 可謂亨；作而害身，不可謂利；棄位而姣，不可謂貞。有四德者，
> 隨而無咎；我皆無之，豈隨也哉？我則取惡，能無咎乎？必死於此，
> 弗得出矣。」〔註134〕

「〈艮〉之八」為《左傳》中一特殊筮例，最為難解，歷代注家均不得其成卦
要領。唯近人程石泉已破解之，值得參考。〔註135〕以〈艮〉與〈隨〉兩卦爻
變觀之，穆姜筮得〈艮〉卦第二爻，而其爻之值為「八」。依當時筮法，以變
者為占，然「八」之數值為不能變者，穆姜不懂筮法，故史官告之，應為「〈艮〉
之〈隨〉」；即〈艮之八〉固不能變，然可變其餘五爻也，故得〈隨〉卦。筮
法，以一爻之變者為占；既五爻皆變，故只能取卦辭為占。〈隨〉卦辭為「元
亨利貞，無咎」，史官解「隨」義為「隨其出也」，故建議穆姜「速出」，即可
免禍。但穆姜拒絕，對卦辭另有一番解讀，自以為失德敗行，不能與卦辭相
配，於是留於東宮而死。

此一事例對易學之發展意義深遠，為筮術《易》導向儒學義理《易》之
關鍵所在。朱伯崑既以《易學哲學史》之名而成書，對此筮例卻不甚重視，
僅以解卦之角度視之，以別於當時易學有取象說、取義說與互體說而成為第
四種說法──吉凶由人說而已，可謂失察。穆姜非史官，固不懂筮法，於危
急之際，卻以文字之表面理解而解讀卦辭，遂成「元亨利貞」四德之說。穆

〔註134〕《左傳正義》頁 526
〔註135〕其解見《易學新探・周易成卦及春秋筮法》，頁 31 至 56。台北：黎明文化事
　　　　業公司，1989 年。
　　　　案：據程氏之意，穆姜所筮得之卦為「〈艮〉之八」，即〈艮〉第二爻之數值
　　　　為八，而〈艮〉之數值總和為四十四，故測得其初爻之數值為六，三爻
　　　　為九，四爻為六，五爻為六，上爻為九。數字卦出土後，益信程氏之研
　　　　究為不誣。

姜又加入個人主觀之立場，拒絕史官根據卦辭之建議，而自作主張，寧死於東宮而不出。由史官之建議，可知其對卦辭「元亨利貞」之理解應為「大亨，利於所問」，為一「吉」卦。但經穆姜解釋後，認為吉凶由人自招，其個人之行為不能與此吉卦匹配，因而死之。下場雖然悲壯，教訓卻為正面。行徑雖不可取，其臨終之言卻成為儒家典要。〔註136〕〈文言〉之作者即擷取其語以釋〈乾〉之「元亨利貞」。其辭曰：〔註137〕

> 元者，善之長也；亨者，嘉之會也；利者，義之和也；貞者，事之幹也。君子體仁足以長人，嘉會足以合禮，利物足以和義，貞固足以幹事。

其中僅易一字：以「體」為「善」，餘言皆同。穆姜筮例，予後世儒家易學甚為深刻之啟發：一、吉凶自招，非關天賦或天譴；二、卦辭自有德義，引申其文字，可作為道德勸說之資。〈文言〉繼上述之語後云：「君子行此四德者，故曰『乾：元亨利貞』。」即為勸說之辭也。孔子晚年編《魯春秋》，當知穆姜之事，故應有所體會，其好《易》實非偶然也。「居則在席，行則在囊」，「韋編三絕」，當為史實，非子虛之事。孔子曰：《周易》「且有古之遺言焉。予非安其用也，予樂其辭也。」所謂「樂其辭」，即玩味其辭理。玩味之事，各人體會不同，於是，引申之法遂成為後世學者解《易》方法之一。儒、釋、道三家皆如是，程頤自不能免於外也。《詩》亦有所謂「賦、比、興」三法，比與興之基礎原理即為附會，故以比附深詆《程傳》，一筆抹殺其價值，期期以為不宜。

二、以問答體補釋義之不足

就方法論言，〈文言〉尚有一法為程頤所襲取者，即為以問答體申論義理，以補前解釋義之不足。〈乾・文言〉解釋各爻，其第二節皆以問答體行之；弟子問而夫子答也。如〈乾・初九〉，〈文言〉曰：

> 初九曰「乾龍勿用」，何謂也？子曰：「龍德而隱者也。不易乎世，不成乎名，遯世无悶。不見是而无悶，樂則行之，憂則違之，確乎

〔註136〕穆姜與夫兄宣伯私通，並殺害公子偃與公子鉏，其所為固屬喪德敗行，然其自知「婦人而與於亂，在下位而有不仁」，不能與四德相配，死於東宮，亦是知恥之人。生平行為雖負面，願接受應得之下場，亦為一殉道行為也。其「元亨利貞」之說，遂為儒門弟子所取。

〔註137〕易學者皆以為〈文言〉之作者抄錄《左傳》穆姜四德說，已成共識。

其不可拔，潛龍也。」（卷第一）

此即為問答體。或限於體例，或限於敘述之條貫性，《程傳》前解有所不足者，或不宜道者，或釋義有違體例者，皆別出「或問」、「或疑」之辭，自問自答，以補不足。其例於《程傳》中相當普遍，已成為其解《易》之常法矣。如：

或問：「〈乾〉之六爻，皆聖人之事乎？」曰：「盡其道者，聖人也；得失則吉凶存焉，豈特〈乾〉哉？諸卦皆然也。」（卷第一）

此問答乃置於《程傳》解〈乾・文言〉六爻之後。〈乾〉六爻程頤皆以聖人之事例作解，故設此一問。程頤以為，只要盡道，皆是聖人；諸卦皆可比照〈乾〉卦看也。又如：

或疑：在〈革〉，湯武之事，猶盡言之，獨於此不言，何也？曰：「廢興，理之常也；以陰居尊位，非常之變也。」（卷第一）

此問設於《程傳》解〈坤・六五〉爻辭之後。五爻本為君位，而〈坤・六五〉則以陰居之，為「臣居君位」之象，程頤以武則天、女媧比附解說。「臣居君位」為篡奪之事，何以不起革命推翻之？〈革〉卦即言商湯、周武王之革命。程頤設此一問，而自解之曰：：「廢興，理之常也；以陰居尊位，非常之變也。」意謂朝代興廢固為常理，而亦有非常理者，非必能起革命之事也。又如：

四非中正而至善，何也？曰：「唯其處柔也，故剛而不過，近而不逼，順承中正之君，乃中正之人也。《易》之取義无常也，隨時而已。」
（卷第五）

此問設於《程傳》解〈革・九四〉爻辭之後。九四雖具剛陽之德，然非處中位，而程頤極推其善，謂其：

九四，革之盛也。陽剛，革之才也。離下體而進上體，革之時也。居水火之際，革之勢也。得近君之位，革之任也。下无係應，革之志也。以九居四，剛柔相際，革之用也。四既具此，可謂當革之時也。

九四具革之「盛」、「才」、「時」、「勢」、「任」、「志」、「用」等七德，可謂至善之譽，似違體例。程頤固亦知之，故自設一問，謂九四雖無中德，然順承「中正之君」，故亦為「中正之人也」。至於違反體例之事，程頤以「《易》之取義无常也，隨時而已」，一筆帶過。「隨時取義」，正是程頤解《易》之指導原則。

由上引數例，可知程頤以問答體補其前說之不足，或以堵可能之疑議，用心甚微。考《程傳》自設問答之例共五十三條，可謂極盡作文技巧之能事矣。

或問：設問之法非自〈文言〉始，先秦文獻如《論語》者亦問答體也，必謂程頤襲〈文言〉耶？此言固是。然考〈彖〉、〈象〉、〈序卦〉、〈繫辭〉、〈說卦〉、〈雜卦〉等，皆無問答體以申言義理者，獨〈乾・文言〉有之。《程傳》設問之法爲其解《易》方法之一，不得不論，故歸屬於此節以便說明爾，非必謂程頤襲〈文言〉也。